国际贸易术语解释通则 2020

中国国际商会/国际商会中国国家委员会　组织翻译

对外经济贸易大学出版社
中国·北京

图书在版编目（CIP）数据

国际贸易术语解释通则. 2020：汉文、英文 / 中国国际商会/国际商会中国国家委员会组织翻译. —北京：对外经济贸易大学出版社，2019.11（2023.12 重印）

ISBN 978-7-5663-2120-6

Ⅰ. ①国… Ⅱ. ①中… Ⅲ. ①国际贸易–名词术语–汉、英 Ⅳ. ①F74-61

中国版本图书馆 CIP 数据核字（2019）第 248837 号

版权登记号：01-2019-6324

国际贸易术语解释通则 2020

中国国际商会/国际商会中国国家委员会 **组织翻译**

责任编辑：王延新

译审：高 祥

译者：王 强 徐 珺 王 健 徐进亮 李时民 蒋 琪 董 箫 李 霞

对外经济贸易大学出版社
北京市朝阳区惠新东街 10 号 邮政编码：100029
邮购电话：010－64492338 发行部电话：010－64492342
网址：http://www.uibep.com E-mail：uibep@126.com

北京时代华都印刷有限公司印装 新华书店经销
成品尺寸：135mm×230mm 15.5 印张 319 千字
2020 年 1 月北京第 1 版 2023 年 12 月第 4 次印刷

ISBN 978-7-5663-2120-6
印数：20 001－26 000 册 定价：88.00 元

Incoterms® 2020
国际商会国内与国际贸易术语使用规则

国际商会服务机构
出版部
33-43 avenue du Président Wilson75116 巴黎
法国

本出版物的英文版本提供了规则的官方文本。

国际商会第 723 号出版物
ISBN：978-92-842-0510-3

序　言

《国际贸易术语解释通则》（Incoterms®）是国际贸易中应用最为广泛的国际商事规则。第一版 Incoterms®由国际商会（ICC）于 1936 年正式发布，并先后于 1953 年、1967 年、1976 年、1980 年、1990 年、2000 年和 2010 年进行了修订和补充。为适应国际贸易实务的最新发展，ICC 于 2016 年 9 月正式启动了 Incoterms®2020 的起草工作，并在全球进行了广泛的意见征询，与来自各国家和地区的法律、保险、银行、进出口、海关等行业专家开展了研讨。2018 年 10 月，ICC 商法与惯例委员会秋季会议审议并讨论通过 Incoterms®2020 终稿。2019 年 9 月 10 日，ICC 正式向全球发布了 Incoterms®2020。该规则将于 2020 年 1 月 1 日生效。

自 Incoterms®2020 起草工作启动以来，国际商会中国国家委员会（ICC China）成功推荐了中方贸易专家简宝珠入选起草小组，并通过召开专家研讨会、组织 ICC 国际贸易术语亚洲地区研讨会、承办 Incoterms®2020 起草小组第三次会议、向 ICC 总部反馈我国工商界修订意见等形式积极参与规则起草和意见反馈工作，竭尽全力将中方利益和诉求体现到最新版 Incoterms®2020 当中。为尽快引进和宣传推广 Incoterms®2020，ICC China 商法与惯例委员会组建了 Incoterms®2020 翻译工作组，并顺利完成版权引进工作。在翻译工作组成员和对外经济贸易大学出版社的努力下，中文译本成功付梓。

在此，我要对参与讨论稿意见反馈的每一位 ICC China 专家、翻译工作组成员表示衷心感谢。翻译工作组成员有：中国机械工业集团有限公司总法律顾问王强、中国银行江苏省分行交易银行部副总经理徐珺、对外经济贸易大学国际经济贸易学院教授及博士生导师王健、对外经济贸易大学国际经济贸易学院教授徐进亮、云南民族大学校长助理李时民、北京市德和衡律师事务所总所主任蒋琪、北京市安杰律师事务所合伙人律师董箫、广发银行单证中心高级主管李霞。他们反复推敲、逐字逐句地对原文进行翻译，坚守忠实原文的原则，力图将原文以最专业和准确的面貌呈现给大家。另外，ICC China 商法与惯例委员会执行主席、中国政法大学教授及博士生导师高祥教授从法律和文字角度对 Incoterms®2020 进行了细致和专业的译审，对此我要表示特别感谢。同样，也感谢对外经济贸易大学出版社的专业团队对本书出版所给予的大力支持。

需要特别注意的是，翻译工作组在坚持忠实原文的同时，也积极考虑了我国工商界的使用习惯和惯例。在 Incoterms®2020 的翻译过程中，翻译工作组就书名是否由“解释通则”改为“规则”以体现中英文的对应关系展开了多轮讨论。经过慎重考虑，为尊重我国商事主体长期形成的阅读和使用习惯，翻译工作组最终确定此中文版仍然沿用以往的书名，同时将本书的副标题——“国际商会国内与国际贸易术语使用规则”在封面体现出来，以表明本书是 ICC 针对国内与国际贸易术语的使用而制定的一套规则。我们的专家团队正是秉着严谨、专业、务实的态度开展翻译工作，力图让这一对国际贸易领域具有重要影响的出版物以更加专业和严谨的面貌在中国面世。

国际商事规则惯例是国际商事主体参与国际贸易的重要依据，对国际商事主体有着重要指导意义。参与国际商事规则惯例的制定、修改和引进，是中国国际商会、国际商会中国国家委员会一直以来的重要职能和使命所在。今后，我们将继续积极参与国际商事规则惯例的制定，引进相关商事规则惯例，帮助中国工商界更好开展国际化经营活动。

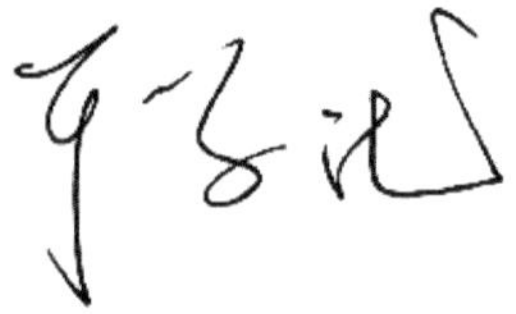

中国国际商会
国际商会中国国家委员会 秘书长
2019 年 11 月

前　言

全球经济的增长给予大多数企业前所未有的进入世界市场的更多机会。因此，当今，货物得以在更多的国家、以更大的数量、更多的品种和更快的节奏进行销售。但是，随着全球贸易规模的增长和复杂程度的增加，如果销售合同草拟不当，误解和代价昂贵的纠纷发生的可能性也随之增加。

国际商会 Incoterms®规则是适用于国内与国际贸易的术语，便利全球贸易行为，消减这种风险。在货物销售合同中援引 Incoterms® 2020 规则，可以在诸如风险、费用以及运输和海关清关安排等方面清晰界定当事人相应的义务，从而减少潜在的法律纠纷的可能性。

自从国际商会于 1936 年首次编纂了一套标准的贸易术语作为 Incoterms®规则以来，这套在全球范围内被广为接受的合同标准数次更新，以反映国际贸易的发展。Incoterms® 2020 规则考虑到了对货物运输中的安全问题的日益关注、根据货物的性质和运输灵活安排保险的需要，以及 FCA 规则下银行在特定货物销售融资中对已装船提单的要求。

Incoterms® 2020 还以更加简明的方式呈现所有的规则，包括对语言的修改、对引言和解释的扩充以及对条款顺序的重新编排，以更好地反映销售交易的逻辑。Incoterms® 2020 也是国际商会 Incoterms®规则第一个包含“横向”展示的版本，即，将所有类似条款集中在一起，使用户清楚地看到 11 个 Incoterms®规则在处理特定问题上的差异。

国际商会在商法领域深厚的专业积淀——汲取了代表所有贸易部门和各类规模的公司全球会员单位的营养——确保了 Incoterms® 2020 可以反映各地的商业需求。

国际商会在此感谢国际商会商法和惯例委员会 Incoterms® 2020 起草组全体成员的贡献。起草组成员包括：戴维·罗威（David Lowe，联合主席，英国），克里斯托福·马丁·拉德科

（Christoph Martin Radtke，联合主席，法国），查尔斯 • 德巴提斯塔（Charles Debattista，特别顾问，英国），俄库门特 • 俄尔丹门（Ercüment Erdem，土耳其），简宝珠（中国），布嘉德 • 皮尔兹（Burghard Piltz，德国），弗兰克 • 雷诺兹（Frank Reynolds，美国），鲍勃 • 罗奈（Bob Ronai，澳大利亚）。同时，感谢阿斯科 • 费率（Asko Räty，芬兰）协助为 11 个贸易术语制作图解。

我们还要致谢艾米莉 • 欧康纳（Emily O'Connor，国际商会贸易与投资多边规则部主任）以及弗洛伦丝 • 宾塔 • 迪奥–盖伊（Florence Binta Diao-Gucyc，国际商会商法与惯例委员会）。

——国际商会秘书长约翰 · 丹顿

目　　录

INCOTERMS® 2020 引言

1. 本引言内容的宗旨包括四方面：

- 解释 Incoterms® 2020 规则规定什么、不规定什么，以及如何将其以最佳方式并入合同中；
- 阐明 Incoterms®规则几项重要基本事项：卖方和买方的基本角色和责任、交货、风险，以及 Incoterms®规则与围绕一个典型的进出口销售合同（以及适用时的国内销售合同）的各个合同之间的关系；
- 解释如何以最佳方式为特定的销售合同选择正确的 Incoterms®规则，以及
- 阐明 *Incoterms® 2010* 与 *Incoterms® 2020* 之间的核心变化。

2. 引言的结构如下：

（1）Incoterms®规则规定什么；

（2）Incoterms®规则不规定什么；

（3）如何将 Incoterms®规则最佳地并入合同；

（4）Incoterms® 2020 规则中的交货、风险与费用；

（5）Incoterms® 2020 规则与承运人；

（6）针对销售合同的规则及其与其他合同之间的关系；

（7）11 个 Incoterms® 2020 规则——“海运和内河水运”与“任何运输方式”：正确选用；

（8）Incoterms® 2020 规则中的排序；

（9）*Incoterms® 2010* 与 *Incoterms® 2020* 之间的区别；

（10）对 Incoterms®规则变形的提示。

3. 本引言为 Incoterms® 2020 规则的使用及其背后的基本原则提供指南。

一、INCOTERMS®规则规定什么

4. Incoterms®规则解释了一套最常用的由 3 个字母组成的 11 个贸易术语，如 CIF 和 DAP 等，反映了企业之间货物买卖合同的实务。

5. Incoterms®规则描述了：

- *义务*：卖方和买方之间各需履行哪些义务，如谁来组织货物的运输或者保险，谁来获取装运单据和进出口许可证；
- *风险*：卖方于何地何时“交付”货物，换言之，风险在何地从卖方转移给买方；
- *费用*：买卖双方各自承担哪些费用，如运输、包装或装卸费用，以及货物查验或与安全有关的费用。

Incoterms®规则在一套 10 个条款中规定了这些领域，按照 A1/B1 等排序，A 条款代表卖方的义务，B 条款代表买方的义务。请见下述第 53 段。

二、INCOTERMS®规则不规定什么

6. Incoterms®规则本身不是一份销售合同，因此不能作为销售合同的替代。Incoterms®规则的设计目的在于反映任何种类的货物的贸易实务，而非特定货物的贸易实务，其既可以适用于散装铁矿石交易，也可以适用于 5 个集装箱的电子设备或 10 个托盘的空运鲜花交易。

7. Incoterms®规则不处理下列事项：

- 销售合同究竟是否存在；
- 出售的货物的规格；
- 价款支付的时间、地点、方式或币种；
- 可供寻求的销售合同的违约救济；

- 迟延或其他违反合同履行义务所导致的绝大多数后果；
- 制裁的影响；
- 征收关税；
- 进出口禁令；
- 不可抗力或艰难情形；
- 知识产权；或
- 违约情况下纠纷解决的方式、地点或法律。

也许，最为重要的是，必须强调 Incoterms®规则不涉及所售货物的财产/权利/所有权的转移问题。

8. 当事人需要在他们的销售合同中对这些事项做出具体约定，否则，如果日后产生履约或违约纠纷时就容易产生问题。从本质上讲，Incoterms ®规则本身并*不是*销售合同：它们只有在被并入一份已经存在的合同后才成为合同的一*部分*。Incoterms®规则也不提供合同适用的法律。适用于合同的法律制度或许是国际法，如《联合国国际货物销售合同公约》，或许是诸如与健康和安全或环保有关的国内的强制性法律。

三、如何将 INCOTERMS®规则最佳地并入合同

9. 如果当事人希望 Incoterms® 2020 规则适用于他们的合同，确保实现这一希望的最安全做法就是在他们的合同中通过诸如这样的措辞明确其意图：

"[所选择的 Incoterms®规则][指定的港口、地方或点] Incoterms® 2020。"

10. 具体并入方式如：

CIF Shanghai Incoterms® 2020，或者

DAP No 123, ABC Street, Importland Incoterms® 2020。

11. 遗漏年份将可能带来难以解决的问题。当事人、法官或仲裁员需要能够确定合同适用的是 Incoterms®规则的哪个版本。

12. 跟在选定的 Incoterms®规则后面的指明地点更为重要：

- 在所有的 Incoterms®规则中，除 C 组规则外，指明地点表明了货物“交付”完成的地点，即风险从卖方转移给买方的地点；
- 在 D 组规则中，指明地点为交货地，也是目的地，卖方必须组织运输至该目的地；
- 在 C 组规则中，该指明地点表明卖方必须组织货物运输并支付运费到该目的地，但该地点并非交货地或交货港。

13. 因此，对装运港产生疑问的 FOB 合同，会使买卖双方就买方必须向何处派船以便卖方装船和运输货物，以及卖方必须在何处的船上交货并将货物的风险从卖方转移给买方，难以确定。同样，对指定目的地不清楚的 CPT 合同，会使买卖双方就卖方必须签订货物运输合同并支付运费到何地产生疑问。

14. 为避免此类问题，在选定的 Incoterms®规则中，最好根据具体情况尽可能地指明港口、地方或地点的具体地理位置。

15. 将特定的 Incoterms® 2020 规则并入销售合同时，不需要使用商标标志。有关商标和版权的进一步指引，请参见 https://iccwbo.org/incoterms-copyright/。

四、INCOTERMS® 2020 规则中的交货、风险与费用

16. 三个字母后附带的指明地点或港口，例如 CIP 拉斯维

加斯或CIF洛杉矶，对Incoterms® 2020规则发挥作用至关重要。依据所选择的 Incoterms® 2020 规则，该地点将用以确定：被视为卖方已经完成将货物“交付”买方的地方或港口，即“交货”地，或者卖方必须组织货物运输到达的地点或港口，即目的地；或者，D组规则下的交货地和目的地。

17. 在所有的Incoterms® 2020规则中，A2将定义“交货”地或港，该地或港在EXW和FCA（卖方所在地）中离卖方最近，而在DAP、DPU和DDP中离买方最近。

18. A2 中确定的交货地或港对风险和费用的划分至关重要。

19. A2中的交货地或港标明A3中风险从卖方转移给买方的地方。正是在这个地方或港口，卖方履行了其在A1中的合同项下的交货义务，这样在货物越过该点后发生的灭失或损坏，买方不能向卖方追偿。

20. A2中的交货地或港也标明A9中买卖双方费用划分的核心点。广义而言，A9 将交货地点前发生的费用划归卖方承担，其后的费用由买方承担。

交货点

两个极端和介于极端之间：四个传统 Incoterms®规则的分组

21. 传统上，2010年之前的 Incoterms®规则的版本将其分为四组，即E组、F组、C组和D组。就交货点而言，E组和D组处于相对的两个极端，而F组和C组则位于中间。虽然Incoterms®规则自2010年以来已按运输方式进行分组，但以往的分组方式仍然有助于理解交货地点。因而，EXW 规则中的交货点是约定的买方收货地点，不论买方打算将货物运往什么目的地。在另一个极端的DAP、DPU及DDP规则中，交货地点与卖方或其承运人将货物运至的目的地是同一个地点。在第一组 EXW 规则中，风险甚至在运输过程开始之前就已经发生了转移；在第二组 D 组规则中，风险在运输过程的大后端转移。再次说明，在第一组 EXW 规则中以及同样的 FCA（卖方所在地）规则中，无论货物是否实际到达目的地，卖方均履行了其交货义务。在第二组规则中，只有货物实际到达了目的地，卖方才履行了其交货义务。

22. Incoterms®规则中两端的两个规则分别是 EXW 和 DDP。不过，贸易商应对其国际合同考虑这两个规则的替代规则，因为在采用 EXW 交易时，卖方仅需将货物交由买方处置，这可能在装货和出口清关方面给买卖双方各自带来问题。建议卖方最好采用 FCA 规则销售。同样，在采用 DDP 交易时，卖方对买方承担的某些义务，例如获取进口清关，只能在买方所在国才能得到履行。卖方要在买方国家履行这些义务，可能会有实务或法律方面的困难。因此，在这种情况下销售货物，建议卖方最好采用 DAP 或者 DPU 规则。

23. 位于 E 组和 D 组规则两端中间的是三个 F 组规则（FCA、FAS 与 FOB）和四个 C 组规则（CPT、CIP、CFR 与 CIF）。

24. 在全部七个 F 组和 C 组规则中，交货地均在预期运输的卖方一侧：因此使用这些 Incoterms®规则的销售通常被称为“装运”销售。例如，交货在下列情形完成：

a）在 CFR、CIF 和 FOB 规则中，当货物在装货港被装到船上之后；或

b）在 CPT 和 CIP 规则中，当货物交承运人后；或

c）在 FCA 规则中，当货物装上买方提供的运输工具，或交由买方指定的承运人处置时。

在F组和C组规则中，风险在卖方端货交主承运人时转移，而不论货物是否最终到达目的地，卖方都已履行其交货义务。不论是适用于海运的 Incoterms®规则，还是意在适用于任何运输方式的 Incoterms®规则，装运销售中的交货发生在运输环节

的早期的卖方端是F组和C组规则的普遍特征。

25. 不过，是由卖方还是买方签订交货地或交货港之外的运输合同或安排货物运输，F组规则和C组规则确实有区别。在F组规则中，除非双方另有约定，由买方做出此类安排。在C组规则中，该义务由卖方承担。

26. 鉴于卖方在任一C组规则下均需签订交货点之外的货物运输合同或安排运输，当事人需要知悉必须安排运输的目的地，而*该目的地*就是 Incoterms®规则名称后附带的地点，例如，“CIF 大连港”或者“CIP 内陆城市沈阳”。无论这个指明的目的地如何，该地点均不是并且永不会成为交货地。风险已在货物装船或者移交时的交货地转移，但卖方必须签订将货物运至指明的目的地之运输合同。因此，在C组规则中，交货地和目的地必然不是同一地点。

五、INCOTERMS® 2020 规则与承运人

27. 在F组和C组规则中，例如，将货物装上船，或将货物送交承运人，或将货物交由承运人处置，都标志着卖方在这一地点将货物“交付”买方。因此，风险就从该地点由卖方转移至买方。

28. 鉴于这两项后果如此严重，在存在多个承运人、每个承运人承担不同的运输行程的情况下，如公路、铁路、空运或海运运输时，承运人身份的识别就变成了核心问题。当然，在卖方采取更为谨慎的方式、仅与一个负责整个运输链的承运人签订一个运输合同即所谓的“联运”合同时，就不会发生问题。但是，如果没有订立“联运”合同，货物可能被交付（在使用CIP或CPT规则的情况下）公路货运公司或铁路公司，并被转交海运承运人。在全部海运的情况下*可能*发生同样情况，如货物先被交给内河或短途支线海运承运人，再被转交

远洋承运人。

29. 在这些情况下，卖方何时完成向买方的“交货”：是卖方交货给第一承运人、第二承运人还是第三承运人之时？

30. 在我们回答该问题之前，先看一个初步观点。尽管在多数情况下，承运人会是一个由卖方或者买方（取决于双方选择一个 C 组还是 F 组的 Incoterms®规则）在运输合同下雇用的独立第三方，但在某些情况下根本没有雇用独立的第三方承运人，因为卖方或买方会自行运输销售货物。这种情况在 D 组规则（DAP、DPU 和 DDP）下尤其可能发生，卖方此时可以使用其自有运输工具将货物送给交货目的地的买方。因此，在 Incoterms® 2020 规则中规定，D 组规则的卖方既可以*签订运输合同*，也可以*安排货物运输*，即使用其自有运输工具：见 A4。

31. 上述第 29 段提出的问题并不是一个单纯的“运输”问题：这是一个重要的“销售”问题。这不是卖方或买方在运输合同下就运输途中受损货物能够起诉哪个承运人的问题。这个“销售”问题是：在从卖方到买方的货物运输过程中，如涉及一个以上的承运人，在运输链的哪个地点发生的货物移交标志为交货地点和*买卖双方之间*的风险转移点？

32. 这个问题需要一个简单的答案，因为所使用的多个承运人之间，以及卖方和/或买方与这些承运人之间的关系将是复杂的，而这取决于这些承运人根据数个相互独立的运输合同条款所承担的工作。因此，例如，在任何这样的运输合同链中，一个如实际承担公路段运输的承运人，可能作为卖方的代理人与海运承运人签订运输合同。

33. 在当事人以 FCA 签约时，Incoterms® 2020 规则对此问题给出了清晰的答案。在 FCA 销售中，相关的承运人是由买方指定、卖方在销售合同的约定地方或地点将货物交付的承运人。因此，即便卖方安排公路货运公司将货物运往约定的交货地点，风险的转移也不是发生在卖方将货物交给其所指定的公路货运公司的地点和时间，而是发生在货物交付买方雇用的承运人处置的地方和时间。这就是为什么在 FCA 销售中尽可能精准地指明交货地方或交货地点是如此重要。同样情况可能发生在 FOB 销售中，如果卖方安排支线船或驳船将货物运交付买方雇用的船舶。*Incoterms® 2020 规则*提供了类似的答案：交货发生于货物装上买方指定的运输工具之时。

34. 在 C 组规则下，该情况更为复杂，很可能在不同的法律体系下得到不同的解决方案。在 CPT 和 CIP 规则下，至少在某些法域，相关承运人可能会被认为是卖方按照 A2 条款转交货物的第一承运人（除非当事人约定了交货地点）。对于卖方与第一个承运人或后续承运人之间的合同安排，或甚至第一承运人和后续承运人之间的安排，买方一无所知。然而，买方所知道的是货物是运送给他或她的“运输”途中，而且就买方所知，“运输”始于货物被卖方交付第一承运人之手之时。后果是风险于“交货”给第一承运人之初就从卖方转移给了买方。如果卖方雇用支线船舶或驳船将货物送到约定装运港（如有），那么，同样情形也会出现在 CFR 和 CIF 规则下。在某些法律体系下提及的答案类似：交货发生于约定装运港（如有）将货物装上船之时。

35. 如这样的结论被采纳，可能看起来对买家比较严厉。在 CPT 和 CIP 规则中，当货物移交给第一承运人时，风险即从卖方转移给了买方。买方不知道那个阶段按照相关运输合同，第一承运人是否对货物的灭失或损坏承担责任。买方不是该合同的当事人，对其无控制权，不了解其条款。然而，尽管如此，买方最终会承担自货物移交的最初时刻起的风险，可能还无法从该第一承运人处进行追偿。

36. 尽管买方最终会承担在运输链条初始阶段货物灭失或损坏的风险，然而从这一观点来看，也是有针对卖方的救济方法的。A2/A3 并非在真空中运作：根据 A4 的规定，卖方必须订立“自交货地的约定交货点（如有）运往指定目的地，或者（如有约定）该地方内的任何地点”的货物运输合同。即使按照 A2/A3 的规定，风险已于货物移交给第一承运人时转移给了买方，但如果第一承运人未按照运输合同履行货物全程运往指定目的地的责任，以此观点来看卖方仍然负有在 A4 条款下对买方的责任。实质上，卖方应该订立将货物运往销售合同项下指定的目的地的运输合同。

六、针对销售合同的规则及其与其他合同之间的关系

37. 在 C 和 F 组 Incoterms®规则中涉及卖方与买方之间在交货中的关于承运人职责的讨论提出了如下问题：在运输合同中，或甚至在通常围绕出口合同的任何其他合同中，例如保险合同或信用证，Incoterms®规则起到了什么作用？

38. 简短的回答是，Incoterms®规则并不构成那些其他合同的一部分：如这些合同中加入 Incoterms®规则，该规则适用并*仅仅*管辖销售合同的特定方面。

39. 但是，这并不等同于说，Incoterms®规则对这些其他合同没有任何*影响*。货物的出口和进口通常是通过一系列合同进行的，在理想世界中，这些合同彼此之间应相互匹配。因此，销售合同，例如会要求提交由承运人在运输合同下向卖方/托运人出具的运输单据，并且，卖方/托运人/受益人可能希望凭此运输单据在信用证项下获得付款。如果这三个合同彼此匹配，那就会进展顺利；如果不匹配，则很快会产生问题。

40. Incoterms®规则所规定的内容，例如，关于运输或运输单据（在 A4/B4 和 A6/B6 条款中），或者关于保险范围（A5/B5），并不*约束*承运人或保险人，或者任何所涉及的银行。因此，承运人仅受其与另一当事人签订的运输合同之约束出具

运输单据：承运人无需出具符合 Incoterms®规则的运输单据。同理，保险人需要出具与保险购买人约定的保险层级和条款的保险单，而非符合 Incoterms®规则的保险单。最后，银行只看信用证（如有）的单据要求，而非销售合同的要求。

41. 不过，确保与承运人或保险人约定的运输或保险条款、或者信用证条款，均符合销售合同有关所需要签订的附属合同或取得或提交的单据的描述，非常符合这一系列不同合同中所有当事人的利益。*该项*任务不会落在承运人、保险人或银行身上，他们不是销售合同的当事人，因而不是 Incoterms® 2020 规则的当事人，也不受该规则制约。但是，尽量确保这一系列合同的不同部分彼此匹配*是*符合卖方和买方利益的，因起始点是销售合同，因此在适用 Incoterms® 2020 规则的情况下，与其匹配。

七、11 个 Incoterms® 2020 规则——“海运和内河水运”与“任何运输方式”：正确选用

42. Incoterms® 2010 规则中引入的以适用于任一或多种运输方式的规则［包括 EXW、FCA、CPT、CIP、DAP、新命名的 DPU（旧称 DAT）与 DDP］和适用于海运和内河水运的规则（FAS、FOB、CFR 与 CIF）的主要分类以及这些规则之间的区别被保留下来。

43. 四个所谓适用于“海运”的 Incoterms®规则意在用于卖方在海港或内河港口将货物装到船上（或在 FAS 下的船边交货），即卖方在此地点向买方交货。使用这些规则时，货物灭失或损坏的风险从该港口起由买方承担。

44. 另一方面，七个适用于任一或多种运输方式的 Incoterms®规则（所谓“多式联运”）则意在用于没有装上船（或

在 FAS 下的船边交货）的地点：

a）卖方在该地点将货物移交给承运人或交由承运人处置；或者

b）承运人在该地点将货物移交给买方或者在该地点交由买方处置；或者

c）上述（a）和（b）。

45. 在这七个 Incoterms®规则的任一规则中，交货和风险转移何时发生取决于使用的特定规则。例如，在 CPT 规则中，交货发生于卖方端，即当货物移交给卖方签约的承运人时。而在 DAP 规则中，交货发生于货物被放置在指定目的地或者点交由买方处置时。

46. 正如已提及的，Incoterms® 2010 规则所呈现的顺序基本上保留在 *Incoterms® 2020 规则*中，并且重要的是要强调这两个 Incoterms®规则家族的区别，以便依据采用的运输方式使用对销售合同来说正确的规则。

47. 在使用 Incoterms®规则中，最常见问题之一就是就特定类型的合同选择了错误的规则。

48. 因此，比如规定 FOB 后为内陆地点（如机场或者仓库）的销售合同就没什么道理：买方得订立何种类型的运输合同呢？买方是否承担对卖方订立运输合同的义务，且承运人必须据此在指定的内陆地点或在离该地点最近的港口接收货物？

49. 再比如，当买方期待货物运至买方国家的内陆地点时，签订一份指定海港的 CIF 销售合同也没什么道理：卖方是否必须取得运输合同和保险至当事人意想中的最终内陆目的地，还是到销售合同中指定的海港？

50. 漏洞、重叠以及不必要的成本可能会产生，而所有这一切都是因为对特定的合同选择了错误的 Incoterms®规则。造成“错误的”不匹配的原因是未对 Incoterms®规则的两个最重要的特征给予充分关注。两个特征互为镜像，即交货和风险转移的港口、地方或地点。

51. 频繁误用不正确的 Incoterms®规则的原因是 Incoterms®规则时常被认为专指价格指标；这个或者那个是 EXW、FOB 或者 DAP 价格。Incoterms®规则中使用的首字母无疑是用来计算价格的公式之方便缩写，但 Incoterms®规则并不是专门甚至并非主要是价格指标。它们是公认的销售合同形式下卖方和买方相互承担的一般义务的清单——其中的主要任务之一就是要指明风险转移的交货港口、地方或者地点。

八、INCOTERMS® 2020 规则中的排序

52. 每个 Incoterms®规则中的所有十个 A/B 条款都很重要，但是有些比其他的更重要。

53. 对各 Incoterms®规则中的十个条款的内部顺序确实做了重大调整。在 Incoterms® 2020 规则中，各 Incoterms®规则的内部顺序现排列如下：

A1/B1	一般义务
A2/B2	交货/提货
A3/B3	风险转移
A4/B4	运输
A5/B5	保险
A6/B6	交货/运输单据
A7/B7	出口/进口清关
A8/B8	查验/包装/标记
A9/B9	费用划分
A10/B10	通知

54. 大家会注意到，关于 Incoterms® 2020 规则，在 A1/B1 中记载了各当事人的基本的货物/付款义务后，交货和风险转移被移至更显著的位置，即分别移至 A2 和 A3。

55. 此后的大致顺序是：

- 附属合同（A4/B4 和 A5/B5，运输和保险）；
- 运输单据（A6/B6）；
- 出口/进口清关（A7/B7）；
- 包装（A8/B8）；
- 费用（A9/B9）；及
- 通知（A10/B10）。

56. A/B 条款顺序的变化需要一些时间和成本去熟悉。现在将交货和风险放在更显著的位置，我们是希望贸易商将会更易于识别不同的 Incoterms®规则之间的差异，即卖方将货物“交付”给买方的时间和地点的不同点，而风险即在那个时间和地点转移给了买方。

57. Incoterms®规则首次同时以下述格式出版：列出 11 个 Incoterms®规则的传统格式，以及在上述第 53 段的每个标题下列出每条 Incoterms®规则的十个条款的“横向”格式，先卖方后买方。因此，现在贸易商能够更易于看到例如 FCA 的交货地与 DAP 的交货地之间的区别，或者 CIF 由买方承担的费用项目与 CFR 由买方承担的费用项目之间的区别。我们希望 Incoterms® 2020 规则这种“横向”展现方式将可以进一步帮助贸易商选择最适合他们商业需求的 Incoterms®规则。

九、INCOTERMS® 2010 与 INCOTERMS® 2020 之间的区别

58. Incoterms® 2020 规则背后最重要的举措就是聚焦在如何改善呈现方式，以便引导用户针对他们的合同正确地选择

Incoterms®规则。因此：

a）在本引言中更加强调了如何正确地选择；

b）更加清晰地解释了销售合同与附属合同之间的区分与联系；

c）针对每个 Incoterms®规则，将使用说明升级为现在的解释说明；以及

d）重新对 Incoterms®规则排序，更加突出了交货和风险。

尽管所有这一切变化都看起来是表面的，但是实际上它是国际商会实质性的尝试，旨在帮助国际贸易群体更顺利地进行出口/进口交易。

59. 但是，除了这些一般变化之外，相比 Incoterms® 2010 规则，Incoterms® 2020 规则还是有一些其他的实质性变化。在我们介绍这些变化之前，必须特别提及的是，在 2010 年之后，贸易实践中有了一个特别的发展，即核实的集装箱总重；而国际商会决定，这一发展*不*应该导致 Incoterms® 2020 规则的变化。

60. *对核实的集装箱总重（VGM）的注释*：自 2016 年 7 月 1 日起，根据《国际海上人命安全公约》（简称 SOLAS）第二条的规定，在集装箱运输的情况下，托运人负有义务，要么使用经过校准和认证的设备对已包装的集装箱进行称重，要么对集装箱的内容物进行称重，再加上空集装箱的重量。在两者中的任一情况下，承运人都应记录核实的集装箱总重（VGM）。如违反要求，根据《国际海上人命安全公约》的规定将受到制裁，即集装箱“不得装船”（参见 2014 年 6 月 9 日的 MSC1/Circ.1475 第 4.2 段）。

这些称重的操作显然会产生费用，未遵守的话，则可能导致装货延误。由于这是 2010 年之后发生的，在商讨中有一些压力也不足为奇了，即 *Incoterms® 2020 规则*是否应该清楚规定买方和卖方之间到底由谁来承担该项义务。

61. 起草小组感到，有关核实集装箱总重相关的义务和费用过于具体及复杂，无法保证在 Incoterms® 2020 规则中清楚提及。

62. 回头再看国际商会在 Incoterms® 2020 规则中做出的对 Incoterms® 2010 规则的改变。这些改变包括：

［a］已装船批注提单和 FCA Incoterms®规则
［b］费用（如列出）
［c］CIF 和 CIP 中保险险别的不同级别
［d］在 FCA、DAP、DPU、DDP 中使用卖方或买方自己的运输工具安排运输
［e］将 DAT 的三个首字母的缩写改为 DPU
［f］在运输义务和费用中加入与安全有关的要求
［g］用户解释说明

［a］已装船批注提单和 FCA Incoterms®规则

63. 如货物以 FCA 术语销售经由海运方式运输，卖方或买方（或者更可能是他们的银行，如使用信用证）可能需要已装船批注提单。

64. 然而，FCA 术语下的交货在货物装船之前已经完成，无法确定卖方是否能够从承运人处获取已装船提单。根据运输合同，只有在货物实际装船后，承运人才可能有义务并有权签发已装船提单。

65. 为满足这种情形，*Incoterms® 2020* 规则 FCA 中的 A6/B6 现在提供了一个附加选项。买方和卖方可以约定，买方将指示其承运人在货物装船后向卖方签发已装船提单，然后卖方有义务，通常通过银行，向买方提交该提单。国际商会认识到，尽管已装船提单和 FCA 交货之间的结合有些不恰当，但这迎合了市场中显而易见的需求。最后，应该强调的是，即使采用了这种可选机制，卖方对买方也不承担运输合同条款的义务。

66. 如果卖方在装船前通过将集装箱货物移交给承运人来交货给买方的话，建议卖方最好以 FCA 而不是以 FOB 条款销售，这仍然正确吗？这个问题的答案是肯定的。但是，*Incoterms® 2020 规则*做了改变，即，如果此时卖方仍然希望或需要已装船批注提单，FCA 术语 A6/B6 中的新的附加选项对该种单据做出了规定。

［b］费用（如列出）

67. 在 Incoterms® 2020 规则条款的新排序中，费用现显示在每条 Incoterms®规则的 A9/B9 中。但是，除此重新排序外，另一个变化将对早期用户来说显而易见。Incoterms®规则中不同术语中各条款划分的各种费用传统上出现在 Incoterms®规则中每个术语的不同部分。因此，例如，FOB 2010 是在标题为“交货单据”的 A8 条款中提及与获取交货单据有关的费用，而不是在标题为“费用划分”的 A6 条款中。

68. 但是，在 Incoterm® 2020 规则中，相当于 A6/B6 的条款，即 A9/B9 现在列出了由 Incoterms®规则每一特定术语划分的所有费用。因而，Incoterms® 2020 规则中的 A9/B9 比 Incoterms® 2010 规则中的 A6/B6 篇幅更长。

69. 目的是向用户提供一站式费用清单，以便卖方或买方可以在一个地方找到其在 Incoterms®规则特定术语下将负责的所有费用。各费用项目也在其本身条款中提到：因而，例如，FOB 中与获取单据有关的费用仍然出现在 A6/B6 及 A9/B9 中。此处的思考是，有兴趣寻找单据费用具体划分的用户可能更倾向于查找涉及交货单据的特定条款，而不是列出所有费用的一般性条款。

［c］CIF 和 CIP 中保险险别的不同层级

70. 在 Incoterms® 2010 规则中，CIF 和 CIP 的 A3 条款均强制规定卖方有义务“自付费用取得货物保险，该保险需至少符合《协会货物保险条款》（Institute Cargo Clauses，LMA/IUA，劳合社市场协会/伦敦国际承保人协会）条款（C）或类似的最低险别的条款”。《协会货物保险条款》条款（C）承保分项除外责任之外列明的风险；而《协会货物保险条款》（A）款则承保“一切险”，但同样排除分项除外责任。在 Incoterms® 2020 规则商谈期间，曾有人提出把《协会货物保险条款》条款（C）转为《协会货物保险条款》（A）款的建议，从而提高卖方为买方利益所取得的险别。当然，这涉及额外的保险费。相反，即继续维持《协会货物保险条款》（C）款的建议同样强烈，尤其是那些参与大宗商品海运贸易的人。在起草小组内外进行了大量讨论之后，我们决定在 CIF Incoterms®规则和 CIP Incoterms®规则中规定不同的最低险别。前者更可能用于海运大宗商品贸易，但维持《协会货物保险条款》条款（C）作为默示立场的现状，当然双方当事人仍可以自由商定较高的保险险别。在后者中，即 CIP Incoterms®术语，卖方现在必须取得符合《协会货物保险条款》条款（A）的保险险别，尽管双方当事人当然仍可以自由商定较低的保险险别。

［d］在 FCA、DAP、DPU、DDP 中使用卖方或买方自己的运输工具安排运输

71. 在 Incoterms® 2010 规则中始终设定，在货物由卖方运往买方的情况下，货物将依据具体使用的 Incoterms®规则，由卖方或买方为此目的而雇用的第三方承运人运输。

72. 然而，在制订 *Incoterms® 2020 规则*的详细讨论中，我们清楚地认识到，在某些情况下，虽然货物要从卖方运往买方，但仍然可以在根本不雇用任何第三方承运人的情况下进行运输。因此，例如，并不能阻止 D 组术语下的卖方在不将运输外包给第三方的情况下安排这种运输，即使用卖方自己的运输工具。同样，对于 FCA 术语下的采购，也不能阻止买方使用自己的运输工具来收取货物并运往买方所在地。

73. Incoterms® 2010 年规则看起来没有考虑到这些可能性，而现在的 Incoterms® 2020 规则考虑到了这些可能性，不仅明确允许订立运输合同，而且也允许仅安排必要的运输。

［e］将 DAT 三个首字母缩写改为 DPU

74. 在 Incoterms® 2010 规则中，DAT 与 DAP 之间的唯一区别在于，在 DAT 术语下，当货物从到达的运输工具卸载到“运输终端”时，卖方即完成交货；而在 DAP 术语下，当到达的运输工具上可供卸载的货物交由买方处置时，卖方即完成交货。我们也可以回顾 *Incoterms® 2010 规则*中的 DAT 使用说明，将“运输终端”一词宽泛地定义为包括“任何地点，而不论该地点是否有遮盖……”

75. 国际商会决定对 DAT 和 DAP 做出两项修改。首先，这两个 Incoterms® 2020 规则呈现的顺序被颠倒过来，交货发生在卸载之前的 DAP 现在出现在 DAT 之前；其次，DAT 规则的名称已被改为 DPU （Delivered at Place Unloaded），强调了目的地可以是任何地方，而不仅仅是“运输终端”的现实。但是，如果该地点不在运输终端，卖方应确保其打算交付货物的地点是能够卸货的地点。

［f］在运输义务和费用中加入与安全有关的要求

76. 可以回顾，与安全有关的要求是通过每个贸易术语规则中的 A2/B2 和 A10/B10 低调地进入 Incoterms® 2010 规则中的。在 21 世纪初与安全相关的问题变得如此普遍之后，Incoterms® 2010 规则是 Incoterms®规则生效后的第一个修订本。这些问题以及随之创建的相关装运实务，现在已经更多了。由于与运输要求相关，与安全相关的义务的明确划分现已添加到每个 Incoterms®规则的 A4 和 A7 中。这些要求产生的费用现在在费用条款中，即 A9/B9，也占有更为突出的地位。

［g］用户解释说明

77. 在 2010 年版本中，每个 Incoterms®规则开头处出现的“使用说明”现在作为“用户解释说明”出现。这些说明解释了每个 Incoterms® 2020 规则的基本原理，例如应该何时使用、风险何时转移和卖方与买方之间如何划分费用。解释说明的意图是：（a）帮助用户在特定交易中更准确、高效地选择合适的 Incoterms®规则；（b）为那些为 Incoterms® 2020 调整的争议或合同提供解决方案或者咨询者就可能需要的解释事项提供指南。对于更普遍涉及 Incoterms® 2020 规则的更基本问题的指引，当然也可以参考本引言的内容。

十、对 INCOTERMS®规则变形的提示

78. 有时当事人希望修改 Incoterms®规则。Incoterms® 2020 规则并不禁止此类改变，但这样做是有危险的。为了避免任何不受欢迎的意外，当事人需要在他们的合同中非常清晰地明确此类修改意欲达到的效果。例如，如果合同修改了 Incoterms® 2020 规则中的费用分摊，那么各当事人也应清楚地表明他们是否同时希望改变交货和风险转移至买方的点。

Charles Debattista*
国际商会特别顾问
Incoterms® 2020 起草小组

36 Stone
格雷律师学院
伦敦

*对于收到的来自国际商会国家委员会和我的起草小组同事关于我个人对本新规则引言前期稿件的意见，我深表感谢。但是，本引言中表达的观点属于我个人观点，因此并不构成 Incoterms® 2020 规则本身的一部分。

适用于任一或多种运输方式的规则

对于本书中使用的图解，提请注意，全书中标题处显示的深灰色图标指的是卖方的义务，浅灰图标指的是买方的义务，方框图标指的是买卖双方混合或共担的。

EXW | Ex Works

工厂交货

EXW（填入指定交货地点）Incoterms® 2020

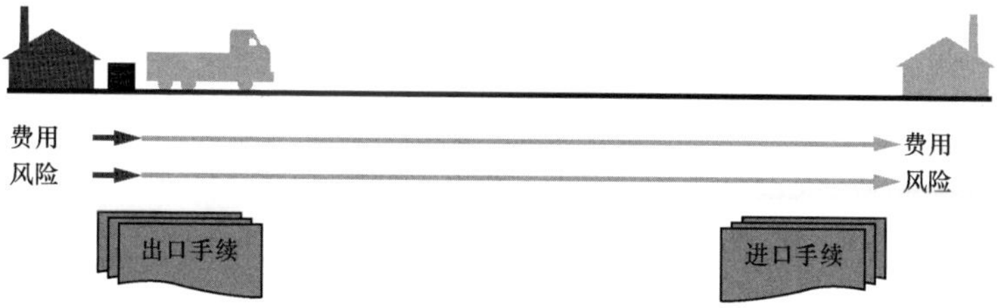

用户解释说明

1. 交货与风险——“工厂交货”是指卖方通过以下方式向买方完成交货：

- 在指定地点（如工厂或仓库）将货物交由买方处置时，并且
- 该指定地点可以是卖方所在地，也可以不是卖方所在地。

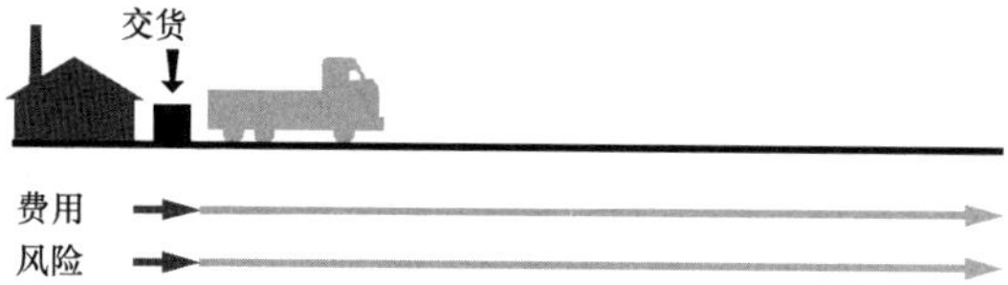

为完成交货，卖方不需将货物装上任何前来接收货物的运输工具，需要清关时，卖方也无需办理出口清关手续。

2. 运输方式——本条规则可适用于所选择的任一或多种运输方式（如有）。

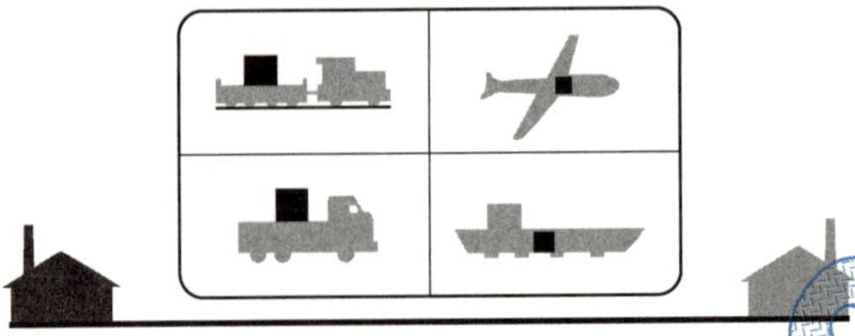

3. 交货地或精准的交货点——买卖双方仅需指定交货*地*。但是，特别建议双方*还*应尽可能清楚地指明交货地范围内的精确交货*点*。精确交货*点*会让双方均可清楚货物交付的时间和风险转移至买方的时间；该精确交货点还标志着买方承担费用的地点。如果双方*不*指定交货*点*，则视为留待由卖方选择“最适合卖方目的”的交货点。这意味着，卖方可能会选择某个点作为交货点，而货物恰好在该点之前发生了灭失或损坏，从而可能使买方承担风险。因此，买方最好选择将要交货地范围内的精确地点。

4. 对买方的提示——EXW是对卖方规定的义务最少的Incoterms®规则。因此，从买方的角度而言，基于以下不同原因，应谨慎使用该规则。

5. 装载风险——当货物置于交货地、尚未装载、由买方处置时，交货已完成，且风险随之转移。但是，货物装载很可能是由卖方操作，装载操作中发生的货物灭失或损坏的风险很可能由没有实际参与货物装载的买方承担。考虑到这种可能性，建议在由卖方装载货物时，双方预先约定由哪方承担货物在装载中发生的灭失或损坏的风险。这种情形颇为常见，因为卖方更有可能在其场所拥有必要的装载设备，或由于相关的安全规则禁止未经授权人员进入卖方场所。如买方希望规避在卖方场所装载货物期间的风险，则应当考虑选择FCA规则（在FCA规则下，如货物系在卖方场所交付，则卖方对买方负有装载货物的义务并承担货物在由卖方实施装载作业中发生灭失或损坏的风险）。

6. 出口清关——若以将货物交由买方处置的方式进行的交货发生在卖方场所或另一典型的卖方所在国司法管辖区或同一关税同盟区的指定地点时，卖方没有义务办理出口清关或货物经由第三国过境的清关。实际上，EXW 可能更适合于完全无意出口货物的国内贸易。在出口清关中，卖方的参与内容限于协助获取诸如买方要求的用于办理货物出口的单据或信息。如买方希望出口货物而又预计办理出口清关会有困难时，建议买方最好选择 FCA 规则。在 FCA 规则下，办理出口清关的义务和费用由卖方承担。

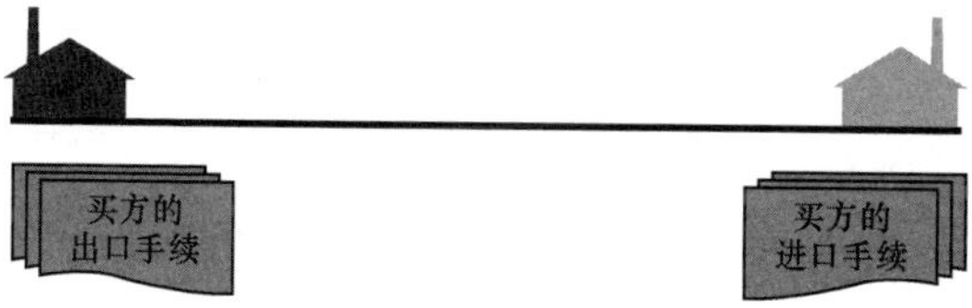

A 卖方的义务	B 买方的义务
A1 一般义务 卖方必须提供符合销售合同约定的货物和商业发票，以及合同可能要求的其他与合同相符的证据。 卖方提供的任何单据，根据双方约定可以是纸质或电子形式，如果没有约定，则按照惯常做法提供。	**B1 一般义务** 买方必须按照销售合同约定支付货物价款。 买方提供的任何单据，根据双方约定可以是纸质或电子形式，如果没有约定，则按照惯常做法提供。
A2 交货 卖方必须在指定交货地或位于该地的约定点（如有），将未装载到任何接收货物的运输工具上的货物交由买方处置的方式交货。若在	**B2 提货** 当卖方已按照 A2 完成交货，并按照 A10 发出通知时，买方必须提取货物。

指定交货地未约定特定点，且在该地有多个地点可用，则卖方可选择最适合其目的之交货点。卖方必须在约定日期或约定交货期限内交货。

A3 风险转移

除 B3 规定的灭失或损坏情况外，卖方承担按照 A2 完成交货前货物灭失或损坏的一切风险。

B3 风险转移

买方承担按照 A2 交货时起货物灭失或损坏的一切风险。

如果买方未按照 B10 发出通知，则买方承担自约定的交货日期起或交货期限届满之时起的货物灭失或损坏的一切风险，但以该货物已被清楚地确定为合同项下货物为前提条件。

A4 运输

卖方对买方没有订立运输合同的义务。

但是，在应买方要求并由其承担风险和费用的情况下，卖方必须向买方提供卖方拥有的买方安排运输所需的任何信息，包括与运输有关的安全要求。

B4 运输

应由买方负责自费签订运输合同或安排自指定交货地起的货物运输。

A5 保险

卖方对买方没有订立保险合同的义务。但是，在应买方要求并由其承担风险和费用的情况下，卖方必须向买方提供卖方所拥有的买方取得保险所需的信息。

B5 保险

买方对卖方没有订立保险合同的义务。

A6 交货/运输单据

卖方对买方没有义务。

B6 交货证据

买方必须向卖方提供其已提取货物的适当证据。

A7 出口/进口清关

如适用，在应买方要求并由其承担风险和费用的情况下，卖方必须协助买方获取出口国/过境国/进口国要求的与所有出口/过境/进口清关手续有关的任何单据和/或信息，诸如：

- 出口/过境/进口许可证；
- 出口/过境/进口安检清关；
- 装运前检验；及
- 任何其他官方授权。

B7 出口/进口清关

如适用，应由买方办理出口国/过境国/进口国所要求的所有出口/过境/进口清关手续，并支付该类费用，诸如：

- 出口/过境/进口许可证；
- 出口/过境/进口安检清关；
- 装运前检验；以及
- 任何其他官方授权。

A8 查验/包装/标记

卖方必须支付为了按照 A2 交货所需的查验操作费用（如查验品质、丈量、计重、点数的费用）。

卖方必须自付费用包装货

B8 查验/包装/标记

买方对卖方没有义务。

物，除非该特定贸易运输的所售货物通常无需包装。除非双方已经约定好具体的包装或标记要求，否则，卖方必须以适合该货物运输的方式对货物进行包装和标记。

A9 费用划分

卖方必须支付按照 A2 完成交货前与货物相关的所有费用，按照 B9 应由买方支付的费用除外。

B9 费用划分

买方必须：

a）支付按照 A2 完成交货之时起与货物有关的所有费用；

b）偿付卖方为按照 A4、A5，或 A7 提供协助或信息而产生的所有费用和开支；

c）如适用，支付货物出口应缴纳的所有关税、税款和其他费用，以及办理出口清关手续而产生的费用；

d）支付因买方未提取已交由其处置的货物或未按照 B10 发出适当通知而产生的额外费用，但以该货物已被清楚地确定为合同项下货物为前提条件。

A10 通知

卖方必须向买方发出为买方提取货物所需的任何通知。

B10 通知

无论何时根据约定，当买方有权决定在约定交货期限内的时间和/或在指定地点的提货点时，买方必须给予卖方充分通知。

FCA | Free Carrier

货交承运人

FCA（填入指定交货地点）Incoterms® 2020

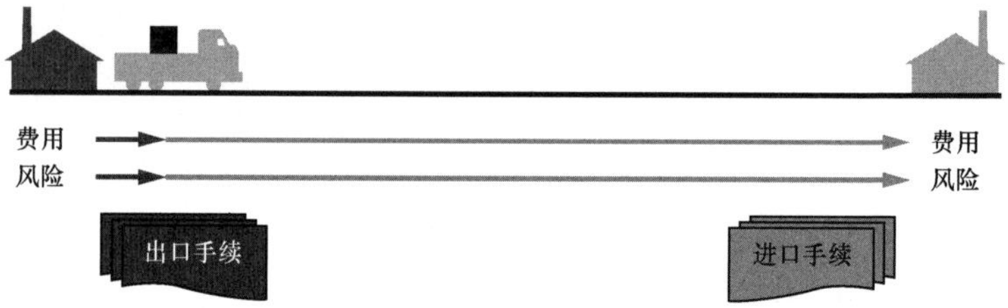

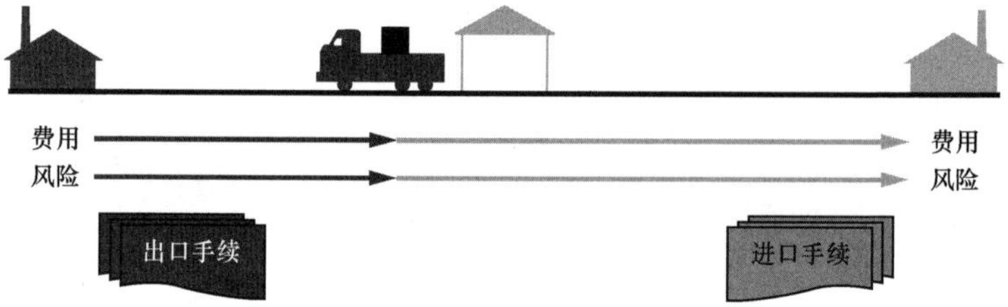

用户解释说明

1. 交货与风险——“货交承运人（指定地点）”是指卖方通过以下两种方式之一向买方完成交货：

- 首先，如指定地点是卖方所在地，则货物完成交付是
  - 当货物装上了买方的运输工具之时。

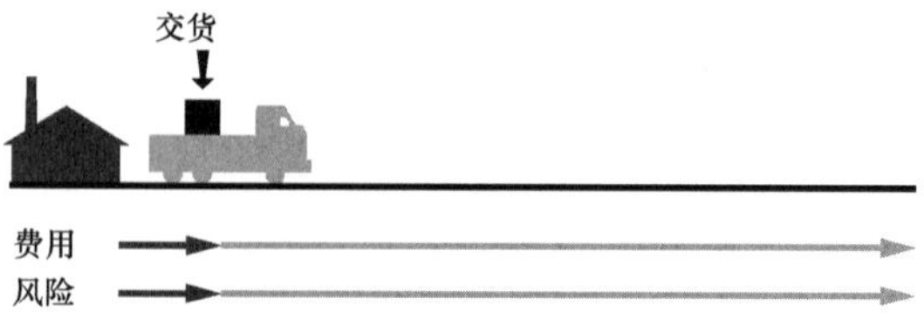

- 其次，如指定地点是另一地点，则货物完成交付是
  - 当货物已装上了卖方的运输工具，
  - 货物已抵达该指定的另一地点，并且
  - 已做好从卖方的运输工具上卸载的准备，并且
  - 交由买方指定的承运人或其他人处置之时。

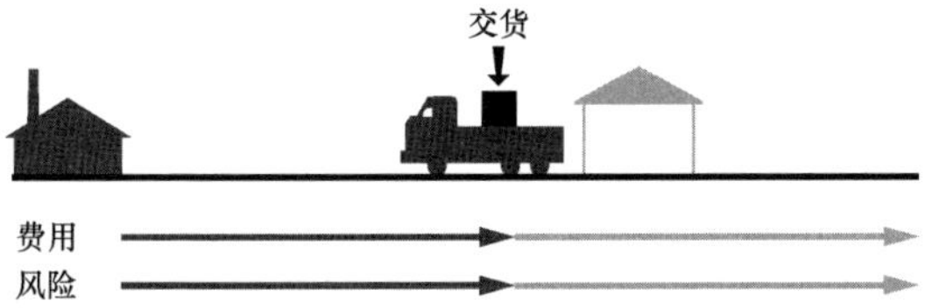

无论选择了二者之中的哪一个地点作为交货地点，该地点即是确定风险转移给买方且买方开始承担费用的地点。

2. 运输方式——本条规则可适用于所选择的任何运输方式，也可适用于使用多种运输方式的情形。

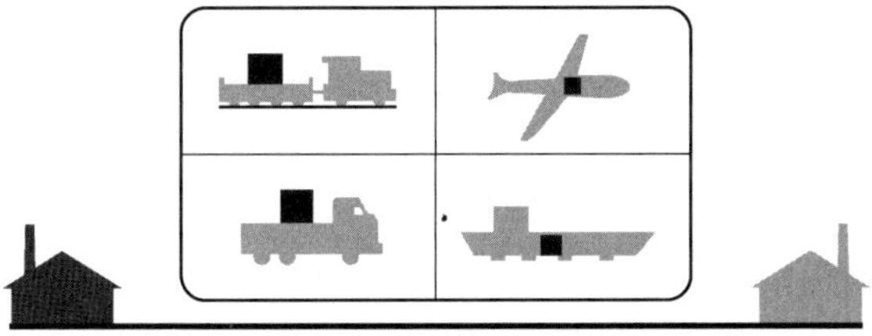

3. 交货地或交货点——以 FCA 进行的货物销售可以仅指定交货地在卖方所在地或其他地方，而不具体说明在该指定地点内的详细交货点。但是，特别建议双方还应尽可能清楚地指明指定地方范围内的详细交货点。详细的交货点会让双方均可清楚货物交付的时间和风险转移至买方的时间；该详细交货点还标志了买方承担费用的地点。然而，如果详细的交货点未予以指明，则可能给买方造成问题。在此情况下，卖方有权选择“最适合卖方目的”的地点：该地点即成为交货点，风险和费用从该地点开始转移至买方。如果合同中未指定详细的交货点，则视为留待由卖方选择“最适合卖方目的”的交货点。这

意味着，卖方可能会选择某个点作为交货点、而货物恰好在该交货点之前发生了灭失或损坏，从而可能使买方承担风险。因此，买方最好选择将要交货地范围内的详细交货点。

4.“或取得已经如此交付的货物”——此处的“取得”一词适合于交易链中的多层销售（链式销售），在大宗商品贸易中尤为常见，尽管并非仅限于大宗商品贸易。

5. 出口/进口清关——如适用，FCA要求卖方办理货物出口清关。但是，卖方没有义务办理货物进口清关或经由第三国过境的清关、支付任何进口关税或办理任何进口海关手续。

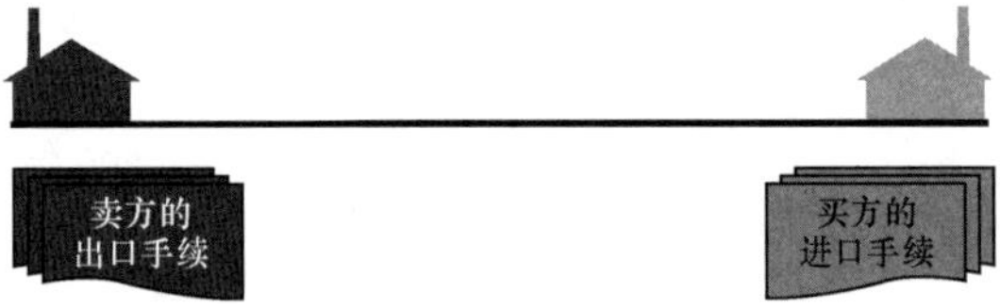

6. FCA销售方式下已装船批注提单——我们已看到FCA意为用于使用单一或多种运输方式。现在如果货物是在拉斯维加斯由买方的公路运输车接载，那么期待由承运人出具在拉斯维加斯装运的已装船批注提单相当不常见，因为拉斯维加斯不是港口，船舶无法抵达该地装运货物。但是，卖方用“FCA 拉斯维加斯”销售货物时，有时确实发现他们*需要*含有已装船批注的提单的情况（通常由于银行托收或信用证的要求），尽管该提单有必要说明货物在洛杉矶已装船的同时说明货物在拉斯维加斯收妥待运。为满足卖方用FCA术语销售时对已装船批注提单的可能需求，FCA Incoterms® 2020首次提供了以下可选机制。如果双方在合同中如此约定，则买方必须指示承运人出具已装船批注提单给卖方。当然，承运人可能同意或不同意买方的请求，鉴于一旦货物在洛杉矶装船，承运人才有义务并且有权出具该提单。但是，如果并且在买方承担费用与风险情况下，承运人已经向卖方出具了提单，卖方必须将该单据提供给买方，以便买方用该提单从承运人处提取货物。当然，如果双方已约定卖方将提交给买方一份仅声明货物已收妥待运而非已装船的提单，则不需要选择该方案。此外，应强调的是，即使采用该可选机制，卖方对买方也不承担运输合同条款下的义务。最后，如采用该可选机制，内陆交货及装船的日期将可能不同，这将可能对信用证下的卖方造成困难。

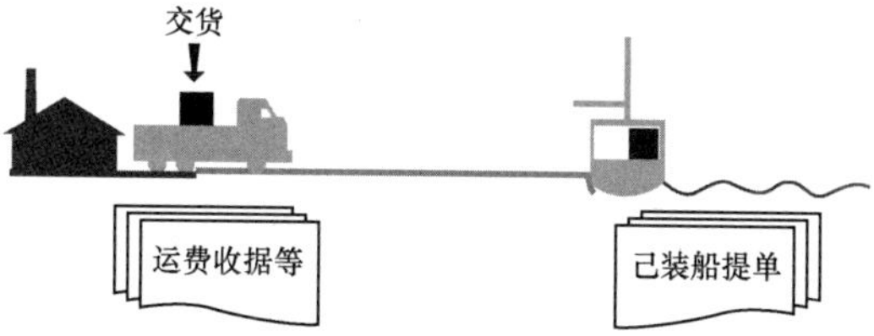

A 卖方的义务	B 买方的义务
A1 一般义务 卖方必须提供符合销售合同约定的货物和商业发票，以及合同可能要求的其他与合同相符的证据。 卖方提供的任何单据，根据双方约定可以是纸质或电子形式，如果没有约定，则按照惯常做法提供。	**B1 一般义务** 买方必须按照销售合同约定支付货物价款。 买方提供的任何单据，根据双方约定可以是纸质或电子形式，如果没有约定，则按照惯常做法提供。
A2 交货 卖方必须在指定地或指定点（如有），向买方指定的承运人（或其他人）交付货物或以取得已经如此交付货物的方式交货。 卖方必须按照下述要求交货：	**B2 提货** 当卖方已按照 A2 完成交货时，买方必须提取货物。

1. 在约定日期；或

2. 在买方按照 B10（b）所通知的约定期间内的交货时间；或

3. 如果未通知上述时间，则在约定期限届满之时。以下情形，交货完成：
   a）若指定交货地在卖方所在地，则当货物被装上买方提供的运输工具时；或者

   b）在任何其他情况下，当货物在卖方的运输工具上做好卸载准备，并交由买方指定的承运人（或其他人）处置时。

如果买方未按照 B10（d）通知在指定交货地内的特定交货点，且有数个交货点可用，则卖方可以选择最符合其目的之交货点。

A3 风险转移

除B3规定的灭失或损坏情况外，卖方承担按照 A2 完成交货前货物灭失或损坏的一切风险。

B3 风险转移

买方承担按照 A2 交货时起货物灭失或损坏的一切风险。

如果：

a）买方未按照 A2 指定承

运人（或其他人）或未按照 B10 发出通知；或者

b）买方按照 B10（a）指定的承运人（或其他人）未接管货物；

则买方承担货物灭失或损坏的所有风险：

（i） 自约定日期起；如无约定的日期，则

（ii） 自买方根据 B10（b）选择的时间起；或者，如未通知该时间，则

（iii） 从任何约定交货期限届满之日起。

但以该货物已被清楚地确定为合同项下货物为前提条件。

A4 运输

卖方对买方没有订立运输合同的义务。但是，在应买方要求并由其承担风险和费用的情况下，卖方必须向买方提供卖方拥有的买方安排运输所需的任何信息，包括与运输有关的安全要求。如已约定，卖方必须按照惯常条款订立

B4 运输

除非卖方根据 A4 订立运输合同，否则，买方必须自付费用订立运输合同或安排从指定交货地开始的货物运输。

运输合同，由买方承担风险和费用。

卖方必须在完成交货之前遵守任何与运输有关的安全要求。

A5 保险

卖方对买方没有订立保险合同的义务。但是，应买方要求并由其承担风险和费用，卖方必须向买方提供卖方所拥有的买方获取保险所需的信息。

B5 保险

买方对卖方没有订立保险合同的义务。

A6 交货/运输单据

卖方必须自付费用向买方提供已按照 A2 交货的通常证明。

在应买方要求并由其承担风险和费用的情况下，卖方必须协助买方取得运输单据。

若买方指示承运人向卖方出具 B6 项下的运输单据，则卖方必须向买方提交承运人出具的这一单据。

B6 交货/运输单据

买方必须接受已按照 A2 完成交货的证据。

如果双方已如此约定，买方必须自担费用及风险，指示承运人向卖方出具载明货物已经装载的运输单据（如已装船提单）。

A7 出口/进口清关

a）出口清关

B7 出口/进口清关

a）协助出口清关

如适用，卖方必须办理和支付出口国要求的所有出口清关手续，诸如：

- 出口许可证；
- 出口安检清关；
- 装运前检验；及
- 任何其他官方授权。

如适用，应卖方要求并由其承担风险和费用，买方必须协助卖方获取出口国需要的与所有出口清关手续有关的任何单据和/或信息，包括安全要求和装运前检验。

b）协助进口清关

如适用，应买方要求并由其承担风险和费用，卖方必须协助买方获取任何过境国或进口国需要的与所有过境/进口清关手续有关的任何单据和/或信息，包括安全要求和装运前的检验。

b）进口清关

如适用，买方必须办理和支付过境国和进口国要求的所有手续，诸如：

- 进口许可证及过境所需的任何许可证；
- 进口及任何过境安检清关；
- 装运前检验；及
- 任何其他官方授权。

A8 查验/包装/标记

卖方必须支付为了按照A2交货所需要进行的查验费用（如查验品质、丈量、计重、点数的费用）。

卖方必须自付费用包装货物，除非该特定贸易的运输的所售货物通常无需包装。除非双方已经约定好具体的包装或标记要求，否则，卖方必须以适合该货物运输的方式对货物进行包装和标记。

B8 查验/包装/标记

买方对卖方没有义务。

A9 费用划分

卖方必须支付：

a）按照 A2 完成交货前与货物相关的所有费用，按照 B9 应由买方支付的费用除外；

b）按照 A6 向买方提供已经交货的惯常证据的费用；

c）如适用，按照 A7（a）办理出口清关有关的关税、税款和任何其他费用；以及

d）买方为按照 B7（a）提供协助获取单据及信息相关的所有费用和开支。

A10 通知

卖方必须就其已按照 A2

B9 费用划分

买方必须支付：

a）按照 A2 完成交货之时起与货物有关的所有费用，按照 A9 应由卖方支付的费用除外；

b）卖方为按照 A4、A5、A6 及 A7（b）提供协助获取单据及信息相关的所有费用和开支；

c）如适用，按照 B7（b）办理过境或进口清关有关的关税、税款和任何其他费用；以及

d）由于以下原因之一产生的任何额外费用：

（i）买方未按照 B10 指定承运人或其他人；或

（ii）按照 B10 由买方指定的承运人或其他人未接管货物。

但以该货物已被清楚地确定为合同项下货物为前提条件。

B10 通知

买方必须通知卖方：

完成交货或者买方指定的承运人或其他人未在约定期限内提货的情况给予买方充分通知。

a) 指定的承运人或其他人的名称，该通知应留出充分时间，以便卖方能按照 A2 完成交货；

b) 在约定交货期限内所选择的由指定的承运人或其他人收取货物的时间（如有）；

c) 指定的承运人或其他人使用的运输方式，包括任何与运输有关的安全要求；以及

d) 在指定交货地的收货点。

CPT | Carriage Paid To

运费付至

CPT（填入指定目的地）Incoterms® 2020

用户解释说明

1. 交货与风险——“运费付至”是指卖方通过以下方式向买方完成交货及风险转移：

- 将货物交付给承运人
- 该承运人已与卖方签约
- 或者取得已经如此交付的货物。
- 卖方为此可根据所使用的运输工具之合适方式和地方让承运人实际占有货物。

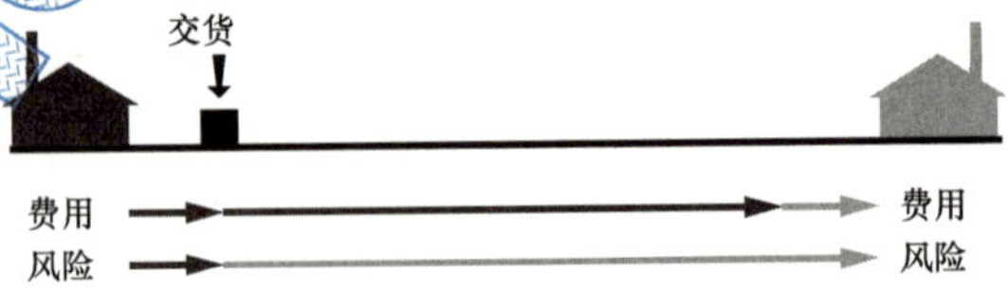

一旦货物以此种方式交付给买方，卖方并不保证货物将以良好的状态、约定的数量或是否确实到达目的地。这是因为在

将货物移交给承运人完成对买方的交货时，风险即从卖方转移到了买方；尽管如此，卖方必须签订从交货地运往约定目的地的货物运输合同。因而，例如，货物在拉斯维加斯（不是港口）被移交给承运人运输至南汉普顿（港口）或者温切斯特（不是港口）。在这两种情况下，将风险转移给买方的货物交付发生在拉斯维加斯，而卖方必须签订运往南汉普顿或者温切斯特的运输合同。

2. 运输方式—— 本条规则可适用于所选择的任何运输方式，也可适用于使用多种运输方式的情形。

3. 交货地（或交货点）和目的地（或目的点）—— 在 CPT 规则中，两个地点很重要：货物的交货地或交货点（如有）（用于确定风险转移），以及约定为货物终点的目的地或目的点（作为卖方承诺签订运输合同运至的地点）。

4. 精准确定交货地或交货点—— 特别建议双方在销售合同中尽可能精准地确定交货地和目的地，或交货地和目的地内的具体地点。对于多个承运人各自负责自交货地到目的地之间不同运输路程的常见情形，尽可能精准地确定交货地或交货点（如有）对于满足上述情形的需要尤为重要。在这种情形下，若双方没有约定具体的交货地或交货点，则默认的立场是当卖方在某个完全由其选择且买方不能控制的地点将货物交付给第一个承运人时，风险即发生转移。如双方希望风险的转移发生在稍晚阶段（例如，在某海港、河港或者机场），或者甚至发生在稍早阶段（例如，在某个与海港或河港有一段距离的内陆地点），则需要在销售合同中明确约定，并谨慎考虑在货物灭失或损坏时如此做法的后果。

5. 尽可能精准确定目的地—— 同样，特别建议双方在销售合同中尽可能精准地确定约定目的地内的具体地点，因为该地点是卖方必须签订运输合同运至的地点，并且是卖方承担运费直到该地点为止的地点。

6.“或取得已经如此交付的货物”—— 此处的“取得”一词适合于交易链中的多层销售（链式销售），在大宗商品贸易中尤其常见。

7. 目的地卸货费用—— 如果卖方在其运输合同项下承担了在指定目的地的相关卸货费用，除非双方另有约定，卖方无权另行向买方追偿该费用。

8. 出口/进口清关—— 如适用，CPT 要求卖方办理货物出口清关。但是，卖方没有义务办理货物进口清关或经由第三国过境的清关，或支付任何进口关税或办理任何进口海关手续。

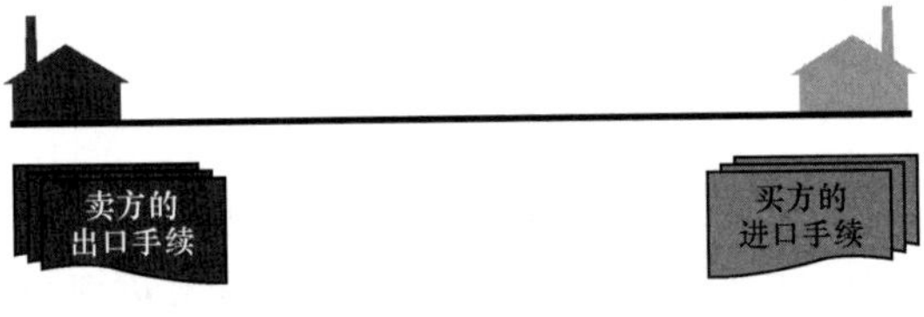

A 卖方的义务	B 买方的义务
A1 一般义务 卖方必须提供符合销售合同约定的货物和商业发票，以及合同可能要求的其他与合同相符的证据。 卖方提供的任何单据，根据双方约定可以是纸质或	**B1 一般义务** 买方必须按照销售合同约定支付货物价款。 买方提供的任何单据，根据双方约定可以是纸质或电子形式，如果没有约定，则按照惯常做法

电子形式，如果没有约定，则按照惯常做法提供。

提供。

A2 交货

卖方必须以将货物交给按照 A4 订立合同的承运人或以取得已经如此交付的货物的方式交货。在这两种情形下，卖方均必须在约定日期或约定期限内交货。

B2 提货

当卖方按照 A2 交货时，买方必须提取货物，并在指定目的地或在该地方内约定地点自承运人处收取货物。

A3 风险转移

除按照 B3 的灭失或损坏情况外，卖方承担按照 A2 完成交货前货物灭失或损坏的一切风险。

B3 风险转移

买方承担按照 A2 交货时起货物灭失或损坏的一切风险。

如买方未按照 B10 发出通知，则买方承担自约定的交货日期起或约定交货期限届满之时起的货物灭失或损坏的一切风险，但以该货物已清楚地确定为合同项下货物为前提条件。

A4 运输

卖方必须签订或取得运输合同，将货物自交货地内的约定交货点（如有），运送至指定目的地，或位于该目的地的任何交货点（如已约定）。运输合同必须按照惯

B4 运输

买方对卖方没有订立运输合同的义务。

常条款订立，由卖方承担费用，经由通常路径，按照所售货物类型的惯常运输方式运送货物。如果该具体地点未经约定，也未根据实务确定，则卖方可以选择最符合其目的之交货点和位于指定目的地内的交货点。

卖方必须遵守运至目的地过程中任何与运输有关的安全要求。

A5 保险

卖方对买方无订立保险合同的义务。但是，在应买方要求并由其承担风险和费用的情况下，卖方必须向买方提供卖方所拥有的买方取得保险所需的信息。

B5 保险

买方对卖方没有订立保险合同的义务。

A6 交货/运输单据

依惯例或应买方要求，卖方必须承担费用，向买方提供其按照 A4 订立的运输合同项下的通常运输单据。

该运输单据必须载明合同项下货物，且其签发日期应在约定的运输期限内。如已约定或依惯例，该运输单据还必须能使买方在指定目的地向承运人索取货物，并

B6 交货/运输单据

如果运输单据与合同相符，买方必须接受按照 A6 提供的运输单据。

能使买方通过向其下家买方转让该单据或通过通知承运人来转卖在途货物。

当该运输单据以可转让方式签发且有数份正本时，全套正本必须向买方提交。

A7 出口/进口清关

a）出口清关

如适用，卖方必须办理出口国要求的所有出口清关手续并支付费用，诸如：

- 出口许可证；
- 出口安检清关；
- 装运前检验；及
- 任何其他官方授权。

b）协助进口清关

如适用，应买方要求并由其承担风险和费用，卖方必须协助买方获取任何过境国或进口国需要的与所有过境/进口清关手续有关的任何单据和/或信息，包括安全要求和装运前检验。

B7 出口/进口清关

a）协助出口清关

如适用，应卖方要求并由其承担风险和费用，买方必须协助卖方获取出口国需要的与所有出口清关手续有关的任何单据和/或信息，包括安全要求和装运前检验。

b）进口清关

如适用，买方必须办理任何过境国和进口国要求的所有手续并支付费用，诸如：

- 进口许可证及过境所需的任何许可证；
- 进口及任何过境安检清关；
- 装运前检验；及
- 任何其他官方授权。

A8 查验/包装/标记

卖方必须支付为了按照 A2

B8 查验/包装/标记

买方对卖方没有义务。

交货所需要进行的查验费用（如查验品质、丈量、计重、点数的费用）。

卖方必须自付费用包装货物，除非该特定贸易运输的所售货物通常无需包装。除非双方已经约定好具体的包装或标记要求，卖方必须以适合该货物运输的方式对货物进行包装和标记。

A9 费用划分

卖方必须支付：

a）按照 A2 完成交货前与货物相关的所有费用，按照 B9 应由买方支付的费用除外；

b）按照 A4 所发生的运费和所有其他费用，包括装货费用及与运输有关的安全费用；

c）在约定目的地产生的任何卸货费用，但仅以运输合同规定应由卖方承担此类费用为条件；

d）根据运输合同应由卖方承担的过境费用；

B9 费用划分

买方必须支付：

a）按照 A2 完成交货之时起与货物有关的所有费用，按照 A9 应由卖方支付的费用除外；

b）过境费用，除非根据运输合同该项费用应由卖方承担；

c）卸货费用，除非根据运输合同该项费用应由卖方承担；

d）卖方为按照 A5 和 A7（b）提供协助获取单据及信息相关的所有

e）按照A6向买方提供已经交货的通常证据的费用；

f）如适用，按照A7（a）办理出口清关有关的关税、税款和任何其他费用；以及

g）买方为按照B7（a）提供协助获取单据及信息相关的所有费用和开支。

A10 通知

卖方必须向买方发出已按照A2完成交货的通知。

卖方必须向买方发出任何所需通知以便买方收取货物。

费用和开支；

e）如适用，按照B7（b）办理过境或进口清关有关的关税、税款和任何其他费用；以及

f）由于未按照B10发出通知而产生的自约定交货日期或自约定交货期限届满之时起的任何额外费用，但以该货物已清楚地确定为合同项下货物为前提条件。

B10 通知

无论何时根据约定，当买方有权决定发货时间和/或指定目的地的收货点时，买方必须给予卖方充分通知。

CIP | Carriage and Insurance Paid To

运费和保险费付至

CIP（填入指定目的地）Incoterms® 2020

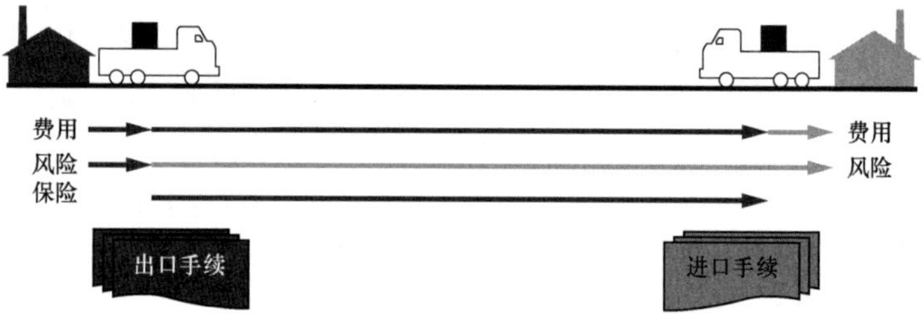

用户解释说明

1. 交货与风险——“运费和保险费付至”是指卖方通过以下方式向买方完成交货及风险转移：

- 将货物交付给承运人
- 该承运人已与卖方签约
- 或者取得已经如此交付的货物。
- 卖方为此可根据所采用的运输工具之合适的方式和地方让承运人实际占有货物。

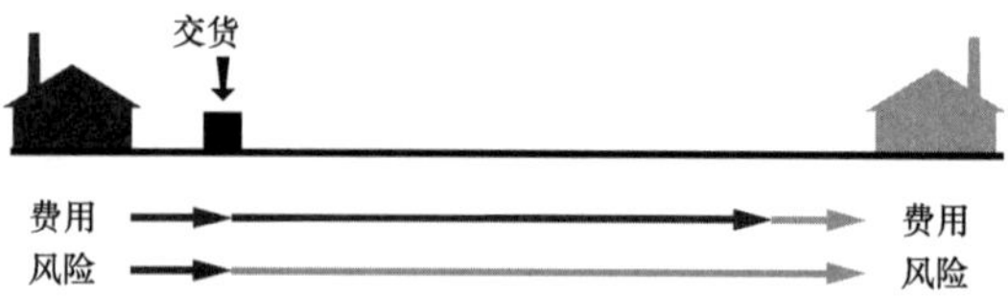

一旦货物以此种方式交付给买方，卖方并不保证货物将以良好的状态、约定的数量或是否确实到达目的地。这是因为在

货物移交给承运人完成对买方的交货时，风险即从卖方转移到了买方；尽管如此，卖方必须签订从交货地运往约定目的地的货物运输合同。因而，例如，货物在拉斯维加斯（不是港口）被移交给承运人运输至南汉普顿（港口）或者温切斯特（不是港口）。在这两种情况下，将风险转移给买方的货物交付发生在拉斯维加斯，而卖方必须签订运往南汉普顿或者温切斯特的运输合同。

2. 运输方式—— 本条规则可适用于所选择的任何运输方式，也可适用于使用多种运输方式的情形。

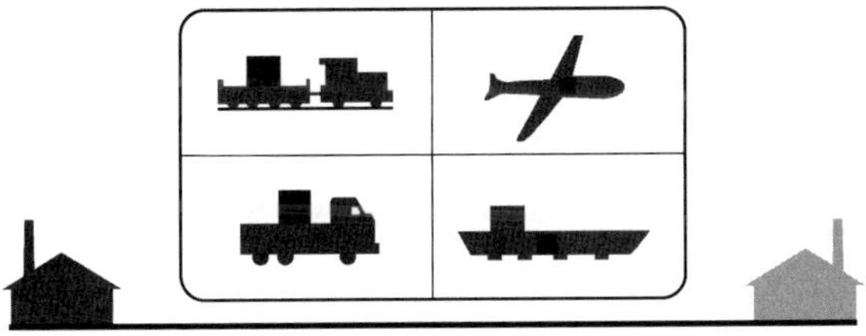

3. 交货地（或交货点）和目的地（或目的点）—— 在 CIP 规则中，两个地点很重要：货物的交货地或交货点（如有）（用于确定风险转移），以及约定为货物终点的目的地或目的点（作为卖方承诺签订运输合同运至的地点）。

4. 保险—— 卖方还必须为买方签订从交货点起至少到目的点买方的货物灭失或损坏的保险合同。如目的地国家要求在本地购买保险，则可能会造成困难：在此种情况下，双方应考虑使用 CPT。买方还应注意，在 CIP Incoterms® 2020 规则下，卖方需要投保符合《伦敦保险协会货物保险条款》（A）款或其他类似条款下的范围广泛的险别，而不是符合《伦敦保险协会货物保险条款》（C）款下的范围较为有限的险别。但是，双方仍然可以自行约定更低的险别。

5. 精准确定交货地或交货点—— 特别建议双方在销售合同中尽可能精准地确定交货地和目的地，或交货地和目的地内的具体地点。对于多个承运人各自负责交货地到目的地之间不同运输路程的常见情形，尽可能精准地确定交货地或交货点（如有）对于满足上述情形的需要尤为重要。在这种情形下，若双方没有约定具体的交货地或交货点，则默认的立场是当卖方在某个完全由其选择且买方不能控制的地点将货物交付给第一个承运人时，风险即发生转移。如双方希望风险的转移发生在稍晚阶段（例如，在某海港、河港或者机场），或者甚至发生在稍早阶段（例如，在某个与海港或河港有一段距离的内陆地点），则需要在其销售合同中明确约定，并谨慎考虑在货物灭失或损坏时这种做法的后果。

6. 尽可能精准标明目的地—— 同样，特别建议双方在销售合同中尽可能精准地确定约定目的地内的地点，因为该地点是卖方必须签订运输合同运至的目的地点及签订保险合同投保覆盖的地点，也是卖方承担运费和保险费直到该地点为止的地点。

7.“或取得已经如此交付的货物”—— 此处的“取得”一词适合于交易链中的多层销售（链式销售），在大宗商品贸易中尤其常见。

8. 目的地卸货费用—— 如果卖方在其运输合同项下承担了在指定目的地的相关卸货费用，除非双方另有约定，卖方无权另行向买方追偿该费用。

9. 出口/进口清关—— 如适用，CIP 要求卖方办理货物出口清关。但是，卖方没有义务办理货物进口清关或经由第三国过境的清关，或支付任何进口关税或办理任何进口海关手续。

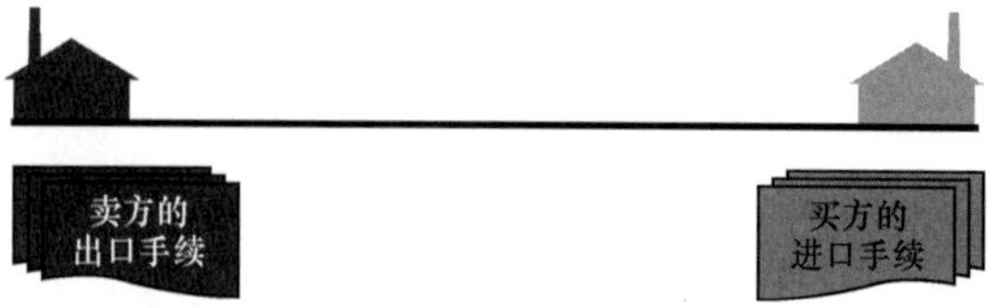

A 卖方的义务

A1 一般义务

卖方必须提供符合销售合同约定的货物和商业发票，以及合同可能要求的其他与合同相符的证据。

卖方提供的任何单据，根据双方约定可以是纸质或电子形式，如果没有约定，则按照惯常做法提供。

A2 交货

卖方必须以将货物交给按照 A4 订立合同的承运人或以取得已经如此交付的货物的方式交货。在这两种情形下，卖方均必须在约定交货日期或约定交货期限内交货。

A3 风险转移

除 B3 的灭失或损坏情况外，卖方承担按照 A2 完成交货前货物灭失或损坏的一切风险。

B 买方的义务

B1 一般义务

买方必须按照销售合同约定支付货物价款。

买方提供的任何单据，根据双方约定可以是纸质或电子形式，如果没有约定，则按照惯常做法提供。

B2 提货

当卖方按照 A2 交货时，买方必须提取货物，并在指定目的地或在该地方内约定地点自承运人处收取货物。

B3 风险转移

买方承担按照 A2 交货时起货物灭失或损坏的一切风险。

如买方未按照 B10 发出通知，则买方承担自约定的交货日期或约定交货期限届满之时起的货物灭失或损坏的一切风险，但以该货物已清楚地确定为合同项下货物为前提条件。

A4 运输

卖方必须签订或取得运输合同，将货物自交货地内的约定交货点（如有），运送至指定目的地，或位于该目的地的任何交货点（如已约定）。运输合同必须按照惯常条款订立，由卖方承担费用，经由通常路径，按照所售货物类型的惯常运输方式运送货物。如果该具体地点未经约定，也未根据实务确定，则卖方可以选择最符合其目的之交货点和位于指定目的地内的交货点。

卖方必须遵守运至目的地过程中任何与运输有关的安全要求。

B4 运输

买方对卖方没有订立运输合同的义务。

A5 保险

除非另有约定或在特定贸易中的习惯做法，卖家须自付费用取得货物保险。该保险需符合《协会货物保险条款》（Institute Cargo Clauses, LMA/IUA）条款（A）或任何适于货物运输方式的类似条款。保险应与信誉良好

B5 保险

买方对卖方没有订立保险合同的义务。但是，应卖方要求，买方必须向卖方提供卖方按照 A5 要求投保任何附加险所需信息。

的承保人或保险公司订立，并应使买方或任何其他对货物具有可保利益的人有权直接向保险人索赔。

当买方要求且能够提供给卖方所需的任何信息时，卖方必须提供任何附加险，由买方承担费用，如果能够办理，诸如符合《协会战争险条款》（Institute War Clauses）和/或《协会罢工险条款》（Institute Strikes Clauses，LMA/IUA）或任何其他类似条款的险别（除非该险别已经包括在前款所述的货物保险中）。

最低保险金额应是合同规定价格另加 10%（即 110%），并应采用合同货币。

保险范围应从货物自 A2 规定的交货点起，至少至指定的目的地止。

卖方必须提供给买方保险单或保险证明或任何其他保险投保证明。

此外，应买方要求并由其承担风险和费用，卖方必须向买方提供买方取得任何附加险所需信息。

A6 交货/运输单据

依惯例或应买方要求，卖方必须承担费用，向买方提供其按照 A4 订立的运输合同项下的通常运输单据。

该运输单据必须载明合同项下货物，且其签发日期必须在约定的运输期限内。如已约定或依惯例，该运输单据还必须能使买方在指定目的地向承运人索取货物，并能使买方通过向其下家买方转让该单据或通过通知承运人来转卖在途货物。

当该运输单据以可转让方式签发并且有数份正本时，全套正本必须向买方提交。

B6 交货/运输单据

如果运输单据与合同相符，买方必须接受按照 A6 提供的运输单据。

A7 出口/进口清关

a）出口清关

如适用，卖方必须办理出口国要求的所有出口清关手续并支付费用，诸如：

- 出口许可证；
- 出口安检清关；
- 装运前检验；及

B7 出口/进口清关

a）协助出口清关

如适用，应卖方要求并由其承担风险和费用，买方必须协助卖方获取出口国需要的与所有出口清关手续有关的任何单据和/或信息，包括安全要求和装运

- 任何其他官方授权。

前检验。

b）协助进口清关

如适用，应买方要求并由其承担风险和费用，卖方必须协助买方获取任何过境国或进口国需要的与所有过境/进口清关手续有关的任何单据和/或信息，包括安全要求和装运前检验。

b）进口清关

如适用，买方必须办理任何过境国和进口国要求的所有手续并支付费用，诸如：

- 进口许可证及过境所需的任何许可证；
- 进口及任何过境安检清关；
- 装运前检验；及
- 任何其他官方授权。

A8 查验/包装/标记

卖方必须支付为了按照 A2 交货所需要进行的查验费用（如查验品质、丈量、计重、点数的费用）。

卖方必须自付费用包装货物，除非该特定贸易运输的所售货物通常无需包装。除非双方已经约定好具体的包装或标记要求，否则，卖方必须以适合该货物运输的方式对货物进行包装和标记。

B8 查验/包装/标记

买方对卖方没有义务。

A9 费用划分

卖方必须支付：

a）按照 A2 完成交货前与货物相关的所有费用，

B9 费用划分

买方必须支付：

a）按照A2完成交货之时起与货物有关的所有

按照 B9 应由买方支付的费用除外；

b）按照 A4 所发生的运费和所有其他费用，包括装货费用及与运输有关的安全费用；

c）在约定目的地产生的任何卸货费用，但仅以运输合同规定应由卖方承担此类费用为条件；

d）根据运输合同应由卖方承担的过境费用；

e）按照 A6 向买方提供已经交货的通常证据的费用；

f）按照 A5 产生的保险费用；

g）如适用，按照 A7（a）办理出口清关有关的关税、税款和任何其他费用；以及

费用，按照 A9 应由卖方支付的费用除外；

b）过境费用，除非根据运输合同该项费用应由卖方承担；

c）卸货费用，除非根据运输合同该项费用应由卖方承担；

d）应买方要求，按照 A5 和 B5 投保附加险所发生的费用；

e）卖方为按照 A5 和 A7（b）提供协助获取单据及信息相关的所有费用和开支；

f）如适用，按照 B7（b）办理过境或进口清关有关的关税、税款和任何其他费用；以及

g）由于未按照 B10 发出通知而产生的自约定交货日期或自约定交货期限届满之时起的

任何额外费用，但以该货物已清楚地确定为合同项下货物为前提条件。

h）买方为按照 B7（a）提供协助获取单据及信息相关的所有费用和开支。

A10 通知

卖方必须向买方发出已按照 A2 完成交货的通知。

卖方必须向买方发出任何所需通知以便买方收取货物。

B10 通知

无论何时根据约定，买方有权决定发货时间和/或指定目的地的收货点时，买方必须给予卖方充分通知。

DAP | Delivered at Place

目的地交货

DAP（填入指定目的地）Incoterms® 2020

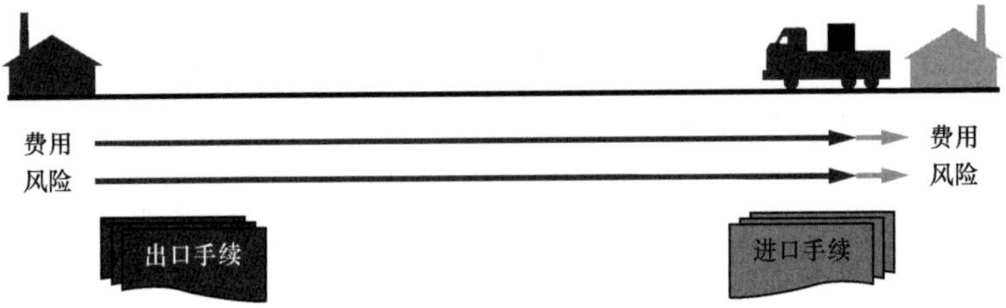

用户解释说明

1. 交货与风险——“目的地交货”是指卖方通过以下方式向买方完成交货及风险转移：

- 当货物已交由买方处置，
- 处于抵达的运输工具上已做好卸载准备，
- 在指定目的地，或者
- 在该指定目的地内的约定交货点，如已约定该交货点。

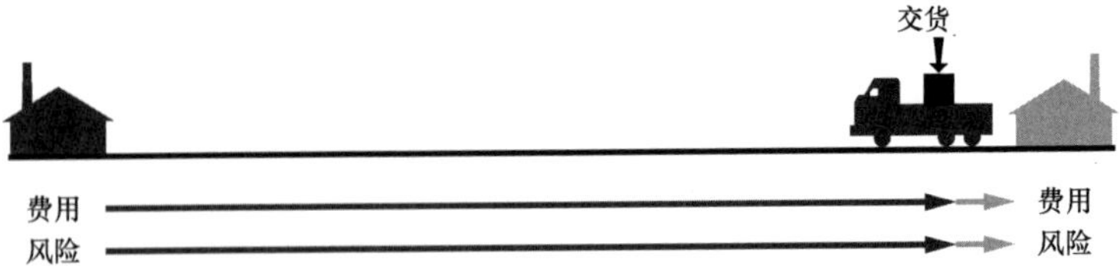

卖方承担将货物运送到指定目的地或该指定目的地内的约定交货点的一切风险。因此，在本条 Incoterms® 规则中，交货和到货的目的地是相同的。

2. 运输方式——本条规则可适用于所选择的任何运输方式，也可适用于使用多种运输方式的情形。

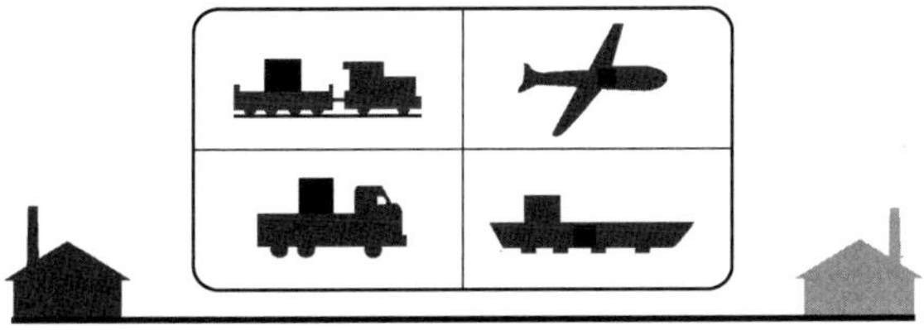

3. 精准确定交货地或交货点/目的地或目的点——特别建议双方尽可能清楚地约定目的地或目的点。这基于几个原因：第一，货物灭失或损坏的风险在交货点/目的点转移至买方，因此买卖双方应清楚地知晓该关键转移发生的地点；第二，该交货地或交货点/目的地或目的点之前的费用由卖方承担，该地方或地点之后的费用则由买方承担；第三，卖方必须签订运输合同或安排货物运输到约定的交货地或交货点/目的地或目的点。如果卖方未履行此义务，卖方即违反了 Incoterms® DAP 规则中的义务，并将对买方任何随之产生的损失承担责任。因此，例如，卖方将负责承担承运人因额外的续运向买方收取的任何额外费用。

4. “或取得已经如此交付的货物”——此处的“取得”一词适合于交易链中的多层销售（链式销售），在大宗商品贸易中尤其常见。

5. 卸货费用——卖方不需要将货物从抵达的运输工具上卸载。但是，如果卖方按照运输合同在交货地/目的地发生了卸货相关的费用，除非双方另有约定，卖方无权另行向买方追偿该费用。

6. 出口/进口清关——如适用，DAP 要求卖方办理出口清关。但是，卖方没有义务办理进口清关或交货后经由第三国过境的清关、支付任何进口关税或办理任何进口海关手续。

因此，如果买方没有安排进口清关，货物将被滞留在目的地国家的港口或内陆运输终端。谁来承担货物因此被滞留在目的地国家的入境港时可能发生损失的风险？答案是买方：交付还没完成，B3（a）条确保在货物重新起运至指定内陆地点之前，货物灭失或损坏的风险由买方承担。如果想要避免此种情况，双方希望卖方办理货物进口清关、支付任何进口关税或税款，并办理任何进口海关手续，双方可以考虑使用 DDP。

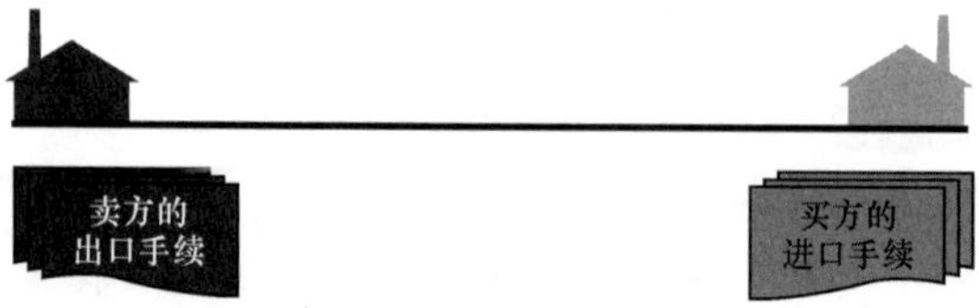

A 卖方的义务	B 买方的义务
A1 一般义务 卖方必须提供符合销售合同约定的货物和商业发票，以及合同可能要求的其他与合同相符的证据。 卖方提供的任何单据，根据双方约定可以是纸质或电子形式，如果没有约定，则按照惯常做法提供。	**B1 一般义务** 买方必须按照销售合同约定支付货物价款。 买方提供的任何单据，根据双方约定可以是纸质或电子形式，如果没有约定，则按照惯常做法提供。
A2 交货 卖方必须在约定目的地的约定地点（如有），以将放置在抵达的运输工具上并做好卸货准备的货物交由买方处置或以取得已经如此交付的货物的方式交货。在这两种情况下，卖方必须	**B2 提货** 当卖方按照 A2 交货时，买方必须提取货物。

在约定日期或约定期限内交货。

A3 风险转移

除按照B3的灭失或损坏情况外，卖方承担按照A2完成交货前货物灭失或损坏的一切风险。

B3 风险转移

买方承担按照A2交货时起货物灭失或损坏的一切风险。

如果：

a）买方未按照B7履行义务，则承担因此造成的货物灭失或损坏的一切风险；或

b）买方未按照B10发出通知，则自约定交货日期起或交货期限届满之时起，买方承担货物灭失或损坏的一切风险。

但以该货物已清楚地确定为合同项下货物为前提条件。

A4 运输

卖方必须自付费用签订运输合同或安排运输，将货物运至指定目的地或者指定目的地内的约定交货点（如有）。如果该具体地点未经约定，也未根据实务确定，则卖方可以选择最符合其目的之指定目的地内的交货点。

B4 运输

买方对卖方没有订立运输合同的义务。

卖方必须遵守运至目的地过程中任何与运输有关的安全要求。

A5 保险

卖方对买方没有订立保险合同的义务。

B5 保险

买方对卖方无订立保险合同的义务。但是，应卖方要求并由其承担风险和费用，买方必须向卖方提供卖方取得保险所需的信息。

A6 交货/运输单据

卖方必须自付费用向买方提交所要求的任何单据，以便买方能够接管货物。

B6 交货/运输单据

买方必须接受按照 A6 提交的单据。

A7 出口/进口清关

a）出口和过境清关

如适用，卖方必须办理出口国和任何过境国（除了进口国之外）要求的所有出口和过境清关手续，并支付费用，诸如：

- 出口/过境许可证；
- 出口/过境安检清关；
- 装运前检验；及
- 任何其他官方授权。

b）协助进口清关

如适用，应买方要求并由其承担风险和费用，卖方必须协助买方获取

B7 出口/进口清关

a）协助出口和过境清关

如适用，应卖方要求并由其承担风险和费用，买方必须协助卖方获取出口国和任何过境国（除了进口国之外）需要的与所有出口/过境清关手续相关的任何单据和/或信息，包括安全要求和装运前检验。

b）进口清关

如适用，买方必须办理进口国要求的所有手续并支付费用，诸如：

进口国所需的所有与进口清关手续相关的任何单据和/或信息，包括安全要求和装运前检验。

- 进口许可证；
- 进口安检清关；
- 装运前检验；及
- 任何其他官方授权。

A8 查验/包装/标记

卖方必须支付为了按照 A2 交货所需要进行的查验费用（如查验品质、丈量、计重、点数的费用）。

卖方必须自付费用包装货物，除非该特定贸易运输的所售货物通常无需包装。除非双方已经约定好具体的包装或者标记要求，否则，卖方必须以适合该货物运输的方式对货物进行包装和标记。

B8 查验/包装/标记

买方对卖方没有义务。

A9 费用划分

卖方必须支付：

a）按照 A2 完成交货前与货物及其运输相关的所有费用，按照 B9 应由买方支付的费用除外；

b）在目的地产生的任何卸货费用，但仅以运输合同规定应由卖方承担此类费用为条件；

B9 费用划分

买方必须支付：

a）按照 A2 完成交货之时起与货物相关的所有费用；

b）在指定目的地从抵达的运输工具上提取货物所必需的所有卸货费用，除非根据运输合同该费用应由卖方承担；

c）按照 A6 提供交货/运输单据的费用；

c）卖方为按照 A7（b）提供协助获取单据及信息相关的所有费用和开支；

d）如适用，按照 A7（a）办理出口和任何过境清关有关的关税、税款和其他费用；以及

d）如适用，按照 B7（b）办理进口清关有关的关税、税款和任何其他费用；以及

e）买方为按照 B5 和 B7（a）提供协助获取单据及信息相关的所有费用和开支。

e）如买方未按照 B7 履行义务或未按照 B10 发出通知，导致卖方发生的任何额外费用，但以该货物已清楚地确定为合同项下货物为前提条件。

A10 通知

卖方必须向买方发出买方收取货物所需的任何通知。

B10 通知

无论何时根据约定，当买方有权决定约定期限内的时间和/或指定目的地的提货点时，买方必须给予卖方充分通知。

DPU | Delivered at Place Unloaded

目的地卸货后交货

DPU（填入指定目的地）Incoterms® 2020

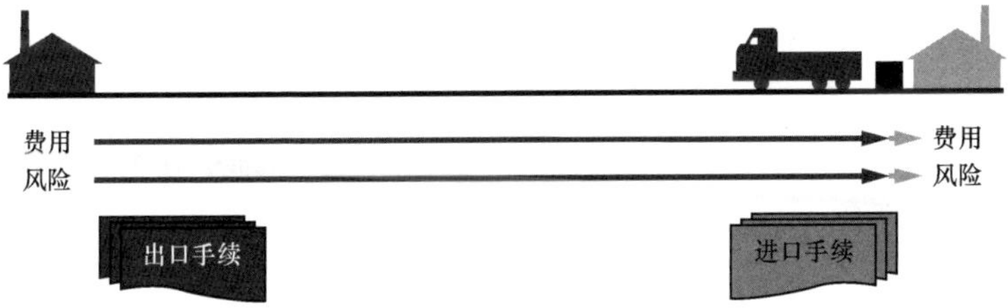

用户解释说明

1. 交货与风险——“目的地卸货后交货”是指卖方通过以下方式向买方完成交货及风险转移：

- 当货物已从抵达的运输工具上卸载，
- 已交由买方处置，
- 在指定目的地，或者
- 在该指定目的地内的约定交货点，如已约定该交货点。

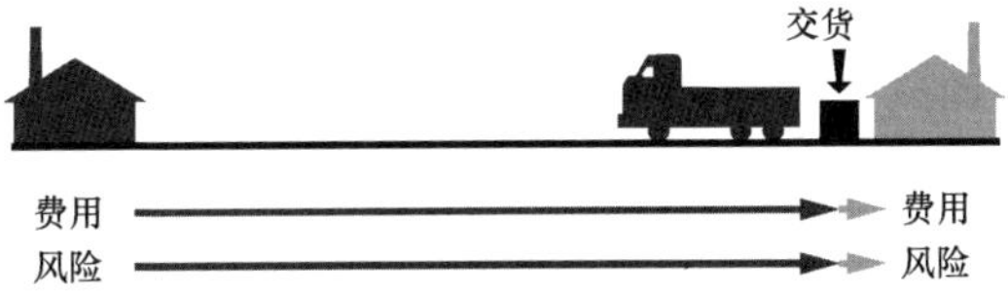

卖方承担将货物运送到指定目的地以及卸载货物的一切风险。因此在本 Incoterms® 规则中，交货和到达的目的地是相同的。DPU 是唯一要求卖方在目的地卸货的 Incoterms® 规则。因此，卖方应当确保其可以在指定地组织卸货。如果双方不希望卖方承担卸货的风险和费用，则不应使用 DPU 规则，而应使用 DAP 规则。

2. 运输方式——本条规则可适用于所选择的任何运输方式，也可适用于使用多种运输方式的情形。

3. 精准确定交货地或交货点/目的地或目的点——特别建议双方尽可能清楚地约定目的地或目的点。这基于几个原因：第一，货物灭失或损坏的风险在交货点/目的点转移至买方，因此买卖双方应清楚地知晓该关键转移发生的地点；第二，该交货地或交货点/目的地或目的点之前的费用由卖方承担，该地方或地点之后的费用则由买方承担；第三，卖方必须签订运输合同或安排货物运输到约定交货地或交货点/目的地或目的点。如果卖方未履行此义务，卖方即违反了其在本规则下的义务，并将对买方随之产生的任何损失承担责任。例如，卖方将负责承担承运人因额外的续运而向买方收取的任何额外费用。

4. "或取得已经如此交付的货物"——此处的"取得"一词适合于交易链中的多层销售（链式销售），在大宗商品贸易中尤其常见。

5. 出口/进口清关——如适用，DPU 要求卖方办理出口清关。但是，卖方没有义务办理进口清关或交货后经由第三国过境的清关、支付任何进口关税或办理任何进口海关手续。因此，如果买方没有安排进口清关，货物将被滞留在目的地国家的港口或内陆运输终端。谁来承担货物因此被滞留在目的地国家的入境港时可能发生的损失的风险？答案是买方：因为交付还没完成，B3（a）条确保，在货物重新起运至指定内陆地点之前，货物坏损灭失的风险由买方承担。如果想要避免此种情况，双方希望卖方办理货物进口清关、支付任何进口关税或税款并办理任何进口海关手续，双方可以考虑使用 DDP。

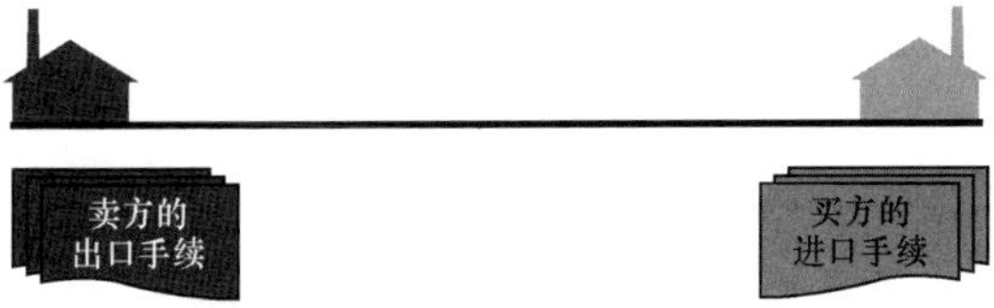

A 卖方的义务	B 买方的义务
A1 一般义务 卖方必须提供符合销售合同约定的货物和商业发票，以及合同可能要求的其他与合同相符的证据。 卖方提供的任何单据，根据双方约定可以是纸质或电子形式，如果没有约定，则按照惯常做法提供。	**B1 一般义务** 买方必须按照销售合同约定支付货物价款。 买方提供的任何单据，根据双方约定可以是纸质或电子形式，如果没有约定，则按照惯常做法提供。
A2 交货 卖方必须在指定目的地的约定地点（如有），以将货物从抵达的运输工具上卸下并交由买方处置或以取得已经如此交付的货物的方式交货。在这两种情况下，卖方必须在约定日期或约定期限内交货。	**B2 提货** 当卖方按照 A2 交货时，买方必须提取货物。

A3 风险转移

除按照 B3 的灭失或损坏情况外，卖方承担按照 A2 完成交货前货物灭失或损坏的一切风险。

B3 风险转移

买方承担按照 A2 交货时起货物灭失或损坏的一切风险。

如果：

a）买方未按照B7履行义务，则承担因此造成的货物灭失或损坏的一切风险；或

b）买方未按照 B10 发出通知，则自约定交货日期起，或自约定交货期限届满之时起的货物灭失或损坏的一切风险。

但以该货物已被清楚地标明为合同项下货物为前提条件。

A4 运输

卖方必须自付费用签订运输合同或安排运输，将货物运至指定目的地或者指定目的地内的约定交货点（如有）。如果该具体地点未经约定，也未根据实务确定，卖方可以选择最符合其目的之指定目的地内的交货点。

卖方必须遵守运至目的地过程中任何与运输有关的安全要求。

B4 运输

买方对卖方没有订立运输合同的义务。

A5 保险

卖方对买方没有订立保险合同的义务。

B5 保险

买方对卖方无订立保险合同的义务。但是，应卖方要求并由其承担风险和费用，买方必须向卖方提供卖方取得保险所需的信息。

A6 交货/运输单据

卖方必须自付费用向买方提交所要求的任何单据，以便买方能够接管货物。

B6 交货/运输单据

买方必须接受按照 A6 提交的单据。

A7 出口/进口清关

a）出口和过境清关

如适用，卖方必须办理出口国和任何过境国（除了进口国之外）要求的所有出口和过境清关手续，并支付费用，诸如：

- 出口/过境许可证；
- 出口/过境安检清关；
- 装运前检验；及
- 任何其他官方授权。

b）协助进口清关

如适用，应买方要求并由其承担风险和费用，卖方必须协助买方获取进口国所需的所有与进口国清关手续相关的任何单据和/或信息，包括

B7 出口/进口清关

a）协助出口和过境清关

如适用，应卖方要求并由其承担风险和费用，买方必须协助卖方获取出口国和任何过境国（除了进口国之外）需要的所有与出口/过境清关手续相关的任何单据和/或信息，包括安全要求和装运前检验。

b）进口清关

如适用，买方必须办理进口国要求的所有手续并支付手续费，诸如：

- 进口许可证；
- 进口安检清关；

安全要求和装运前检验。

- 装运前检验；及
- 任何其他官方授权。

A8 查验/包装/标记

卖方必须支付为了按照 A2 交货所需要进行的查验费用（如查验品质、丈量、计重、点数的费用）。

卖方必须自付费用包装货物，除非该特定贸易运输的所售货物通常无需包装。除非双方已经约定具体的包装或标记要求，否则，卖方必须以适合该货物运输的方式对货物进行包装和标记。

B8 查验/包装/标记

买方对卖方没有义务。

A9 费用划分

卖方必须支付：

a）按照 A2 完成交货前与货物及其运输相关的所有费用，按照 B9 应由买方支付的费用除外；

b）按照 A6 提供交货/运输单据的费用；

c）如适用，按照 A7（a）办理出口和任何过境清关有关的关税、税款和

B9 费用划分

买方必须支付：

a）按照 A2 完成交货之时起与货物相关的所有费用；

b）卖方为按照 A7（b）提供协助获取单据及信息相关的所有费用和开支；

c）如适用，按照 B7（b）办理进口清关有关的关税、税款和任何其

任何其他费用；以及

d）买方为按照B5和B7(a)提供协助获取单据及信息相关的所有费用和开支。

他费用；以及

d）如买方未按照 B7 履行合同义务或未按照B10发出通知，导致卖方发生的任何额外费用，但以该货物已清楚地确定为合同项下货物为前提条件。

A10 通知

卖方必须向买方发出买方收取货物所需的任何通知。

B10 通知

无论何时根据约定，当买方有权决定约定期限内的时间和/或指定目的地的提货点时，买方必须给予卖方充分通知。

DDP | Delivered Duty Paid

完税后交货

DDP（填入指定目的地）Incoterms® 2020

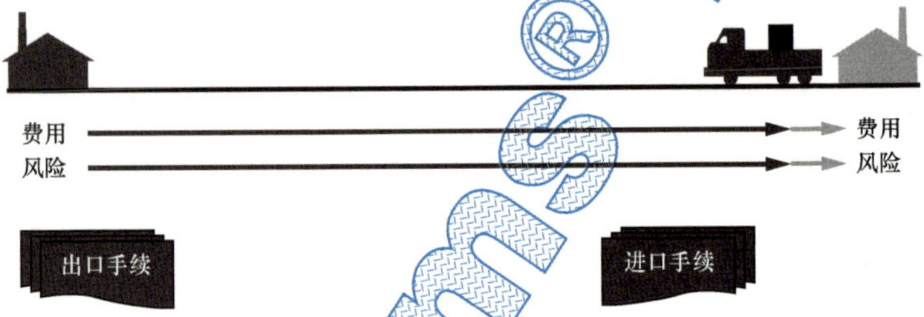

用户解释说明

1. 交货与风险——“完税后交货”是指卖方通过以下方式向买方完成交货：

- 当货物已交由买方处置，
- 已办理进口清关，
- 处于抵达的运输工具上，
- 已做好卸载准备，
- 在指定目的地或该指定目的地内的约定交货点，如已约定该交货点。

卖方承担将货物运送到指定目的地或指定目的地内约定交货点的一切风险。因此，在此 Incoterms® 规则下，交货和到货目的地是相同的。

2. 运输方式——本条规则可适用于所选择的任何运输方式，也可适用于使用多种运输方式的情形。

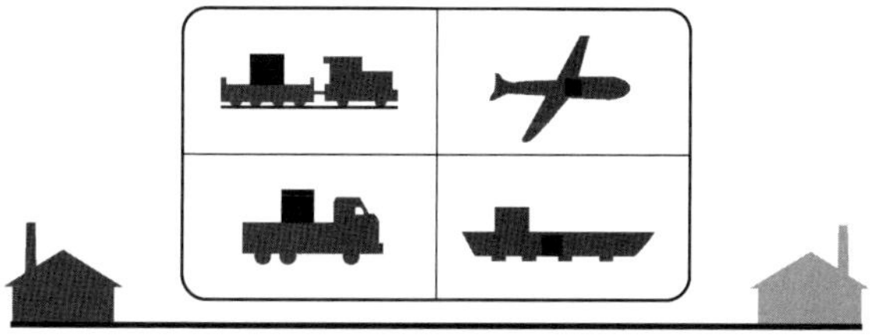

3. 对卖方的提示：最大责任——DDP 是全部 11 个 Incoterms® 规则中加诸于卖方最大义务的 Incoterms® 规则。在该规则下，交货发生在目的地*并且*卖方负责支付进口关税和其他应纳的税款。因此，从卖方角度而言，由于下述第 7 段所列的不同的原因，应谨慎使用该规则。

4. 精准确定交货地或交货点/目的地或目的点——特别建议双方尽可能清楚地约定目的地或目的点。这基于几个原因：第一，货物灭失或损坏的风险在交货点/目的点转移至买方，因此买卖双方最好清楚该关键转移发生的地点；第二，该交货地或交货点/目的点之前的费用（包括进口清关费用）由卖方承担，该地方或地点之后的费用（进口以外的费用）则由买方承担；第三，卖方必须签订货物运输合同或安排货物运输到约定的交货地或交货点/目的地或目的点。如果卖方未履行此义务，卖方即违反了其在 Incoterms® 规则 DDP 下的义务，并将对买方随之遭受的任何损失承担责任。例如，卖方将负责承担承运人因额外的续运而向买方收取的任何额外费用。

5. “或取得已经如此交付的货物”——此处的“取得”一词适合于交易链中的多层销售（链式销售），在大宗商品贸易中尤其常见。

6. 卸货费用——如果卖方按照运输合同在交货地/目的地发生了卸货相关的费用，除非双方另有约定，卖方无权单独向买方追偿该项费用。

7. 出口/进口清关——正如第 3 段所述，如适用，DDP 要求卖方办理货物的出口清关以及进口清关，并支付任何进口关税或办理任何海关手续。因此，如果卖方无法办理进口清关，而是更希望将这些事项交由进口国的买方负责，那么，卖方应考虑选择 DAP 或 DPU。在 DAP 或 DPU 规则下，交货仍发生在目的地，但进口清关则留给买方负责。这里可能有税收的影响，并且此种税款可能无法向买方追偿：参见 A9（d）条。

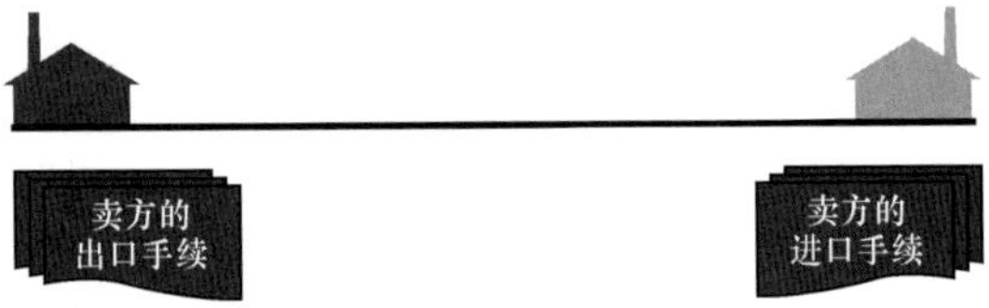

A 卖方的义务	B 买方的义务
A1 一般义务	**B1 一般义务**
卖方必须提供符合销售合同约定的货物和商业发票，以及合同可能要求的其他与合同相符的证据。	买方必须按照销售合同约定支付货物价款。
卖方提供的任何单据，根据双方约定可以是纸质或电子形式，如果没有约定，则按照惯常做法提供。	买方提供的任何单据，根据双方约定可以是纸质或电子形式，如果没有约定，则按照惯常做法提供。
A2 交货	**B2 提货**
卖方必须在指定目的地的约定地点（如有），以将放	当卖方按照 A2 交货时，买方必须提取货物。

置在抵达的运输工具上做好卸货准备的货物交由买方处置或以取得已经如此交付的货物的方式交货。在这两种情况下，卖方必须在约定日期或约定期限内交货。

A3 风险转移

除按照B3的灭失或损坏情况外，卖方承担按照A2完成交货前货物灭失或损坏的一切风险。

B3 风险转移

买方承担按照 A2 交货时起货物灭失或损坏的一切风险。

如果：

a）买方未按照B7履行义务，则承担因此造成的货物灭失或损坏的一切风险；或

b）买方未按照B10发出通知，则自约定交货日期起或交货期限届满之时起，买方承担货物灭失或损坏的一切风险。

但以该货物已清楚地确定为合同项下货物为前提条件。

A4 运输

卖方必须自付费用签订运输合同或安排运输，将货物运至指定目的地或者指定目的地内的约定交货点（如有）。如果该具体地点

B4 运输

买方对卖方没有订立运输合同的义务。

未经约定，也未根据实务确定，卖方可以选择最符合其目的之指定目的地内的交货点。

卖方必须遵守运至目的地过程中任何与运输有关的安全要求。

A5 保险

卖方对买方没有订立保险合同的义务。

B5 保险

买方对卖方没有订立保险合同的义务。但是，应卖方要求并由其承担风险和费用，买方必须向卖方提供卖方取得保险所需的信息。

A6 交货/运输单据

卖方必须自付费用向买方提交所要求的任何单据，以便买方能够接管货物。

B6 交货/运输单据

买方必须接受按照 A6 提交的单据。

A7 出口/进口清关

如适用，卖方必须办理出口国、过境国和进口国要求的所有出口/过境/进口清关手续，并支付费用，诸如：

- 出口/过境/进口许可证；
- 出口/过境/进口安检清关；
- 装运前检验；及
- 任何其他官方授权。

B7 出口/进口清关

如适用，卖方要求并由其承担风险和费用，买方必须协助卖方办理出口国/过境国/进口国需要的所有与出口/过境/进口清关手续有关的单据和/或信息，诸如：

- 出口/过境/进口许可证；
- 出口/过境/进口安检清关；
- 装运前检验；及

▸ 任何其他官方授权。

A8 查验/包装/标记

卖方必须支付为了按照 A2 交货所需要进行的查验费用（如查验品质、丈量、计重、点数的费用）。

卖方必须自付费用包装货物，除非该特定贸易运输的所售货物通常无需包装。除非双方已经约定好具体的包装或者标记要求，否则，卖方必须以适合该货物运输的方式对货物进行包装和标记。

B8 查验/包装/标记

买方对卖方没有义务。

A9 费用划分

卖方必须支付：

a）按照 A2 完成交货前与货物及其运输相关的所有费用，按照 B9 应由买方支付的费用除外；

b）在目的地产生的任何卸货费用，但仅以运输合同规定应由卖方承担此类费用为条件；

c）按照 A6 提供交货/运输单据的费用；

B9 费用划分

买方必须支付：

a）按照 A2 完成交货之时起与货物相关的所有费用；

b）在指定目的地从抵达运输工具上提取货物所必需的所有卸货费用，除非根据运输合同该费用应由卖方承担；以及

c）如买方未按照 B7 履行义务或未按照 B10 发

出通知，导致卖方发生的任何额外费用，但以该货物已清楚地确定为合同项下货物为前提条件。

d）如适用，按照 A7 办理出口/过境及进口清关有关的关税、税款和其他费用；以及

e）买方为按照 B5 和 B7 提供协助获取单据及信息相关的所有费用和开支。

A10 通知

卖方必须向买方发出买方收取货物所需的任何通知。

B10 通知

无论何时根据约定，当买方有权决定约定期限内的时间和/或指定目的地的提货点时，买方必须给予卖方充分通知。

适用于海运和内河水运的规则

对于本书中使用的图解，提请注意，全书中标题处显示的深灰色图标指的是卖方的义务，浅灰图标指的是买方的义务，方框图标指的是买卖双方混合或共担的。

FAS | Free Alongside Ship

船边交货

FAS（填入指定装运港）Incoterms® 2020

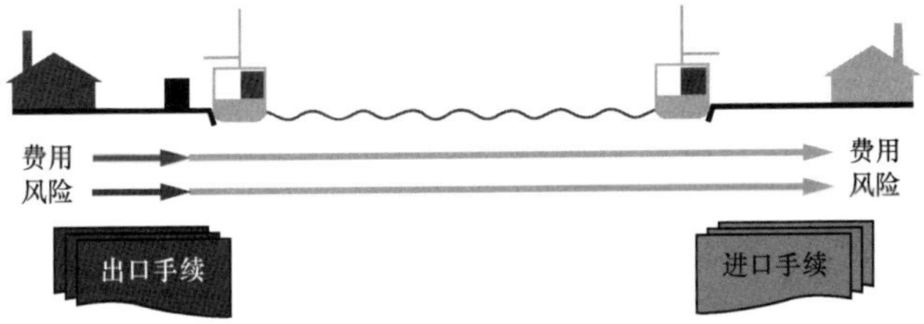

用户解释说明

1. 交货与风险——“船边交货”是指卖方通过以下方式向买方完成交货：

- 当货物被交到船边（例如，置于码头或驳船上）
- 该船舶由买方指定
- 在指定的装运港
- 或者当卖方取得已经如此交付的货物时。

货物灭失或损坏的风险在货物交到船边时发生转移，同时，买方承担自那时起的一切费用。

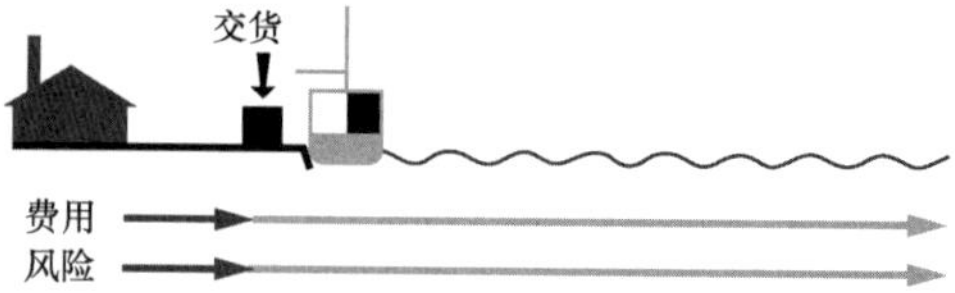

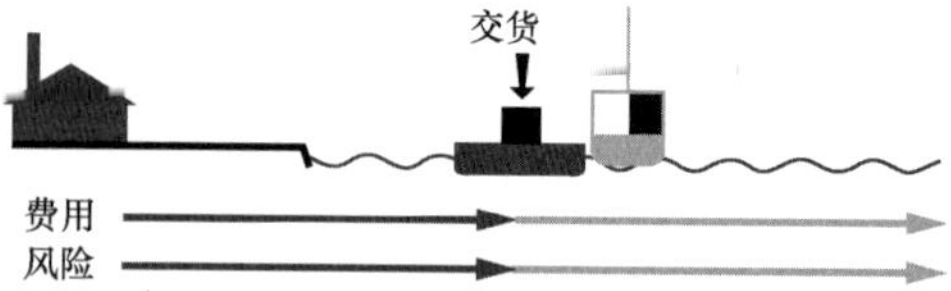

2. 运输方式——本规则仅适用于海运或内河水运运输方式下买卖双方意在将货物交到船边即完成交货的情形。因此，FAS 规则不适合于货物在交到船边之前已经移交给承运人的情形，如货物在集装箱终端交给承运人。在此种情况下，双方应当考虑使用 FCA 规则，而非 FAS 规则。

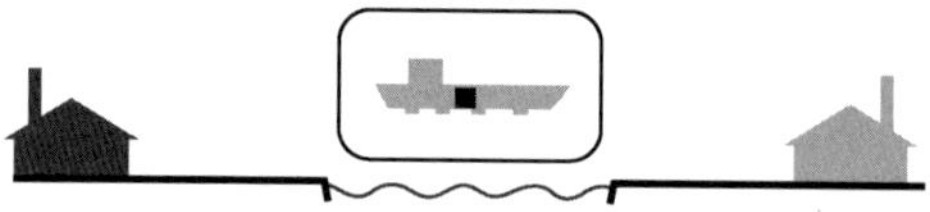

3. 精准确定装货点——由于卖方承担在特定地点交货前的费用和风险，而且这些费用和相关作业费可能因各港口惯例的不同而发生变化，特别建议买卖双方尽可能清楚地约定指定装运港内的装货点，货物将在此装货点从码头或驳船装上船舶。

4. "或取得已经如此交付的货物"——卖方应将货物交到船边或取得已经如此交付运输的货物。此处的"取得"一词适用于交易链中的多层销售（链式销售），在大宗商品贸易中尤其常见。

5. 出口/进口清关——如适用，FAS 要求卖方办理货物出口清关。但是，卖方没有义务办理货物进口清关或经由第三国过境的清关、支付任何进口关税或办理任何进口海关手续。

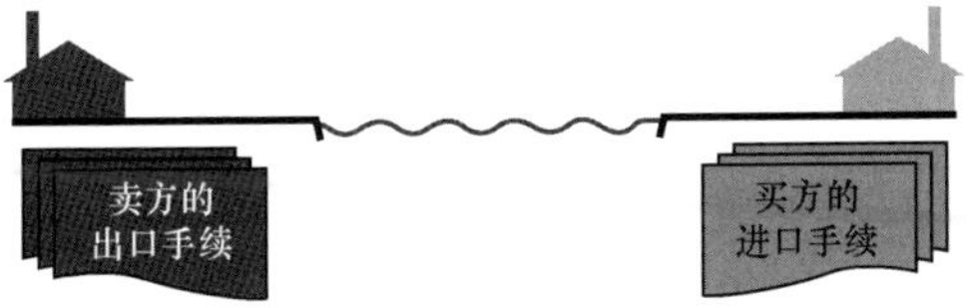

A 卖方的义务

A1 一般义务

卖方必须提供符合销售合同约定的货物和商业发票，以及合同可能要求的其他与合同相符的证据。

卖方提供的任何单据，根据双方约定可以是纸质或电子形式，如果没有约定，则按照惯常做法提供。

A2 交货

卖方必须在买方指定的装运港内的装货点（如有），以将货物置于买方指定的船舶旁边或以取得已经如此交付的货物的方式交货。

卖方必须按照下述要求交货：

1. 在约定日期；或

2. 在买方按照 B10 所通知的约定期限内的交货时间；或

3. 如果未通知上述时间，则在约定期限届满之时；以及

B 买方的义务

B1 一般义务

买方必须按照销售合同约定支付货物价款。

买方提供的任何单据，根据双方约定可以是纸质或电子形式，如果没有约定，则按照惯常做法提供。

B2 提货

当卖方按照 A2 完成交货时，买方必须提取货物。

4. 按照该港口的习惯方式。

如果买方未指定具体的装货点，卖方则可以在指定的装运港内选择最符合其目的之装货点。

A3 风险转移

除根据 B3 的灭失或损坏情况外，卖方承担按照 A2 完成交货前货物灭失或损坏的一切风险。

B3 风险转移

买方承担按照 A2 交货时起货物灭失或损坏的一切风险。

如果：

a）买方未按照 B10 发出通知；或

b）买方指定的船舶未准时到达，致使卖方未能遵循 A2 的规定，未接收货物，或早于 B10 通知的时间停止装货；

则买方承担货物灭失或损坏的一切风险：

（i） 自约定日期，或在未约定日期的情况下；

（ii） 自买方根据 B10 所选择的日期，或，如未通知该日期；

（iii） 自任何约定期限届满之时起。

但以该货物已清楚地确定为合同项下货物为前提条件。

A4 运输

卖方对买方没有订立运输合同的义务。但是，应买方要求并由其承担风险和费用，卖方必须向买方提供卖方所拥有的买方安排运输所需的任何信息，包括与运输有关的安全要求。如已约定，卖方必须按照通常条款订立运输合同，由买方承担风险和费用。

卖方必须在完成交货之前遵守任何与运输有关的安全要求。

B4 运输

除非卖方按照 A4 的规定订立了运输合同，否则，买方必须自付费用订立自指定装运港起的货物运输合同。

A5 保险

卖方对买方没有订立保险合同的义务。但是，应买方要求并由其承担风险和费用，卖方必须向买方提供卖方所拥有的买方获取保险所需的信息。

B5 保险

买方对卖方没有订立保险合同的义务。

A6 交货/运输单据

卖方必须自付费用向买方提供已按照 A2 交货的通常证明。

B6 交货/运输单据

买方必须接受按照 A6 提供的交货证明。

除非上述证明是运输单据，否则，应买方要求并由其承担风险和费用，卖方必须协助买方获取运输单据。

A7 出口/进口清关

a）出口清关

如适用，卖方必须办理出口国要求的所有出口清关手续并支付费用，例如：

- 出口许可证；
- 出口安检清关；
- 装运前检验；及
- 任何其他官方授权。

b）协助进口清关

如适用，应买方要求并由其承担风险和费用，卖方必须协助买方获取所有与过境/进口清关手续有关的任何单据和/或信息，包括任何过境国或进口国需要的安全要求和装运前检验。

B7 出口/进口清关

a）协助出口清关

如适用，应卖方要求并由其承担风险和费用，买方必须协助卖方获取与所有出口清关手续有关的任何单据和/或信息，包括出口国需要的安全要求和装运前检验。

b）进口清关

如适用，买方必须办理任何过境国和进口国要求的所有手续并支付费用，例如：

- 进口许可证及过境所需的任何许可；
- 进口及任何过境安检清关；
- 装运前检验；及
- 任何其他官方授权。

A8 查验/包装/标记

卖方必须支付为了按照 A2 交货所需要进行的查验费用（如查验品质、丈量、计重、点数的费用）。

卖方必须自付费用包装货

B8 查验/包装/标记

买方对卖方没有义务。

物，除非该特定贸易运输的所售货物通常无需包装。除非双方已经约定好具体的包装或标记要求，否则，卖方必须以适合该货物运输的方式对货物进行包装和标记。

A9 费用划分

卖方必须支付：

a）按照 A2 完成交货之前与货物相关的所有费用，按照 B9 应由买方支付的费用除外；

b）按照 A6 向买方提供已经交货的通常证据的费用；

c）如适用，按照 A7（a）办理出口清关有关的关税、税款和任何其他费用；以及

d）买方为按照 B7（a）提供协助获取单据及信息相关的所有费用和开支。

B9 费用划分

买方必须支付：

a）按照 A2 完成交货之时起与货物相关的所有费用，按照 A9 应由卖方支付的费用除外；

b）卖方为按照 A4、A5、A6 和 A7（b）提供协助获取单据及信息相关的所有费用和开支；

c）如适用，按照 B7（b）办理过境或进口清关有关的关税、税款和任何其他费用；以及

d）由于以下原因之一发生的任何额外费用：

（i）买方未按照 B10 发出通知；或

（ii）买方按照 B10 指定的船舶未准时到达、未提取货物或早于

B10 通知的时间停止装货。

但以该货物已清楚地确定为合同项下货物为前提条件。

A10 通知

卖方必须就其已按照 A2 完成交货或船舶未在约定时间内提货给予买方充分通知。

B10 通知

买方必须就任何运输相关的安全要求、船舶名称、装货点以及约定期限内所选择的交货时间（如有）给予卖方充分通知。

FOB | Free On Board

船上交货

FOB（填入指定装运港）Incoterms® 2020

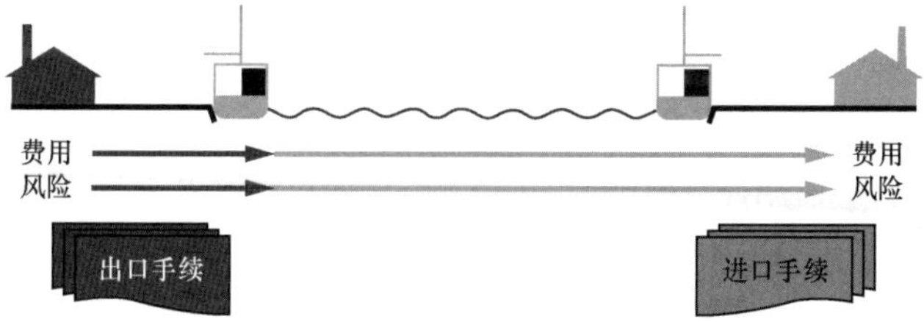

用户解释说明

1. 交货与风险——“船上交货”是指卖方通过以下方式向买方完成交货：

- 将货物装上船
- 该船舶由买方指定
- 在指定装运港
- 或者取得已经如此交付的货物。

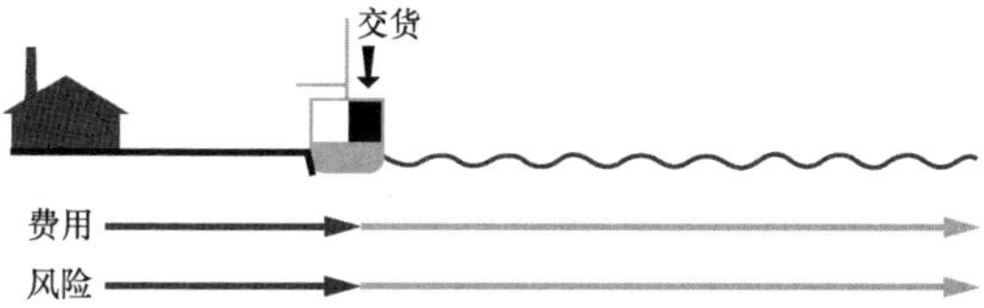

货物灭失或损坏的风险在货物交到船上时发生转移，同时，买方承担自那时起的一切费用。

2. 运输方式——本规则仅适用于用海运或内河水运运输

方式下双方意在将货物交到船上即完成交货的情形。因此，FOB 规则不适合于货物在交到船上之前已经移交给承运人的情形，如在集装箱终端被交给承运人。在此种情况下，双方应当考虑使用 FCA 规则，而非 FOB 规则。

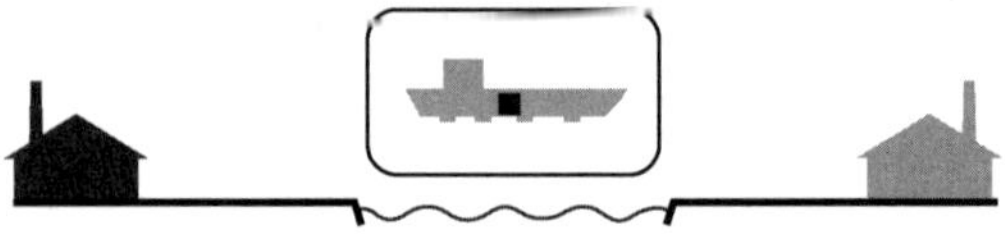

3. “或取得已经如此交付的货物”——卖方应将货物在船上交付或者取得已经如此交付运输的货物完成交货。此处的“取得”一词适用于交易链中的多层销售（链式销售），在大宗商品贸易中尤其常见。

4. 进口/出口清关——如适用，FOB 要求卖方办理货物出口清关。但是，卖方没有义务办理货物进口清关或经由第三国过境的清关，或支付任何进口关税或办理任何进口海关手续。

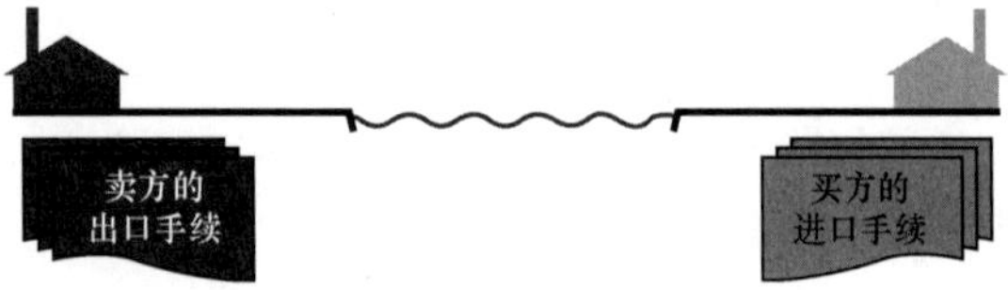

A 卖方的义务	B 买方的义务
A1 一般义务	**B1 一般义务**
卖方必须提供符合销售合同约定的货物和商业发票，以及合同可能要求的其他与合同相符的证据。	买方必须按照销售合同约定支付货物价款。
卖方提供的任何单据，根据双方约定可以是纸质或电子形式，如果没有约定，则按照惯常做法提供。	买方提供的任何单据，根据双方约定可以是纸质或电子形式，如果没有约定，则按照惯常做法提供。

A2 交货

卖方必须在买方指定的装运港内的装货点（如有），以将货物置于买方指定的船上或以取得已经如此交付的货物的方式交货。

卖方必须按照下述要求交货：

1. 在约定日期；或

2. 在买方按照 B10 所通知的约定期限内的交货时间；或

3. 如果未通知上述时间，则在约定期限届满之时；以及

4. 按照该港口的习惯方式。

如果买方未指定具体的装货点，卖方则可以在指定的装运港内选择最符合其目的之装货点。

B2 提货

当卖方按照 A2 完成交货时，买方必须提取货物。

A3 风险转移

除根据 B3 的灭失或损坏情况外，卖方承担按照 A2 完成交货前货物灭失或损坏的一切风险。

B3 风险转移

买方承担按照 A2 交货时起货物灭失或损坏的一切风险。

如果：

a）买方未按照 B10 发出通知；或

b）买方指定的船舶未准

时到达，致使卖方未能遵循 A2 的规定、未接收货物，或早于 B10 通知的时间停止装货；

则：

（i） 自约定的日期起，或在未约定日期的情况下；

（ii） 自买方根据 B10 所选择的日期起，或，如未通知该日期；

（iii） 自任何约定期限届满之时起，

买方承担货物灭失或损坏的一切风险。

但以该货物已清楚地确定为合同项下货物为前提条件。

A4 运输

卖方对买方没有订立运输合同的义务。但是，应买方要求并由其承担风险和费用，卖方必须向买方提供卖方所拥有的买方安排运输所需的任何信息，包括与运输有关的安全要求。如已约定，卖方必须按照惯常条款订立运输合同，由买方承担风险和费用。

B4 运输

除非卖方按照 A4 的规定订立了运输合同，否则，买方必须自付费用订立自指定装运港起的货物运输合同。

卖方必须在完成交货之前遵守任何与运输有关的安全要求。

A5 保险

卖方对买方没有订立保险合同的义务。但是，应买方要求并由其承担风险和费用，卖方必须向买方提供卖方所拥有的买方获取保险所需的信息。

B5 保险

买方对卖方没有订立保险合同的义务。

A6 交货/运输单据

卖方必须自付费用向买方提供已按照 A2 交货的通常证明。

除非上述证明是运输单据，否则，应买方要求并由其承担风险和费用，卖方必须协助买方获取运输单据。

B6 交货/运输单据

买方必须接受按照 A6 提供的交货证明。

A7 出口/进口清关

a）出口清关

如适用，卖方必须办理出口国要求的所有出口清关手续并支付费用，例如：

- 出口许可证；
- 出口安检清关；
- 装运前检验；及
- 任何其他官方授权。

B7 出口/进口清关

a）协助出口清关

如适用，应卖方要求并由其承担风险和费用，买方必须协助卖方获取出口国需要的与所有出口清关手续有关的任何单据和/或信息，包括安全要求和装运前检验。

b）协助进口清关

如适用，应买方要求并由其承担风险和费用，卖方必须协助买方获取任何过境国或进口国需要的与所有过境/进口清关手续有关的任何单据和/或信息，包括安全要求和装运前检验。

b）进口清关

如适用，买方必须办理任何过境国和进口国要求的所有手续并支付费用，例如：

- 进口许可及过境所需的任何许可；
- 进口及任何过境安检清关；
- 装运前检验；及
- 任何其他官方授权。

A8 查验/包装/标记

卖方必须支付为了按照 A2 交货所需要进行的查验费用（如查验品质、丈量、计重、点数的费用）。

卖方必须自付费用包装货物，除非该特定贸易运输的所售货物通常无需包装。除非双方已经约定好具体的包装或标记要求，否则，卖方必须以适合该货物运输的方式对货物进行包装和标记。

B8 查验/包装/标记

买方对卖方没有义务。

A9 费用划分

卖方必须支付：

a）按照 A2 完成交货之前与货物相关的所有费用，按照 B9 应由买方支付的费用除外；

B9 费用划分

买方必须支付：

a）按照 A2 完成交货之时起与货物相关的所有费用，按照 A9 应由卖方支付的费用除外；

b）按照 A6 向买方提供已经交货的通常证明的费用；

c）如适用，按照 A7（a）办理出口清关有关的关税、税款和任何其他费用；以及

d）买方为按照 B7（a）提供协助获取单据及信息相关的所有费用和开支。

b）卖方为按照 A4、A5、A6 和 A7（b）协助获取单据及信息相关的所有费用和开支；

c）如适用，按照 B7（b）办理过境或进口清关有关的关税、税款和任何其他费用；以及

d）由于以下原因之一发生的任何额外费用：

（i） 买方未按照 B10 发出通知；或

（ii）买方按照 B10 指定的船舶未准时到达、未提取货物或早于 B10 通知的时间停止装货。

但以该货物已清楚地确定为合同项下货物为前提条件。

A10 通知

卖方必须就其已按照 A2 完成交货或船舶未在约定时间内提货，给予买方充分通知。

B10 通知

买方必须就任何与运输相关的安全要求、船舶的名称、装货点以及约定期限内所选择的交货时间（如有）给予卖方充分通知。

CFR | Cost and Freight

成本加运费

CFR（填入指定目的港）Incoterms® 2020

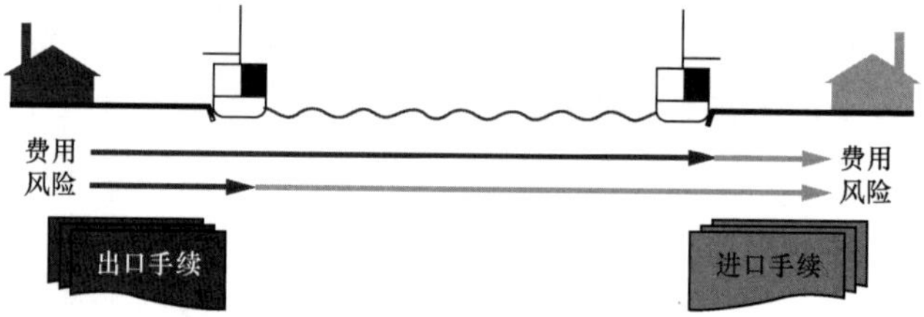

用户解释说明

1. 交货与风险——“成本加运费”是指卖方通过以下方式向买方完成交货：

- 将货物装上船
- 或者取得已经如此交付的货物。

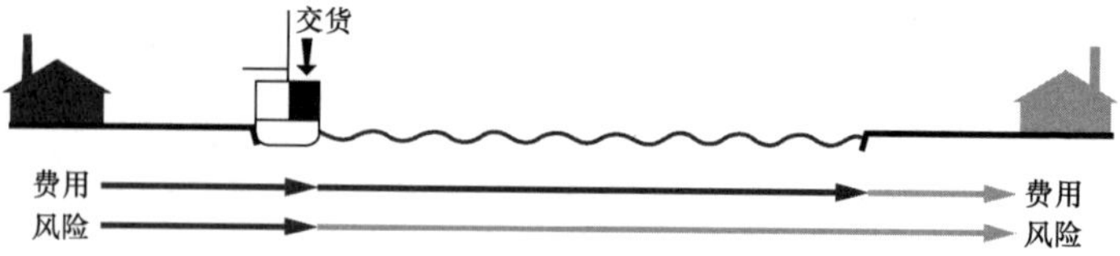

货物灭失或损坏的风险在货物交到船上时转移，这样卖方即被视为已履行了交货义务，而无论货物是否实际以良好的状态、约定的数量或是否确实到达目的地。在 CFR 中，卖方对买方没有购买保险的义务：因此，特别建议买方为其自身购买一定的保险。

2. 运输方式——本规则仅适用于海运或内河水运运输方式。如果使用多种运输方式（常见于货物在集装箱终端被交给承运人的情形），则适合使用的规则是 CPT，而非 CFR。

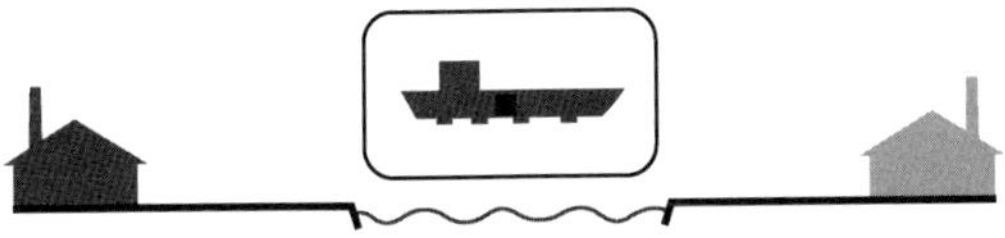

3.“或取得已经如此交付的货物”——此处的“取得”一词适用于交易链中的多层销售（链式销售），在大宗商品贸易中尤其常见。

4. 交货港和目的港——在 CFR 中，两个港口很重要：货物交到船上的港口和约定为目的港的港口。当货物在装运港装上船或以取得已经如此交付的货物的方式交付给买方时，风险即从卖方转移到买方。但是，卖方必须签订将货物从交货地运往约定目的地的运输合同。因此，例如，货物在上海（港口）装船，运往南安普顿（也是港口）。货物在上海装到船上时交付，风险于此时即转移到买方；而卖方必须签订从上海到南安普敦的运输合同。

5. 必须指明装运港吗？——尽管合同中总会指定一个目的港，但却未必会指定装运港，而装运港是风险转移给买方的地方。如果装运港对买方具有特殊意义，例如，买方也许希望借以确定货物价格中的运费构成是否合理，那么特别建议双方在合同中尽可能清楚地指定装运港。

6. 确定卸货港的终点——特别建议双方尽可能精准地指定目的港的特定地点，因为卖方需承担将货物运往该地点的费用。卖方必须签订涵盖货物运输的一份或多份合同，包括从货物交付到运至指定港或销售合同中已约定的该港口范围内约定地点。

7. 多个承运人——海运的不同航段可能由不同的承运人负责，例如，货物先由承运人驾驶支线船舶从香港运到上海，再由远洋船舶从上海运到南安普顿。此时产生的问题在于，风险是在香港还是上海从卖方转移到买方：交货发生在哪里？买卖双方很可能已在销售合同中约定。但是，如果无此约定，则默认的立场是风险在货物交付给第一个承运人时转移，即香港，这就延长了买方承担灭失或损坏风险的时间。如买卖双方希望风险晚些转移的话（此例的上海），则他们需要在销售合同中予以明确。

8. 卸货费用——如果卖方根据运输合同产生了在目的港内指定地点与卸货相关的费用，除非双方另有约定，卖方无权另行向买方追偿该项费用。

9. 出口/进口清关——如适用，CFR 要求卖方办理货物出口清关。但是，卖方没有义务办理货物进口清关或经由第三国过境的清关、支付任何进口关税或办理任何进口海关手续。

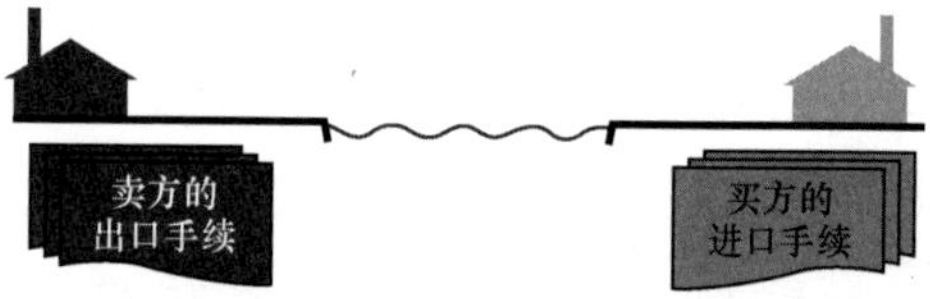

A 卖方的义务	B 买方的义务
A1 一般义务	**B1 一般义务**
卖方必须提供符合销售合同约定的货物和商业发票，以及合同可能要求的其他与合同相符的证据。	买方必须按照销售合同约定支付货物价款。
卖方提供的任何单据，根据双方约定可以是纸质或电子形式，如果没有约定，则按照惯常做法提供。	买方提供的任何单据，根据双方约定可以是纸质或电子形式，如果没有约定，则按照惯常做法提供。

A2 交货

卖方必须以将货物装上船或以取得已经如此交付的货物的方式交货。在这两种情况下，卖方均必须在约定日期或期限内，按照该港口的习惯方式交货。

B2 提货

当卖方按照 A2 交货时，买方必须提取货物，并在指定目的港自承运人处收取货物。

A3 风险转移

除按照 B3 的灭失或损坏情况外，卖方承担按照 A2 完成交货前货物灭失或损坏的一切风险。

B3 风险转移

买方承担按照 A2 交货时起货物灭失或损坏的一切风险。

如买方未按照B10发出通知，则买方承担自约定交货日期或约定交货期限届满之时起的货物灭失或损坏的一切风险，但以该货物已清楚地确定为合同项下货物为前提条件。

A4 运输

卖方必须签订或取得运输合同，将货物自交货地内的约定交货点（如有），运送至指定目的港，或位于该港内的任何交货点（如已约定）。运输合同必须按照惯常条款订立，由卖方承担费用，经由通常航线，用通常用于运输该类所售货物的船舶运送货物。

B4 运输

买方对卖方没有订立运输合同的义务。

卖方必须遵守运至目的地过程中任何与运输有关的安全要求。

A5 保险

卖方对买方没有订立保险合同的义务。但是，应买方要求并由其承担风险和费用，卖方必须向买方提供卖方所拥有的买方获取保险所需的信息。

B5 保险

买方对卖方没有订立保险合同的义务。

A6 交货/运输单据

卖方必须承担费用，向买方提供运至约定目的港的通常运输单据。

该运输单据必须载明合同货物，且其签发日期必须在约定的运输期限内，还必须能使买方在目的港凭此向承运人索取货物，并且除非另有约定，须能使买方通过向其下家买方转让该单据或通知承运人来转卖在途货物。

当该运输单据以可转让形式签发并有数份正本，全套正本必须向买方提交。

B6 交货/运输单据

如果运输单据与合同相符，买方必须接受按照A6提供的运输单据。

A7 出口/进口清关

a）出口清关

B7 出口/进口清关

a）协助出口清关

如适用，卖方必须办理出口国要求的所有出口清关手续并支付费用，诸如：

- 出口许可证；
- 出口安检清关；
- 装运前检验；及
- 任何其他官方授权。

如适用，应卖方要求并由其承担风险和费用，买方必须协助卖方获取出口国需要的与所有出口清关手续有关的任何单据和/或信息，包括安全要求和装运前检验。

b）协助进口清关

如适用，应买方要求并由其承担风险和费用，卖方必须协助买方获取任何过境国或进口国需要的与所有过境/进口清关手续有关的任何单据和/或信息，包括安全要求和装运前检验。

b）进口清关

如适用，买方必须办理任何过境国和进口国要求的所有手续并支付费用，诸如：

- 进口许可证及过境所需的任何许可证；
- 进口及任何过境安检清关；
- 装运前检验；及
- 任何其他官方授权。

A8 查验/包装/标记

卖方必须支付为了按照 A2 交货所需要进行的查验费用（如查验品质、丈量、计重、点数的费用）。

卖方必须自付费用包装货物，除非该特定贸易运输的所售货物通常无需包装。除非双方已经约定好具体的包装或标记要求，否则，卖方必须以适合该货物运输

B8 查验/包装/标记

买方对卖方没有义务。

的方式对货物进行包装和标记。

A9 费用划分

卖方必须支付：

a）按照 A2 完成交货之前与货物相关的所有费用，按照 B9 应由买方支付的费用除外；

b）按照 A4 所发生的运费和所有其他费用，包括货物装船费用及与运输相关的安全费用；

c）根据运输合同规定应由卖方承担的在约定卸货港产生的任何卸货费用；

d）根据运输合同应由卖方承担的过境费用；

e）按照 A6 向买方提供已经交货的通常证据的费用；

f）如适用，按照 A7（a）办理出口清关有关的关税、税款和任何其他费

B9 费用划分

买方必须支付：

a）按照 A2 完成交货之时起与货物相关的所有费用，按照 A9 应由卖方支付的费用除外；

b）过境费用，除非根据运输合同该项费用应由卖方承担；

c）包括驳运费和码头费在内的卸货费用，除非根据运输合同该项费用应由卖方承担；

d）卖方为按照 A5 及 A7（b）提供协助获取单据及信息相关的所有费用和开支；

e）如适用，按照 B7（b）办理过境或进口清关有关的关税、税款和任何其他费用；以及

f）由于未按照 B10 发出通知而产生的自约定交货日期或自约定交货期

用；以及

限届满之时起的任何额外费用，但以该货物已清楚地确定为合同项下货物为前提条件。

g）买方为按照 B7（a）提供协助获取单据及信息相关的所有费用和开支。

A10 通知

卖方必须向买方发出已按照 A2 完成交货的通知。

卖方必须向买方发出买方收取货物所需任何通知以便买方收取货物。

B10 通知

无论何时根据约定，买方有权决定运输时间和/或指定目的港的收货点，买方必须给予卖方充分通知。

CIF | Cost Insurance and Freight

成本、保险费加运费

CIF（填入指定目的港）Incoterms® 2020

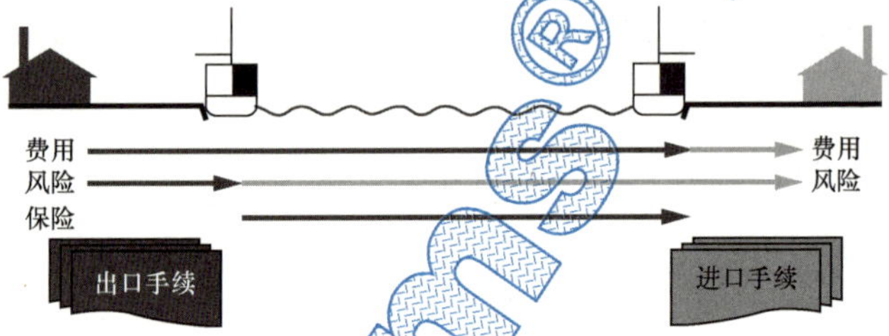

用户解释说明

1. 交货与风险——“成本，保险费加运费”是指卖方通过以下方式向买方完成交货：

- 将货物装上船
- 或者取得已经如此交付的货物。

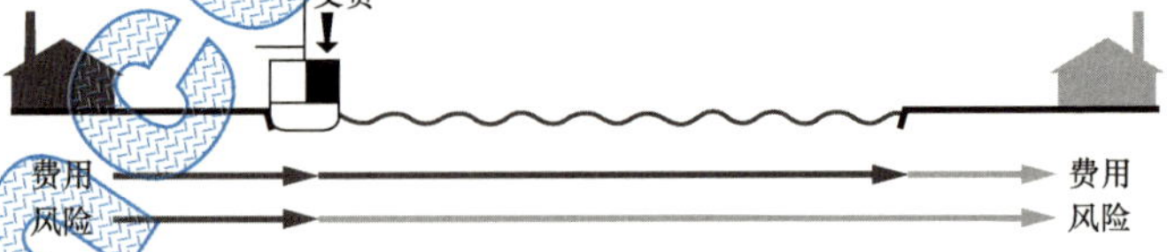

货物灭失或损坏的风险在货物交到船上时发生转移，这样卖方即被视为已履行了交货义务，而无论货物是否实际以良好的状态、约定的数量或是否确实到达目的地。

2. 运输方式——本规则仅适用于海运或内河水运运输方

式。如果使用多种运输方式（常见于货物在集装箱终端交给承运人的情形），则适合使用的规则是 CIP，而非 CIF。

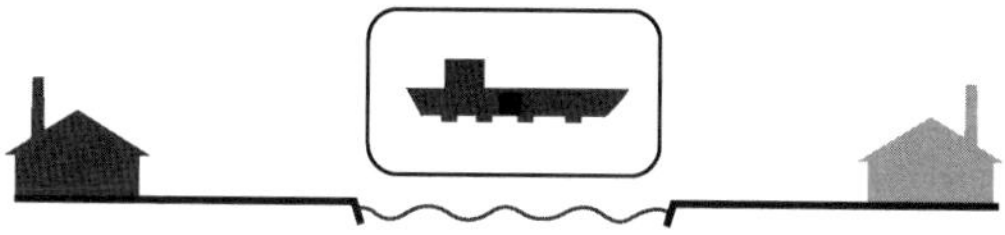

3.“或取得已经如此交付的货物”——此处的“取得”一词适用于交易链中的多层销售（链式销售），在大宗商品贸易中尤其常见。

4. 交货港与目的港——在 CIF 中，两个港口很重要：货物交到船上的港口和约定为目的港的港口。当货物在装运港装上船或以取得已经如此交付的货物的方式交付给买方时，风险即从卖方转移到买方。但是，卖方必须签订将货物从交货地运送往约定目的地的运输合同。因此，例如，货物在上海（港口）装船、运往南安普顿（也是港口）。货物在上海装到船上时交付，风险于此时即转移给买方；而卖方必须签订从上海到南安普敦的运输合同。

5. 必须指定装运港吗？——尽管合同中总会约定一个目的港，但却未必会指定装运港，而装运港是风险转移给买方的地方。如果装运港对买方具有特殊意义，例如，买方也许希望借以确定货物价格中的运费构成是否合理，那么特别建议双方在合同中尽可能清楚地指定装运港。

6. 确定卸货港的终点——特别建议双方尽可能精准地指定目的港的特定地点，因为卖方需承担将货物运往该地点的费用。卖方必须签订涵盖货物运输的一份或多份合同，包括从货物交付到运至指定港或销售合同中已约定的该港口范围内约定地点。

7. 多个承运人——海运运输的不同航段可能由不同的承运人负责，例如，货物先由承运人驾驶支线船舶从香港运到上海，再由远洋船舶从上海运到南安普顿。此时产生的问题在于，风险是在香港还是上海从卖方转移到买方：交货发生在哪里？买卖双方很可能已在销售合同本身中进行了约定。但是，如果无此约定，则默认的立场是风险在货物交付给第一个承运人时发生了转移，即，香港，因此这延长了买方承担灭失或损坏风险的时间。如双方希望风险晚些转移的话（此例的上海），则他们需要在销售合同中予以明确。

8. 保险合同——卖方还必须签订保险合同，以对由买方承担的从装运港至少到目的港过程中货物灭失或损坏的风险投保。如目的地国家要求在本地购买保险，则可能会造成困难：在此种情况下，双方应考虑使用 CFR。买方还应注意，在 CIF Incoterms® 2020 规则下，卖方需要投保符合《伦敦保险协会货物保险条款》（C）款或其他类似条款下的有限的险别，而不是《伦敦保险协会货物保险条款》（A）款下的较高险别。但是，双方仍然可以约定较高的险别。

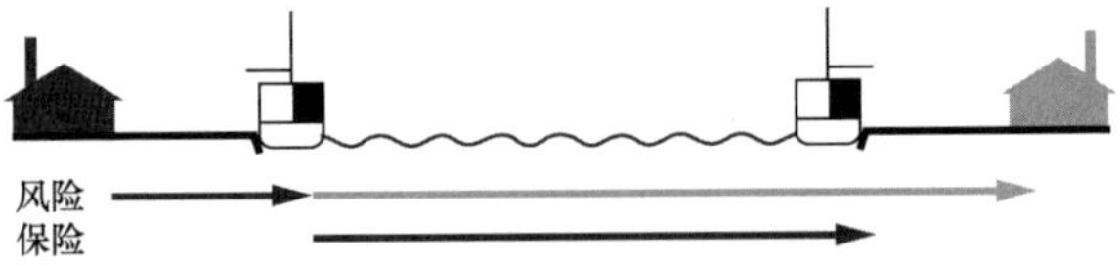

9. 卸货费用——如果卖方根据运输合同产生了在目的港内指定地点与卸货相关的费用，除非双方另有约定，卖方无权另行向买方追偿该项费用。

10. 出口/进口清关——如适用，CIF 要求卖方办理货物出口清关。但是，卖方没有义务办理货物进口清关或经由第三国过境的清关、支付任何进口税或办理任何进口海关手续。

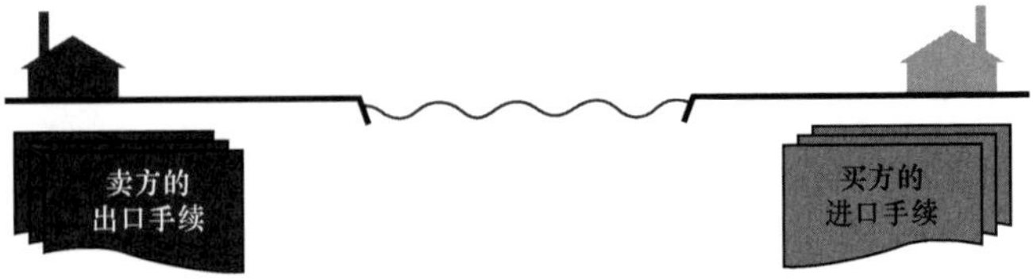

A 卖方的义务

A1 一般义务

卖方必须提供符合销售合同约定的货物和商业发票，以及合同可能要求的其他与合同相符的证据。

卖方提供的任何单据，根据双方约定可以是纸质或电子形式，如果没有约定，则按照惯常做法提供。

A2 交货

卖方必须以将货物装上船或以取得已经如此交付的货物的方式交货。在这两种情况下，卖方均必须在约定日期或期限内，按照该港口的习惯方式交货。

A3 风险转移

除按照 B3 的灭失或损坏情况外，卖方承担按照 A2 完成交货前货物灭失或损坏的一切风险。

B 买方的义务

B1 一般义务

买方必须按照销售合同约定支付货物价款。

买方提供的任何单据，根据双方约定可以是纸质或电子形式，如果没有约定，则按照惯常做法提供。

B2 收取货物

当卖方按照 A2 交货时，买方必须提取货物，并在指定目的港自承运人处收取货物。

B3 风险转移

买方承担按照 A2 交货时起货物灭失或损坏的一切风险。

如买方未按照B10发出通知，则买方承担自约定交货日期或约定交货期限届满之时起的货物灭失或损坏的一切风险，但以该货物已清楚地确定为合同项下货物为前提条件。

A4 运输

卖方必须签订或取得运输合同，将货物自交货地内的约定交货点（如有），运送至指定目的港，或位于该港内的任何交货点（如已约定）。运输合同必须按照惯常条款订立，由卖方承担费用，经由通常航线，用通常用于运输该类所售货物的船舶运送货物。

卖方必须遵守运送至目的地过程中任何与运输有关的安全要求。

B4 运输

买方对卖方没有订立运输合同的义务。

A5 保险

除非另有约定或特定贸易中的习惯做法，卖家须自付费用取得货物保险。该保险需符合《协会货物保险条款》（Institute Cargo Clauses，LMA/IUA）条款（C）或任何适于货物运输方式的类似条款。保险应与信誉良好的承保人或保险公司订立，并应使买方或任何其他对货物具有可保利益的人有权直接向保险人索赔。

当买方要求且能够提供给卖方任何所需的信息时，卖方必须提供任何附加险，由买

B5 保险

买方对卖方没有订立保险合同的义务。但是，应卖方要求，买方必须向卖方提供卖方按照 A5 要求投保任何附加险所需的信息。

方承担费用，如果能够办理，诸如符合《协会战争险条款》（Institute War Clauses）和/或《协会罢工险条款》（Institute Strikes Clauses，LMA/IUA）或任何其他类似条款相符合的险别（除非该险别已经包括在前款所述的货物保险中）。

最低保险金额应是合同规定价格另加10%（即110%），并应采用合同货币。

保险范围应从货物自A2规定的交货点起，至少至指定的目的港止。

卖方必须提供给买方保险单或保险证明或其他投保证明。

此外，在应买方要求并由其承担风险和费用的情况下，卖方必须向买方提供买方取得任何额外保险所需信息。

A6 交货/运输单据

卖方必须承担费用，向买方提供运至约定目的港的惯常运输单据。

B6 交货/运输单据

如果运输单据与合同相符，买方必须接受按照A6提供的运输单据。

该运输单据必须载明合同货物，且其签发日期必须在约定的运输期限内，还必须能使买方在目的港凭此向承运人索取货物，并且除非另有约定，须能使买方通过向其下家买方转让该单据或通知承运人来转卖在途货物。

当此运输单据以可转让形式签发并有数份正本，全套正本必须向买方提交。

A7 出口/进口清关

a）出口清关

如适用，卖方必须办理出口国要求的所有出口清关手续并支付费用，例如：

- 出口许可证；
- 出口安检清关；
- 装运前检验；及
- 任何其他官方授权。

b）协助进口清关

如适用，应买方要求并由其承担风险和费用，卖方必须协助买方获取任何过境国或进口国需要的与所有过境/进口清关手续有关的任何单据和/或信息，包括安全要求和装运前检验。

B7 出口/进口清关

a）协助出口清关

如适用，应卖方要求并由其承担风险和费用，买方必须协助卖方获取出口国需要的与所有出口清关手续有关的任何单据和/或信息，包括安全要求和装运前检验。

b）进口清关

如适用，买方必须办理任何过境国和进口国要求的所有手续并支付费用，例如：

- 进口许可证及过境所需的任何许可证；
- 进口及任何过境安检清关；

- 装运前检验；及
- 任何其他官方授权。

A8 查验/包装/标记

卖方必须支付为了按照 A2 交货所需要进行的查验费用（如查验品质、丈量、计重、点数的费用）。

卖方必须自付费用包装货物，除非该特定贸易运输的所售货物通常无需包装。除非双方已经约定好具体的包装或标记要求，否则，卖方必须以适合该货物运输的方式对货物进行包装和标记。

B8 查验/包装/标记

买方对卖方没有义务。

A9 费用划分

卖方必须支付：

a）按照 A2 完成交货之前与货物相关的所有费用，按照 B9 应由买方支付的费用除外；

b）按照 A4 所发生的运费和所有其他费用，包括货物装船费用及与运输相关的安全费用；

c）根据运输合同规定应由卖方承担的在约定卸货港产生的任何卸货费用；

B9 费用划分

买方必须支付：

a）按照 A2 完成交货之时起与货物相关的所有费用，按照 A9 应由卖方支付的费用除外；

b）过境费用，除非根据运输合同该项费用应由卖方承担；

c）包括驳运费和码头费在内的卸货费用，除非根据运输合同该项费用应由卖方承担；

d）根据运输合同应由卖方承担的过境费用；

e）按照 A6 向买方提供已经交货的通常证据的费用；

f）按照 A5 产生的保险费用；

g）如适用，按照 A7（a）办理出口清关有关的关税、税款和任何其他费用；以及

h）买方为按照 B7（a）提供协助获取单据及信息相关的所有费用和开支。

d）应买方要求，按照 A5 和 B5 投保附加险所发生的费用；

e）卖方为按照 A5 及 A7（b）提供协助获取单据及信息相关的所有费用和开支；

f）如适用，按照 B7（b）办理过境或进口清关有关的关税、税款和任何其他费用；以及

g）由于未按照 B10 发出通知而产生的自约定交货日期或自约定交货期限届满之时起的任何额外费用，但以该货物已清楚地确定为合同项下货物为前提条件。

A10 通知

卖方必须向买方发出已按照 A2 完成交货的通知。

卖方必须向买方发出买方收取货物任何所需的通知以便使买方收取货物。

B10 通知

无论何时根据约定，买方有权决定运输时间和/或指定目的港的收货点，买方必须给予卖方充分通知。

规则的逐条内容

A1 一般义务

EXW（工厂交货）

卖方必须提供符合销售合同约定的货物和商业发票，以及合同可能要求的其他与合同相符的证据。

卖方提供的任何单据，根据双方约定可以是纸质或电子形式，如果没有约定，则按照惯常做法提供。

FCA（货交承运人）

卖方必须提供符合销售合同约定的货物和商业发票，以及合同可能要求的其他与合同相符的证据。

卖方提供的任何单据，根据双方约定可以是纸质或电子形式，如果没有约定，则按照惯常做法提供。

CPT（运费付至）

卖方必须提供符合销售合同约定的货物和商业发票，以及合同可能要求的其他与合同相符的证据。

卖方提供的任何单据，根据双方约定可以是纸质或电子形式，如果没有约定，则按照惯常做法提供。

CIP（运费和保险费付至）

卖方必须提供符合销售合同约定的货物和商业发票，以及合同可能要求的其他与合同相符的证据。

卖方提供的任何单据，根据双方约定可以是纸质或电子形式，如果没有约定，则按照惯常做法提供。

DAP（目的地交货）

卖方必须提供符合销售合同约定的货物和商业发票，以及合同可能要求的其他与合同相符的证据。

卖方提供的任何单据，根据双方约定可以是纸质或电子形式，如果没有约定，则按照惯常做法提供。

DPU（目的地卸货后交货）

卖方必须提供符合销售合同约定的货物和商业发票，以及合同可能要求的其他与合同相符的证据。

卖方提供的任何单据，根据双方约定可以是纸质或电子形式，如果没有约定，则按照惯常做法提供。

DDP（完税后交货）

卖方必须提供符合销售合同约定的货物和商业发票，以及合同可能要求的其他与合同相符的证据。

卖方提供的任何单据，根据双方约定可以是纸质或电子形式，如果没有约定，则按照惯常做法提供。

FAS（船边交货）

卖方必须提供符合销售合同约定的货物和商业发票，以及合同可能要求的其他与合同相符的证据。

卖方提供的任何单据，根据双方约定可以是纸质或电子形式，如果没有约定，则按照惯常做法提供。

FOB（船上交货）

卖方必须提供符合销售合同约定的货物和商业发票，以及合同可能要求的其他与合同相符的证据。

卖方提供的任何单据，根据双方约定可以是纸质或电子形式，如果没有约定，则按照惯常做法提供。

CFR（成本加运费）

卖方必须提供符合销售合同约定的货物和商业发票，以及合同可能要求的其他与合同相符的证据。

卖方提供的任何单据，根据双方约定可以是纸质或电子形式，如果没有约定，则按照惯常做法提供。

CIF（成本、保险费加运费）

卖方必须提供符合销售合同约定的货物和商业发票，以及合同可能要求的其他与合同相符的证据。

卖方提供的任何单据，根据双方约定可以是纸质或电子形式，如果没有约定，则按照惯常做法提供。

B1　一般义务

EXW（工厂交货）

买方必须按照销售合同约定支付货物价款。

买方提供的任何单据，根据双方约定可以是纸质或电子形式，如果没有约定，则按照惯常做法提供。

FCA（货交承运人）

买方必须按照销售合同约定支付货物价款。

买方提供的任何单据，根据双方约定可以是纸质或电子形式，如果没有约定，则按照惯常做法提供。

CPT（运费付至）

买方必须按照销售合同约定支付货物价款。

买方提供的任何单据，根据双方约定可以是纸质或电子形式，如果没有约定，则按照惯常做法提供。

CIP（运费和保险费付至）

买方必须按照销售合同约定支付货物价款。

买方提供的任何单据，根据双方约定可以是纸质或电子形式，如果没有约定，则按照惯常做法提供。

DAP（目的地交货）

买方必须按照销售合同约定支付货物价款。

买方提供的任何单据，根据双方约定可以是纸质或电子形式，如果没有约定，则按照惯常做法提供。

DPU（目的地卸货后交货）

买方必须按照销售合同约定支付货物价款。

买方提供的任何单据，根据双方约定可以是纸质或电子形式，如果没有约定，则按照惯常做法提供。

DDP（完税后交货）

买方必须按照销售合同约定支付货物价款。

买方提供的任何单据，根据双方约定可以是纸质或电子形式，如果没有约定，则按照惯常做法提供。

FAS（船边交货）

买方必须按照销售合同约定支付货物价款。

买方提供的任何单据，根据双方约定可以是纸质或电子形式，如果没有约定，则按照惯常做法提供。

FOB（船上交货）

买方必须按照销售合同约定支付货物价款。

买方提供的任何单据，根据双方约定可以是纸质或电子形式，如果没有约定，则按照惯常做法提供。

CFR（成本加运费）

买方必须按照销售合同约定支付货物价款。

买方提供的任何单据，根据双方约定可以是纸质或电子形式，如果没有约定，则按照惯常做法提供。

CIF（成本、保险费加运费）

买方必须按照销售合同约定支付货物价款。

买方提供的任何单据，根据双方约定可以是纸质或电子形式，如果没有约定，则按照惯常做法提供。

A2 交货

EXW（工厂交货）

卖方必须在指定交货地或位于该地的约定点（如有），将未装载到任何接收货物的运输工具上的货物交由买方处置的方式交货。若在指定交货地未约定特定点，且在该地有多个地点可用，则卖方可选择最适合其目的之交货点。卖方必须在约定日期或约定交货期限内交货。

FCA（货交承运人）

卖方必须在指定地或指定点（如有），向买方指定的承运人（或其他人）交付货物或以取得已经如此交付货物的方式交货。

卖方必须按照下述要求交货：

1. 在约定日期；或

2. 在买方按照 B10（b）所通知的约定期间内的交货时间；或

3. 如果未通知上述时间，则在约定期限届满之时。

以下情形，交货完成：

a）若指定交货地在卖方所在地，则当货物被装上买方提供的运输工具时；或者

b）在任何其他情况下，当货物在卖方的运输工具上做好卸载准备，并交由买方指定的承运人（或其他人）处置时。

如果买方未按照 B10（d）通知在指定交货地内的特定交货点，且有数个交货点可用，则卖方可以选择最符合其目的之交货点。

CPT（运费付至）

卖方必须以将货物交给按照 A4 订立合同的承运人或以取得已经如此交付的货物的方式交货。在这两种情形下，卖方均必须在约定日期或约定期限内交货。

CIP（运费和保险费付至）

卖方必须以将货物交给按照 A4 订立合同的承运人或以取得已经如此交付的货物的方式交货。在这两种情形下，卖方均必须在约定交货日期或约定交货期限内交货。

DAP（目的地交货）

卖方必须在约定目的地的约定地点（如有），以将放置在抵达的运输工具上并做好卸货准备的货物交由买方处置或以取得已经如此交付的货物的方式交货。在这两种情况下，卖方必须在约定日期或约定期限内交货。

DPU（目的地卸货后交货）

卖方必须在指定目的地的约定地点（如有），以将货物从抵达的运输工具上卸下并交由买方处置或以取得已经如此交付的货物的方式交货。在这两种情况下，卖方必须在约定日期或约定期限内交货。

DDP（完税后交货）

卖方必须在指定目的地的约定地点（如有），以将放置在抵达的运输工具上做好卸货准备的货物交由买方处置或以取得已经如此交付的货物的方式交货。在这两种情况下，卖方必须在约定日期或约定期限内交货。

FAS（船边交货）

卖方必须在买方指定的装运港内的装货点（如有），以将货物置于买方指定的船舶旁边或以取得已经如此交付的货物的方式交货。

卖方必须按照下述要求交货：

1. 在约定日期；或
2. 在买方按照 B10 所通知的约定期限内的交货时间；或
3. 如果未通知上述时间，则在约定期限届满之时；以及
4. 按照该港口的习惯方式。

如果买方未指定具体的装货点，卖方则可以在指定的装运

港内选择最符合其目的之装货点。

FOB（船上交货）

卖方必须在买方指定的装运港内的装货点（如有），以将货物置于买方指定的船上或以取得已经如此交付的货物的方式交货。

卖方必须按照下述要求交货：

1. 在约定日期；或
2. 在买方按照 B10 所通知的约定期限内的交货时间；或
3. 如果未通知上述时间，则在约定期限届满之时；以及
4. 按照该港口的习惯方式。

如果买方未指定具体的装货点，卖方则可以在指定的装运港内选择最符合其目的之装货点。

CFR（成本加运费）

卖方必须以将货物装上船或以取得已经如此交付的货物的方式交货。在这两种情况下，卖方均必须在约定日期或期限内，按照该港口的习惯方式交货。

CIF（成本、保险费加运费）

卖方必须以将货物装上船或以取得已经如此交付的货物的方式交货。在这两种情况下，卖方均必须在约定日期或期限内，按照该港口的习惯方式交货。

B2 提货

EXW（工厂交货）

当卖方已按照 A2 完成交货，并按照 A10 发出通知时，买方必须提取货物。

FCA（货交承运人）

当卖方已按照 A2 完成交货时，买方必须提取货物。

CPT（运费付至）

当卖方按照 A2 交货时，买方必须提取货物，并在指定目的地或在该地方内约定地点自承运人处收取货物。

CIP（运费和保险费付至）

当卖方按照 A2 交货时，买方必须提取货物，并在指定目的地或在该地方内约定地点自承运人处收取货物。

DAP（目的地交货）

当卖方按照 A2 交货时，买方必须提取货物。

DPU（目的地卸货后交货）

当卖方按照 A2 交货时，买方必须提取货物。

DDP（完税后交货）

当卖方按照 A2 交货时，买方必须提取货物。

FAS（船边交货）

当卖方按照 A2 完成交货时，买方必须提取货物。

FOB（船上交货）

当卖方按照 A2 完成交货时，买方必须提取货物。

CFR（成本加运费）

当卖方按照 A2 交货时，买方必须提取货物，并在指定目的港自承运人处收取货物。

CIF（成本、保险费加运费）

当卖方按照 A2 交货时，买方必须提取货物，并在指定目的港自承运人处收取货物。

A3 风险转移

EXW（工厂交货）

除 B3 规定的灭失或损坏情况外，卖方承担按照 A2 完成交货前货物灭失或损坏的一切风险。

FCA（货交承运人）

除 B3 规定的灭失或损坏情况外，卖方承担按照 A2 完成交货前货物灭失或损坏的一切风险。

CPT（运费付至）

除 B3 规定的灭失或损坏情况外，卖方承担按照 A2 完成交货前货物灭失或损坏的一切风险。

CIP（运费和保险费付至）

除 B3 规定的灭失或损坏情况外，卖方承担按照 A2 完成交货前货物灭失或损坏的一切风险。

DAP（目的地交货）

除 B3 规定的灭失或损坏情况外，卖方承担按照 A2 完成交货前货物灭失或损坏的一切风险。

DPU（目的地卸货后交货）

除 B3 规定的灭失或损坏情况外，卖方承担按照 A2 完成交货前货物灭失或损坏的一切风险。

DDP（完税后交货）

除 B3 规定的灭失或损坏情况外，卖方承担按照 A2 完成交货前货物灭失或损坏的一切风险。

FAS（船边交货）

除 B3 规定的灭失或损坏情况外，卖方承担按照 A2 完成交货前货物灭失或损坏的一切风险。

FOB（船上交货）

除 B3 规定的灭失或损坏情况外，卖方承担按照 A2 完成交货前货物灭失或损坏的一切风险。

CFR（成本加运费）

除 B3 规定的灭失或损坏情况外，卖方承担按照 A2 完成交货前货物灭失或损坏的一切风险。

CIF（成本、保险费加运费）

除 B3 规定的灭失或损坏情况外，卖方承担按照 A2 完成交货前货物灭失或损坏的一切风险。

B3 风险转移

EXW（工厂交货）

买方承担按照 A2 交货时起货物灭失或损坏的一切风险。

如果买方未按照 B10 发出通知，则买方承担自约定的交货日期起或交货期限届满之时起的货物灭失或损坏的一切风险，但以该货物已被清楚地确定为合同项下货物为前提条件。

FCA（货交承运人）

买方承担按照 A2 交货时起货物灭失或损坏的一切风险。

如果：

a）买方未按照 A2 指定承运人（或其他人）或未按照 B10 发出通知；或者

b）买方按照 B10（a）指定的承运人（或其他人）未接管货物；

c）则买方承担货物灭失或损坏的所有风险：

（i）自约定日期起；如无约定的日期，则

（ii）自买方根据 B10（b）选择的时间起；或者，如未

通知该时间，则

（iii）从任何约定交货期限届满之日起；

但以该货物已被清楚地确定为合同项下货物为前提条件。

CPT（运费付至）

买方承担按照 A2 交货时起货物灭失或损坏的一切风险。

如买方未按照 B10 发出通知，则买方承担自约定的交货日期起或约定交货期限届满之时起的货物灭失或损坏的一切风险，但以该货物已清楚地确定为合同项下货物为前提条件。

CIP（运费和保险费付至）

买方承担按照 A2 交货时起货物灭失或损坏的一切风险。

如买方未按照 B10 发出通知，则买方承担自约定的交货日期或约定交货期限届满之时起的货物灭失或损坏的一切风险，但以该货物已清楚地确定为合同项下货物为前提条件。

DAP（目的地交货）

买方承担按照 A2 交货时起货物灭失或损坏的一切风险。

如果：

a）买方未按照 B7 履行义务，则承担因此造成的货物灭失或损坏的一切风险；或

b）买方未按照 B10 发出通知，则自约定交货日期起或交货期限届满之时起，买方承担货物灭失或损坏的一切风险；

但以该货物已清楚地确定为合同项下货物为前提条件。

DPU（目的地卸货后交货）

买方承担按照 A2 交货时起货物灭失或损坏的一切风险。

如果：

a）买方未按照 B7 履行义务，则承担因此造成的货物灭失或损坏的一切风险；或

b）买方未按照 B10 发出通知，则自约定交货日期起，或自约定交货期限届满之时起的货物灭失或损坏的一切风险；

但以该货物已被清楚地标明为合同项下货物为前提条件。

DDP（完税后交货）

买方承担按照 A2 交货时起货物灭失或损坏的一切风险。

如果：

a）买方未按照 B7 履行义务，则承担因此造成的货物灭失或损坏的一切风险；或

b）买方未按照 B10 发出通知，则自约定交货日期起或交货期限届满之时起，买方承担货物灭失或损坏的一切风险；

但以该货物已清楚地确定为合同项下货物为前提条件。

FAS（船边交货）

买方承担按照 A2 交货时起货物灭失或损坏的一切风险。

如果：

a）买方未按照 B10 发出通知；或

b）买方指定的船舶未准时到达，致使卖方未能遵循 A2 的规定、未接收货物，或早于 B10 通知的时间停止装货；

则买方承担货物灭失或损坏的一切风险：

（i）自约定日期，或在未约定日期的情况下；

（ii）自买方根据 B10 所选择的日期，或，如未通知该日期；

（iii）自任何约定期限届满之时起。

但以该货物已清楚地确定为合同项下货物为前提条件。

FOB（船上交货）

买方承担按照 A2 交货时起货物灭失或损坏的一切风险。

如果：

a）买方未按照 B10 发出通知；或

b）买方指定的船舶未准时到达，致使卖方未能遵循 A2 的规定、未接收货物，或早于 B10 通知的时间停止装货；

则买方承担货物灭失或损坏的一切风险：

（i）自约定的日期起，或在未约定日期的情况下；

（ii）自买方根据 B10 所选择的日期起，或，如未通知

该日期；

（iii）自任何约定期限届满之时起。

但以该货物已清楚地确定为合同项下货物为前提条件。

CFR（成本加运费）

买方承担按照 A2 交货时起货物灭失或损坏的一切风险。

如买方未按照 B10 发出通知，则买方承担自约定交货日期或约定交货期限届满之时起的货物灭失或损坏的一切风险，但以该货物已清楚地确定为合同项下货物为前提条件。

CIF（成本、保险费加运费）

买方承担按照 A2 交货时起货物灭失或损坏的一切风险。

如买方未按照 B10 发出通知，则买方承担自约定交货日期或约定交货期限届满之时起的货物灭失或损坏的一切风险，但以该货物已清楚地确定为合同项下货物为前提条件。

A4 运输

EXW（工厂交货）

卖方对买方没有订立运输合同的义务。

但是，在应买方要求并由其承担风险和费用的情况下，卖方必须向买方提供卖方拥有的买方安排运输所需的任何信息，包括与运输有关的安全要求。

FCA（货交承运人）

卖方对买方没有订立运输合同的义务。但是，在应买方要求并由其承担风险和费用的情况下，卖方必须向买方提供卖方拥有的买方安排运输所需的任何信息，包括与运输有关的安全要求。如已约定，卖方必须按照惯常条款订立运输合同，由买方承担风险和费用。

卖方必须在完成交货之前遵守任何与运输有关的安全要求。

CPT（运费付至）

卖方必须签订或取得运输合同，将货物自交货地内的约定交货点（如有），运送至指定目的地，或位于该目的地的任何交货点（如已约定）。运输合同必须按照惯常条款订立，由卖方承担费用，经由通常路径，按照所售货物类型的惯常运输方式运送货物。如果该具体地点未经约定，也未根据实务确定，则卖方可以选择最符合其目的之交货点和位于指定目的地内的交货点。

卖方必须遵守运至目的地过程中任何与运输有关的安全要求。

CIP（运费和保险费付至）

卖方必须签订或取得运输合同，将货物自交货地内的约定交货点（如有），运送至指定目的地，或位于该目的地的任何交货点（如已约定）。运输合同必须按照惯常条款订立，由卖方承担费用，经由通常路径，按照所售货物类型的惯常运输方式运送货物。如果该具体地点未经约定，也未根据实务确定，则卖方可以选择最符合其目的之交货点和位于指定目的地内的交货点。

卖方必须遵守运至目的地过程中任何与运输有关的安全要求。

DAP（目的地交货）

卖方必须自付费用签订运输合同或安排运输，将货物运至指定目的地或者指定目的地内的约定交货点（如有）。如果该具体地点未经约定，也未根据实务确定，则卖方可以选择最符合其目的之指定目的地内的交货点。

卖方必须遵守运至目的地过程中任何与运输有关的安全要求。

DPU（目的地卸货后交货）

卖方必须自付费用签订运输合同或安排运输，将货物运至指定目的地或者指定目的地内的约定交货点（如有）。如果该具体地点未经约定，也未根据实务确定，卖方可以选择最符合其目的之指定目的地内的交货点。

卖方必须遵守运至目的地过程中任何与运输有关的安全要求。

DDP（完税后交货）

卖方必须自付费用签订运输合同或安排运输，将货物运至指定目的地或者指定目的地内的约定交货点（如有）。如果该具体地点未经约定，也未根据实务确定，卖方可以选择最符合其目的之指定目的地内的交货点。

卖方必须遵守运至目的地过程中任何与运输有关的安全要求。

FAS（船边交货）

卖方对买方没有订立运输合同的义务。但是，应买方要求并由其承担风险和费用，卖方必须向买方提供卖方所拥有的买方安排运输所需的任何信息，包括与运输有关的安全要求。如已约定，卖方必须按照通常条款订立运输合同，由买方承担风险和费用。

卖方必须在完成交货之前遵守任何与运输有关的安全要求。

FOB（船上交货）

卖方对买方没有订立运输合同的义务。但是，应买方要求并由其承担风险和费用，卖方必须向买方提供卖方所拥有的买方安排运输所需的任何信息，包括与运输有关的安全要求。如已约定，卖方必须按照惯常条款订立运输合同，由买方承担风险和费用。

卖方必须在完成交货之前遵守任何与运输有关的安全要求。

CFR（成本加运费）

卖方必须签订或取得运输合同，将货物自交货地内的约定交货点（如有），运送至指定目的港，或位于该港内的任何交货点（如已约定）。运输合同必须按照惯常条款订立，由卖方承担费用，经由通常航线，用通常用于运输该类所售货物的船舶运送货物。

卖方必须遵守运至目的地过程中任何与运输有关的安全要求。

CIF（成本、保险费加运费）

卖方必须签订或取得运输合同，将货物自交货地内的约定交货点（如有），运送至指定目的港，或位于该港内的任何交货点（如已约定）。运输合同必须按照惯常条款订立，由卖方承担费用，经由通常航线，用通常用于运输该类所售货物的船舶运送货物。

卖方必须遵守运送至目的地过程中任何与运输有关的安全要求。

B4 运输

EXW（工厂交货）

应由买方负责自费签订运输合同或安排自指定交货地起的货物运输。

FCA（货交承运人）

除非卖方根据 A4 订立运输合同，否则，买方必须自付费用订立运输合同或安排从指定交货地开始的货物运输。

CPT（运费付至）

买方对卖方没有订立运输合同的义务。

CIP（运费和保险费付至）

买方对卖方没有订立运输合同的义务。

DAP（目的地交货）

买方对卖方没有订立运输合同的义务。

DPU（目的地卸货后交货）

买方对卖方没有订立运输合同的义务。

DDP（完税后交货）

买方对卖方没有订立运输合同的义务。

FAS（船边交货）

除非卖方按照 A4 的规定订立了运输合同，否则，买方必须自付费用订立自指定装运港起的货物运输合同。

FOB（船上交货）

除非卖方按照 A4 的规定订立了运输合同，否则，买方必须自付费用订立自指定装运港起的货物运输合同。

CFR（成本加运费）

买方对卖方没有订立运输合同的义务。

CIF（成本、保险费加运费）

买方对卖方没有订立运输合同的义务。

A5 保险

EXW（工厂交货）

卖方对买方没有订立保险合同的义务。但是，在应买方要求并由其承担风险和费用的情况下，卖方必须向买方提供卖方所拥有的买方取得保险所需的信息。

FCA（货交承运人）

卖方对买方没有订立保险合同的义务。但是，应买方要求并由其承担风险和费用，卖方必须向买方提供卖方所拥有的买方获取保险所需的信息。

CPT（运费付至）

卖方对买方没有订立保险合同的义务。但是，在应买方要求并由其承担风险和费用的情况下，卖方必须向买方提供卖方所拥有的买方取得保险所需的信息。

CIP（运费和保险费付至）

除非另有约定或在特定贸易中的习惯做法，卖家须自付费用取得货物保险。该保险需符合《协会货物保险条款》（Institute Cargo Clauses，LMA/IUA）条款（A）或任何适于货物运输方式的类似条款。保险应与信誉良好的承保人或保险公司订立，并应使买方或任何其他对货物具有可保利益的人有权直接向保险人索赔。

当买方要求且能够提供给卖方所需的任何信息时，卖方必须提供任何附加险，由买方承担费用，如果能够办理，诸如符合《协会战争险条款》（Institute War Clauses）和/或《协会罢工险条款》（Institute Strikes Clauses，LMA/IUA）或任何其他类似条款的险别（除非该险别已经包括在前款所述的货物保险中）。

最低保险金额应是合同规定价格另加 10%（即 110%），并应采用合同货币。

保险范围应从货物自 A2 规定的交货点起，至少至指定的目的地止。

卖方必须提供给买方保险单或保险证明或任何其他保险投保证明。

此外，应买方要求并由其承担风险和费用，卖方必须向买方提供买方取得任何附加险所需信息。

DAP（目的地交货）

卖方对买方没有订立保险合同的义务。

DPU（目的地卸货后交货）

卖方对买方没有订立保险合同的义务。

DDP（完税后交货）

卖方对买方没有订立保险合同的义务。

FAS（船边交货）

卖方对买方没有订立保险合同的义务。但是，应买方要求并由其承担风险和费用，卖方必须向买方提供卖方所拥有的买方获取保险所需的信息。

FOB（船上交货）

卖方对买方没有订立保险合同的义务。但是，应买方要求并由其承担风险和费用，卖方必须向买方提供卖方所拥有的买方获取保险所需的信息。

CFR（成本加运费）

卖方对买方没有订立保险合同的义务。但是，应买方要求并由其承担风险和费用，卖方必须向买方提供卖方所拥有的买方获取保险所需的信息。

CIF（成本、保险费加运费）

除非另有约定或特定贸易中的习惯做法，卖家须自付费用取得货物保险。该保险需符合《协会货物保险条款》（Institute Cargo Clauses，LMA/IUA）条款（C）或任何适于货物运输方式的类似条款。保险应与信誉良好的承保人或保险公司订立，并应使买方或任何其他对货物具有可保利益的人有权直接向保险人索赔。

当买方要求且能够提供给卖方任何所需的信息时，卖方必须提供任何附加险，由买方承担费用，如果能够办理，诸如符合《协会战争险条款》（Institute War Clauses）和/或《协会罢工险条款》（Institute Strikes Clauses，LMA/IUA）或任何其他类似条款相符合的险别（除非该险别已经包括在前款所述的货物保险中）。

最低保险金额应是合同规定价格另加 10%（即 110%），并应采用合同货币。

保险范围应从货物自 A2 规定的交货点起，至少至指定的目的港止。

卖方必须提供给买方保险单或保险证明或其他投保证明。

此外，在应买方要求并由其承担风险和费用的情况下，卖方必须向买方提供买方取得任何额外保险所需信息。

B5 保险

EXW（工厂交货）

买方对卖方没有订立保险合同的义务。

FCA（货交承运人）

买方对卖方没有订立保险合同的义务。

CPT（运费付至）

买方对卖方没有订立保险合同的义务。

CIP（运费和保险费付至）

买方对卖方没有订立保险合同的义务。但是，应卖方要求，买方必须向卖方提供卖方按照 A5 要求投保任何附加险所需信息。

DAP（目的地交货）

买方对卖方没有订立保险合同的义务。但是，应卖方要求并由其承担风险和费用，买方必须向卖方提供卖方取得保险所需的信息。

DPU（目的地卸货后交货）

买方对卖方没有订立保险合同的义务。但是，应卖方要求并由其承担风险和费用，买方必须向卖方提供卖方取得保险所需的信息。

DDP（完税后交货）

买方对卖方没有订立保险合同的义务。但是，应卖方要求并由其承担风险和费用，买方必须向卖方提供卖方取得保险所需的信息。

FAS（船边交货）

买方对卖方没有订立保险合同的义务。

FOB（船上交货）

买方对卖方没有订立保险合同的义务。

CFR（成本加运费）

买方对卖方没有订立保险合同的义务。

CIF（成本、保险费加运费）

买方对卖方没有订立保险合同的义务。但是，应卖方要求，买方必须向卖方提供卖方按照 A5 要求投保任何附加险所需的信息。

A6 交货/运输单据

EXW（工厂交货）

卖方对买方没有义务。

FCA（货交承运人）

卖方必须自付费用向买方提供已按照 A2 交货的通常证明。

在应买方要求并由其承担风险和费用的情况下，卖方必须协助买方取得运输单据。

若买方指示承运人向卖方出具 B6 项下的运输单据，则卖方必须向买方提交承运人出具的这一单据。

CPT（运费付至）

依惯例或应买方要求，卖方必须承担费用，向买方提供其按照 A4 订立的运输合同项下的通常运输单据。

该运输单据必须载明合同项下货物，且其签发日期应在约定的运输期限内。如已约定或依惯例，该运输单据还必须能使买方在指定目的地向承运人索取货物，并能使买方通过向其下家买方转让该单据或通过通知承运人来转卖在途货物。

当该运输单据以可转让方式签发且有数份正本时，全套正本必须向买方提交。

CIP（运费和保险费付至）

依惯例或应买方要求，卖方必须承担费用，向买方提供其按照 A4 订立的运输合同项下的通常运输单据。

该运输单据必须载明合同项下货物，且其签发日期必须在约定的运输期限内。如已约定或依惯例，该运输单据还必须能使买方在指定目的地向承运人索取货物，并能使买方通过向其下家买方转让该单据或通过通知承运人来转卖在途货物。

当该运输单据以可转让方式签发并且有数份正本时，全套正本必须向买方提交。

DAP（目的地交货）

卖方必须自付费用向买方提交所要求的任何单据，以便买方能够接管货物。

DPU（目的地卸货后交货）

卖方必须自付费用向买方提交所要求的任何单据，以便买方能够接管货物。

DDP（完税后交货）

卖方必须自付费用向买方提交所要求的任何单据，以便买方能够接管货物。

FAS（船边交货）

卖方必须自付费用向买方提供已按照 A2 交货的通常证明。

除非上述证明是运输单据，否则，应买方要求并由其承担风险和费用，卖方必须协助买方获取运输单据。

FOB（船上交货）

卖方必须自付费用向买方提供已按照 A2 交货的通常证明。

除非上述证明是运输单据，否则，应买方要求并由其承担风险和费用，卖方必须协助买方获取运输单据。

CFR（成本加运费）

卖方必须承担费用，向买方提供运至约定目的港的通常运输单据。

该运输单据必须载明合同货物，且其签发日期必须在约定的运输期限内，还必须能使买方在目的港凭此向承运人索取货物，并且除非另有约定，须能使买方通过向其下家买方转让该单据或通知承运人来转卖在途货物。

当该运输单据以可转让形式签发并有数份正本，全套正本必须向买方提交。

CIF（成本、保险费加运费）

卖方必须承担费用，向买方提供运至约定目的港的惯常运输单据。

该运输单据必须载明合同货物，且其签发日期必须在约定的运输期限内，还必须能使买方在目的港凭此向承运人索取货物，并且除非另有约定，须能使买方通过向其下家买方转让该单据或通知承运人来转卖在途货物。

当此运输单据以可转让形式签发并有数份正本，全套正本必须向买方提交。

B6 交货/运输单据

EXW（工厂交货）

买方必须向卖方提供其已提取货物的适当证据。

FCA（货交承运人）

买方必须接受已按照 A2 完成交货的证据。

如果双方已如此约定，买方必须自担费用及风险，指示承运人向卖方出具载明货物已经装载的运输单据（如已装船提单）。

CPT（运费付至）

如果运输单据与合同相符，买方必须接受按照 A6 提供的运输单据。

CIP（运费和保险费付至）

如果运输单据与合同相符，买方必须接受按照 A6 提供的运输单据。

DAP（目的地交货）

买方必须接受按照 A6 提交的单据。

DPU（目的地卸货后交货）

买方必须接受按照 A6 提交的单据。

DDP（完税后交货）

买方必须接受按照 A6 提交的单据。

FAS（船边交货）

买方必须接受按照 A6 提供的交货证明。

FOB（船上交货）

买方必须接受按照 A6 提供的交货证明。

CFR（成本加运费）

如果运输单据与合同相符，买方必须接受按照 A6 提供的运输单据。

CIF（成本、保险费加运费）

如果运输单据与合同相符，买方必须接受按照 A6 提供的运输单据。

A7 出口/进口清关

EXW（工厂交货）

如适用，在应买方要求并由其承担风险和费用的情况下，卖方必须协助买方获取出口国/过境国/进口国要求的与所有出口/过境/进口清关手续有关的任何单据和/或信息，诸如：

- 出口/过境/进口许可证；
- 出口/过境/进口安检清关；
- 装运前检验；及
- 任何其他官方授权。

FCA（货交承运人）

a）出口清关

如适用，卖方必须办理和支付出口国要求的所有出口清关手续，诸如：

- 出口许可证；
- 出口安检清关；
- 装运前检验；及
- 任何其他官方授权。

b）协助进口清关

如适用，应买方要求并由其承担风险和费用，卖方必须协助买方获取任何过境国或进口国需要的与所有过境/进口清关手续有关的任何单据和/或信息，包括安全要求和装运前检验。

CPT（运费付至）

a）出口清关

如适用，卖方必须办理出口国要求的所有出口清关手续并支付费用，诸如：

- 出口许可证；
- 出口安检清关；
- 装运前检验；及
- 任何其他官方授权。

b）协助进口清关

如适用，应买方要求并由其承担风险和费用，卖方必须协助买方获取任何过境国或进口国需要的与所有过境/进口清关手续有关的任何单据和/或信息，包括安全要求和装运前检验。

CIP（运费和保险费付至）

a）出口清关

如适用，卖方必须办理出口国要求的所有出口清关手续并支付费用，诸如：

- 出口许可证；
- 出口安检清关；
- 装运前检验；及
- 任何其他官方授权。

b）协助进口清关

如适用，应买方要求并由其承担风险和费用，卖方必须协助买方获取任何过境国或进口国需要的与所有过境/进口清关手续有关的任何单据和/或信息，包括安全要求和装运前检验。

DAP（目的地交货）

a）出口和过境清关

如适用，卖方必须办理出口国和任何过境国（除了进口国之外）要求的所有出口和过境清关手续，并支付费用，诸如：

- 出口/过境许可证；
- 出口/过境安检清关；
- 装运前检验；及
- 任何其他官方授权。

b）协助进口清关

如适用，应买方要求并由其承担风险和费用，卖方必须协助买方获取进口国所需的所有与进口清关手续相关的任何单据和/或信息，包括安全要求和装运前检验。

DPU（目的地卸货后交货）

a）出口和过境清关

如适用，卖方必须办理出口国和任何过境国（除了进口国之外）要求的所有出口和过境清关手续，并支付费用，诸如：

- 出口/过境许可证；
- 出口/过境安检清关；
- 装运前检验；及
- 任何其他官方授权。

b）协助进口清关

如适用，应买方要求并由其承担风险和费用，卖方必须协助买方获取进口国所需的所有与进口国清关手续相关的任何单据和/或信息，包括安全要求和装运前检验。

DDP（完税后交货）

如适用，卖方必须办理出口国、过境国和进口国要求的所有出口/过境/进口清关手续，并支付费用，诸如：

- 出口/过境/进口许可证；
- 出口/过境/进口安检清关；
- 装运前检验；及
- 任何其他官方授权。

FAS（船边交货）

a）出口清关

如适用，卖方必须办理出口国要求的所有出口清关手续并支付费用，例如：

- 出口许可证；
- 出口安检清关；
- 装运前检验；及
- 任何其他官方授权。

b）协助进口清关

如适用，应买方要求并由其承担风险和费用，卖方必须协助买方获取所有与过境/进口清关手续有关的任何单据和/或信息，包括任何过境国或进口国需要的安全要求和装运前检验。

FOB（船上交货）

a）出口清关

如适用，卖方必须办理出口国要求的所有出口清关手续并支付费用，例如：

- 出口许可证；
- 出口安检清关；
- 装运前检验；及
- 任何其他官方授权。

b）协助进口清关

如适用，应买方要求并由其承担风险和费用，卖方必须协助买方获取任何过境国或进口国需要的与所有过境/进口清关手续有关的任何单据和/或信息，包括安全要求和装运前检验。

CFR（成本加运费）

a）出口清关

如适用，卖方必须办理出口国要求的所有出口清关手续并支付费用，诸如：

- 出口许可证；
- 出口安检清关；
- 装运前检验；及
- 任何其他官方授权。

b）协助进口清关

如适用，应买方要求并由其承担风险和费用，卖方必须协助买方获取任何过境国或进口国需要的与所有过境/进口清关手续有关的任何单据和/或信息，包括安全要求和装运前检验。

CIF（成本、保险费加运费）

a）出口清关

如适用，卖方必须办理出口国要求的所有出口清关手续并支付费用，例如：

- 出口许可证；
- 出口安检清关；
- 装运前检验；及

- 任何其他官方授权。

b）协助进口清关

如适用，应买方要求并由其承担风险和费用，卖方必须协助买方获取任何过境国或进口国需要的与所有过境/进口清关手续有关的任何单据和/或信息，包括安全要求和装运前检验。

B7　出口/进口清关

EXW（工厂交货）

如适用，应由买方办理出口国/过境国/进口国所要求的所有出口/过境/进口清关手续，并支付该类费用，诸如：

- 出口/过境/进口许可证；
- 出口/过境/进口安检清关；
- 装运前检验；以及
- 任何其他官方授权。

FCA（货交承运人）

a）协助出口清关

如适用，应卖方要求并由其承担风险和费用，买方必须协助卖方获取出口国需要的与所有出口清关手续有关的任何单据和/或信息，包括安全要求和装运前检验。

b）进口清关

如适用，买方必须办理和支付过境国和进口国要求的所有手续，诸如：

- 进口许可证及过境所需的任何许可证；
- 进口及任何过境安检清关；
- 装运前检验；及
- 任何其他官方授权。

CPT（运费付至）

a）协助出口清关

如适用，应卖方要求并由其承担风险和费用，买方必须协助卖方获取出口国需要的与所有出口清关手续有关的任何单据和/或信息，包括安全要求和装运前检验。

b）进口清关

如适用，买方必须办理任何过境国和进口国要求的所有手续并支付费用，诸如：

- 进口许可证及过境所需的任何许可证；
- 进口及任何过境安检清关；
- 装运前检验；及
- 任何其他官方授权。

CIP（运费和保险费付至）

a）协助出口清关

如适用，应卖方要求并由其承担风险和费用，买方必须协助卖方获取出口国需要的与所有出口清关手续有关的任何单据和/或信息，包括安全要求和装运前检验。

b）进口清关

如适用，买方必须办理任何过境国和进口国要求的所有手续并支付费用，诸如：

- 进口许可证及过境所需的任何许可证；
- 进口及任何过境安检清关；
- 装运前检验；及
- 任何其他官方授权。

DAP（目的地交货）

a）协助出口和过境清关

如适用，应卖方要求并由其承担风险和费用，买方必须协助卖方获取出口国和任何过境国（除了进口国之外）需要的与所有出口/过境清关手续相关的任何单据和/或信息，包括安全要求和装运前检验。

b）进口清关

如适用，买方必须办理进口国要求的所有手续并支付费用，诸如：

- 进口许可证；

- 进口安检清关；
- 装运前检验；及
- 任何其他官方授权。

DPU（目的地卸货后交货）

a）协助出口和过境清关

如适用，应卖方要求并由其承担风险和费用，买方必须协助卖方获取出口国和任何过境国（除了进口国之外）需要的所有与出口/过境清关手续相关的任何单据和/或信息，包括安全要求和装运前检验。

b）进口清关

如适用，买方必须办理进口国要求的所有手续并支付手续费，诸如：

- 进口许可证；
- 进口安检清关；
- 装运前检验；及
- 任何其他官方授权。

DDP（完税后交货）

如适用，卖方要求并由其承担风险和费用，买方必须协助卖方办理出口国/过境国/进口国需要的所有与出口/过境/进口清关手续有关的单据和/或信息，诸如：

- 出口/过境/进口许可证；
- 出口/过境/进口安检清关；
- 装运前检验；及
- 任何其他官方授权。

FAS（船边交货）

a）协助出口清关

如适用，应卖方要求并由其承担风险和费用，买方必须协助卖方获取与所有出口清关手续有关的任何单据和/或信息，包括出口国需要的安全要求和装运前检验。

b）进口清关

如适用，买方必须办理任何过境国和进口国要求的所有手续并支付费用，例如：

- 进口许可证及过境所需的任何许可；
- 进口及任何过境安检清关；
- 装运前检验；及
- 任何其他官方授权。

FOB（船上交货）

a）协助出口清关

如适用，应卖方要求并由其承担风险和费用，买方必须协助卖方获取出口国需要的与所有出口清关手续有关的任何单据和/或信息，包括安全要求和装运前检验。

b）进口清关

如适用，买方必须办理任何过境国和进口国要求的所有手续并支付费用，例如：

- 进口许可及过境所需的任何许可；
- 进口及任何过境安检清关；
- 装运前检验；及
- 任何其他官方授权。

CFR（成本加运费）

a）协助出口清关

如适用，应卖方要求并由其承担风险和费用，买方必须协助卖方获取出口国需要的与所有出口清关手续有关的任何单据和/或信息，包括安全要求和装运前检验。

b）进口清关

如适用，买方必须办理任何过境国和进口国要求的所有手续并支付费用，诸如：

- 进口许可证及过境所需的任何许可证；
- 进口及任何过境安检清关；
- 装运前检验；及

- 任何其他官方授权。

CIF（成本、保险费加运费）

a）协助出口清关

如适用，应卖方要求并由其承担风险和费用，买方必须协助卖方获取出口国需要的与所有出口清关手续有关的任何单据和/或信息，包括安全要求和装运前检验。

b）进口清关

如适用，买方必须办理任何过境国和进口国要求的所有手续并支付费用，例如：

- 进口许可证及过境所需的任何许可证；
- 进口及任何过境安检清关；
- 装运前检验；及
- 任何其他官方授权。

A8 查对/包装/标记

EXW（工厂交货）

卖方必须支付为了按照 A2 交货所需的查验操作费用（如查验品质、丈量、计重、点数的费用）。

卖方必须自付费用包装货物，除非该特定贸易运输的所售货物通常无需包装。除非双方已经约定好具体的包装或标记要求，否则，卖方必须以适合该货物运输的方式对货物进行包装和标记。

FCA（货交承运人）

卖方必须支付为了按照 A2 交货所需要进行的查验费用（如查验品质、丈量、计重、点数的费用）。

卖方必须自付费用包装货物，除非该特定贸易的运输的所售货物通常无需包装。除非双方已经约定好具体的包装或标记要求，否则，卖方必须以适合该货物运输的方式对货物进行包装和标记。

CPT（运费付至）

卖方必须支付为了按照 A2 交货所需要进行的查验费用（如查验品质、丈量、计重、点数的费用）。

卖方必须自付费用包装货物，除非该特定贸易运输的所售货物通常无需包装。除非双方已经约定好具体的包装或标记要求，卖方必须以适合该货物运输的方式对货物进行包装和标记。

CIP（运费和保险费付至）

卖方必须支付为了按照 A2 交货所需要进行的查验费用（如查验品质、丈量、计重、点数的费用）。

卖方必须自付费用包装货物，除非该特定贸易运输的所售货物通常无需包装。除非双方已经约定好具体的包装或标记要求，否则，卖方必须以适合该货物运输的方式对货物进行包装和标记。

DAP（目的地交货）

卖方必须支付为了按照 A2 交货所需要进行的查验费用（如查验品质、丈量、计重、点数的费用）。

卖方必须自付费用包装货物，除非该特定贸易运输的所售货物通常无需包装。除非双方已经约定好具体的包装或者标记要求，否则，卖方必须以适合该货物运输的方式对货物进行包装和标记。

DPU（目的地卸货后交货）

卖方必须支付为了按照 A2 交货所需要进行的查验费用（如查验品质、丈量、计重、点数的费用）。

卖方必须自付费用包装货物，除非该特定贸易运输的所售货物通常无需包装，除非双方已经约定具体的包装或标记要求，否则，卖方必须以适合该货物运输的方式对货物进行包装和标记。

DDP（完税后交货）

卖方必须支付为了按照 A2 交货所需要进行的查验费用（如查验品质、丈量、计重、点数的费用）。

卖方必须自付费用包装货物，除非该特定贸易运输的所售货物通常无需包装。除非双方已经约定好具体的包装或者标记要求，否则，卖方必须以适合该货物运输的方式对货物进行包装和标记。

FAS（船边交货）

卖方必须支付为了按照 A2 交货所需要进行的查验费用（如查验品质、丈量、计重、点数的费用）。

卖方必须自付费用包装货物，除非该特定贸易运输的所售货物通常无需包装。除非双方已经约定好具体的包装或标记要求，否则，卖方必须以适合该货物运输的方式对货物进行包装和标记。

FOB（船上交货）

卖方必须支付为了按照 A2 交货所需要进行的查验费用（如查验品质、丈量、计重、点数的费用）。

卖方必须自付费用包装货物，除非该特定贸易运输的所售货物通常无需包装。除非双方已经约定好具体的包装或标记要求，否则，卖方必须以适合该货物运输的方式对货物进行包装和标记。

CFR（成本加运费）

卖方必须支付为了按照 A2 交货所需要进行的查验费用（如查验品质、丈量、计重、点数的费用）。

卖方必须自付费用包装货物，除非该特定贸易运输的所售货物通常无需包装。除非双方已经约定好具体的包装或标记要求，否则，卖方必须以适合该货物运输的方式对货物进行包装和标记。

CIF（成本、保险费加运费）

卖方必须支付为了按照 A2 交货所需要进行的查验费用（如查验品质、丈量、计重、点数的费用）。

卖方必须自付费用包装货物，除非该特定贸易运输的所售货物通常无需包装。除非双方已经约定好具体的包装或标记要求，否则，卖方必须以适合该货物运输的方式对货物进行包装和标记。

B8 查对/包装/标记

EXW（工厂交货）

买方对卖方没有义务。

FCA（货交承运人）

买方对卖方没有义务。

CPT（运费付至）

买方对卖方没有义务。

CIP（运费和保险费付至）

买方对卖方没有义务。

DAP（目的地交货）

买方对卖方没有义务。

DPU（目的地卸货后交货）

买方对卖方没有义务。

DDP（完税后交货）

买方对卖方没有义务。

FAS（船边交货）

买方对卖方没有义务。

FOB（船上交货）

买方对卖方没有义务。

CFR（成本加运费）

买方对卖方没有义务。

CIF（成本、保险费加运费）

买方对卖方没有义务。

A9 费用划分

EXW（工厂交货）

卖方必须支付按照 A2 完成交货前与货物相关的所有费用，按照 B9 应由买方支付的费用除外。

FCA（货交承运人）

卖方必须支付：

a）按照 A2 完成交货前与货物相关的所有费用，按照 B9 应由买方支付的费用除外；

b）按照 A6 向买方提供已经交货的惯常证据的费用；

c）如适用，按照 A7（a）办理出口清关有关的关税、税款和任何其他费用；以及

d）买方为按照 B7（a）提供协助获取单据及信息相关的所有费用和开支。

CPT（运费付至）

卖方必须支付：

a）按照 A2 完成交货前与货物相关的所有费用，按照 B9 应由买方支付的费用除外；

b）按照 A4 所发生的运费和所有其他费用，包括装货费用及与运输有关的安全费用；

c）在约定目的地产生的任何卸货费用，但仅以运输合同规定应由卖方承担此类费用为条件；

d）根据运输合同应由卖方承担的过境费用；

e）按照 A6 向买方提供已经交货的通常证据的费用；

f）如适用，按照 A7（a）办理出口清关有关的关税、税款和任何其他费用；以及

g）买方为按照 B7（a）提供协助获取单据及信息相关的所有费用和开支。

CIP（运费和保险费付至）

卖方必须支付：

a）按照 A2 完成交货前与货物相关的所有费用，按照 B9 应由买方支付的费用除外；

b）按照 A4 所发生的运费和所有其他费用，包括装货费用及与运输有关的安全费用；

c）在约定目的地产生的任何卸货费用，但仅以运输合同规定应由卖方承担此类费用为条件；

d）根据运输合同应由卖方承担的过境费用；

e）按照 A6 向买方提供已经交货的通常证据的费用；

f）按照 A5 产生的保险费用；

g）如适用，按照 A7（a）办理出口清关有关的关税、税款和任何其他费用；以及

h）买方为按照 B7（a）提供协助获取单据及信息相关的所有费用和开支。

DAP（目的地交货）

卖方必须支付：

a）按照 A2 完成交货前与货物及其运输相关的所有费用，按照 B9 应由买方支付的费用除外；

b）在目的地产生的任何卸货费用，但仅以运输合同规定应由卖方承担此类费用为条件；

c）按照 A6 提供交货/运输单据的费用；

d）如适用，按照 A7（a）办理出口和任何过境清关有关的关税、税款和其他费用；以及

e）买方为按照 B5 和 B7（a）提供协助获取单据及信息相关的所有费用和开支。

DPU（目的地卸货后交货）

卖方必须支付：

a）按照 A2 完成交货前与货物及其运输相关的所有费用，按照 B9 应由买方支付的费用除外；

b）按照 A6 提供交货/运输单据的费用；

c）如适用，按照 A7（a）办理出口和任何过境清关有关的关税、税款和任何其他费用；以及

d）买方为按照 B5 和 B7（a）提供协助获取单据及信息相关的所有费用和开支。

DDP（完税后交货）

卖方必须支付：

a）按照 A2 完成交货前与货物及其运输相关的所有费用，按照 B9 应由买方支付的费用除外；

b）在目的地产生的任何卸货费用，但仅以运输合同规定应由卖方承担此类费用为条件；

c）按照 A6 提供交货/运输单据的费用；

d）如适用，按照 A7 办理出口、过境和进口清关有关的关税、税款和其他费用；以及

e）买方为按照 B5 和 B7 提供协助获取单据及信息相关的所有费用和开支。

FAS（船边交货）

卖方必须支付：

a）按照 A2 完成交货之前与货物相关的所有费用，按照 B9 应由买方支付的费用除外；

b）按照 A6 向买方提供已经交货的通常证据的费用；

c）如适用，按照 A7（a）办理出口清关有关的关税、税款和任何其他费用；以及

d）买方为按照 B7（a）提供协助获取单据及信息相关的所有费用和开支。

FOB（船上交货）

卖方必须支付：

a）按照 A2 完成交货之前与货物相关的所有费用，按照 B9 应由买方支付的费用除外；

b）按照 A6 向买方提供已经交货的通常证明的费用；

c）如适用，按照 A7（a）办理出口清关有关的关税、税款和任何其他费用；以及

d）买方为按照 B7（a）提供协助获取单据及信息相关的

所有费用和开支。

CFR（成本加运费）

卖方必须支付：

a）按照 A2 完成交货之前与货物相关的所有费用，按照 B9 应由买方支付的费用除外；

b）按照 A4 所发生的运费和所有其他费用，包括货物装船费用及与运输相关的安全费用；

c）根据运输合同规定应由卖方承担的在约定卸货港产生的任何卸货费用；

d）根据运输合同应由卖方承担的过境费用；

e）按照 A6 向买方提供已经交货的通常证据的费用；

f）如适用，按照 A7（a）办理出口清关有关的关税、税款和任何其他费用；以及

g）买方为按照 B7（a）提供协助获取单据及信息相关的所有费用和开支。

CIF（成本、保险费加运费）

卖方必须支付：

a）按照 A2 完成交货之前与货物相关的所有费用，按照 B9 应由买方支付的费用除外；

b）按照 A4 所发生的运费和所有其他费用，包括货物装船费用及与运输相关的安全费用；

c）根据运输合同规定应由卖方承担的在约定卸货港产生的任何卸货费用；

d）根据运输合同应由卖方承担的过境费用；

e）按照 A6 向买方提供已经交货的通常证据的费用；

f）按照 A5 产生的保险费用；

g）如适用，按照 A7（a）办理出口清关有关的关税、税款和任何其他费用；以及

h）买方为按照 B7（a）提供协助获取单据及信息相关的所有费用和开支。

B9 费用划分

EXW（工厂交货）

买方必须：

a）支付按照 A2 完成交货之时起与货物有关的所有费用；

b）偿付卖方为按照 A4、A5，或 A7 提供协助或信息而产生的所有费用和开支；

c）如适用，支付货物出口应缴纳的所有关税、税款和其他费用，以及办理出口清关手续而产生的费用；

d）支付因买方未提取已交由其处置的货物或未按照 B10 发出适当通知而产生的额外费用，但以该货物已被清楚地确定为合同项下货物为前提条件。

FCA（货交承运人）

买方必须支付：

a）按照 A2 完成交货之时起与货物有关的所有费用，按照 A9 应由卖方支付的费用除外；

b）卖方为按照 A4、A5、A6 及 A7（b）提供协助获取单据及信息相关的所有费用和开支；

c）如适用，按照 B7（b）办理过境或进口清关有关的关税、税款和任何其他费用；以及

d）由于以下原因之一产生的任何额外费用：

（i）买方未按照 B10 指定承运人或其他人；或

（ii）按照 B10 由买方指定的承运人或其他人未接管货物；

但以该货物已被清楚地确定为合同项下货物为前提条件。

CPT（运费付至）

买方必须支付：

a）按照 A2 完成交货之时起与货物有关的所有费用，按照 A9 应由卖方支付的费用除外；

b）过境费用，除非根据运输合同该项费用应由卖方承担；

c）卸货费用，除非根据运输合同该项费用应由卖方承担；

d）卖方为按照 A5 和 A7（b）提供协助获取单据及信息相

关的所有费用和开支。

e）如适用，按照 B7（b）办理过境或进口清关有关的关税、税款和任何其他费用；以及

f）由于未按照 B10 发出通知而产生的自约定交货日期或自约定交货期限届满之时起的任何额外费用，但以该货物已清楚地确定为合同项下货物为前提条件。

CIP（运费和保险费付至）

买方必须支付：

a）按照 A2 完成交货之时起与货物有关的所有费用，按照 A9 应由卖方支付的费用除外；

b）过境费用，除非根据运输合同该项费用应由卖方承担；

c）卸货费用，除非根据运输合同该项费用应由卖方承担；

d）应买方要求，按照 A5 和 B5 投保附加险所发生的费用；

e）卖方为按照 A5 和 A7（b）提供协助获取单据及信息相关的所有费用和开支；

f）如适用，按照 B7（b）办理过境或进口清关有关的关税、税款和任何其他费用；以及

g）由于未按照 B10 发出通知而产生的自约定交货日期或自约定交货期限届满之时起的任何额外费用，但以该货物已清楚地确定为合同项下货物为前提条件。

DAP（目的地交货）

买方必须支付：

a）按照 A2 完成交货之时起与货物相关的所有费用；

b）在指定目的地从抵达的运输工具上提取货物所必需的所有卸货费用，除非根据运输合同该费用应由卖方承担；

c）卖方为按照 A7（b）提供协助获取单据及信息相关的所有费用和开支；

d）如适用，按照 B7（b）办理进口清关有关的关税、税款和任何其他费用；以及

e）如买方未按照 B7 履行义务或未按照 B10 发出通知，导致卖方发生的任何额外费用，但以该货物已清楚地确定为合

同项下货物为前提条件。

DPU（目的地卸货后交货）

买方必须支付：

a）按照 A2 完成交货之时起与货物相关的所有费用；

b）卖方为按照 A7（b）提供协助获取单据及信息相关的所有费用和开支；

c）如适用，按照 B7（b）办理进口清关有关的关税、税款和任何其他费用；以及

d）如买方未按照 B7 履行合同义务或未按照 B10 发出通知，导致卖方发生的任何额外费用，但以该货物已清楚地确定为合同项下货物为前提条件。

DDP（完税后交货）

买方必须支付：

a）按照 A2 完成交货之时起与货物相关的所有费用；

b）在指定目的地从抵达运输工具上提取货物所必需的所有卸货费用，除非根据运输合同该费用应由卖方承担；以及

c）如买方未按照 B7 履行义务或未按照 B10 发出通知，导致卖方发生的任何额外费用，但以该货物已清楚地确定为合同项下货物为前提条件。

FAS（船边交货）

买方必须支付：

a）按照 A2 完成交货之时起与货物相关的所有费用，按照 A9 应由卖方支付的费用除外；

b）卖方为按照 A4、A5、A6 和 A7（b）提供协助获取单据及信息相关的所有费用和开支；

c）如适用，按照 B7（b）办理过境或进口清关有关的关税、税款和任何其他费用；以及

d）由于以下原因之一发生的任何额外费用：

（i）买方未按照 B10 发出通知；或

（ii）买方按照 B10 指定的船舶未准时到达、未提取货物或

早于 B10 通知的时间停止装货。

但以该货物已清楚地确定为合同项下货物为前提条件。

FOB（船上交货）

买方必须支付：

a）按照 A2 完成交货之时起与货物相关的所有费用，按照 A9 应由卖方支付的费用除外；

b）卖方为按照 A4、A5、A6 和 A7（b）协助获取单据及信息相关的所有费用和开支；

c）如适用，按照 B7（b）办理过境或进口清关有关的关税、税款和任何其他费用；以及

d）由于以下原因之一发生的任何额外费用：

（i）买方未按照 B10 发出通知；或

（ii）买方按照 B10 指定的船舶未准时到达、未提取货物或早于 B10 通知的时间停止装货；

但以该货物已清楚地确定为合同项下货物为前提条件。

CFR（成本加运费）

买方必须支付：

a）按照 A2 完成交货之时起与货物相关的所有费用，按照 A9 应由卖方支付的费用除外；

b）过境费用，除非根据运输合同该项费用应由卖方承担；

c）包括驳运费和码头费在内的卸货费用，除非根据运输合同该项费用应由卖方承担；

d）卖方为按照 A5 及 A7（b）提供协助获取单据及信息相关的所有费用和开支；

e）如适用，按照 B7（b）办理过境或进口清关有关的关税、税款和任何其他费用；以及

f）由于未按照 B10 发出通知而产生的自约定交货日期或自约定交货期限届满之时起的任何额外费用，但以该货物已清楚地确定为合同项下货物为前提条件。

CIF（成本、保险费加运费）

买方必须支付：

a）按照 A2 完成交货之时起与货物相关的所有费用，按照 A9 应由卖方支付的费用除外；

b）过境费用，除非根据运输合同该项费用应由卖方承担；

c）包括驳运费和码头费在内的卸货费用，除非根据运输合同该项费用应由卖方承担；

d）应买方要求，按照 A5 和 B5 投保附加险所发生的费用；

e）卖方为按照 A5 及 A7（b）提供协助获取单据及信息相关的所有费用和开支；

f）如适用，按照 B7（b）办理过境或进口清关有关的关税、税款和任何其他费用；以及

g）由于未按照 B10 发出通知而产生的自约定交货日期或自约定交货期限届满之时起的任何额外费用，但以该货物已清楚地确定为合同项下货物为前提条件。

A10 通知

EXW（工厂交货）

卖方必须向买方发出为买方提取货物所需的任何通知。

FCA（货交承运人）

卖方必须就其已按照 A2 完成交货或者买方指定的承运人或其他人未在约定期限内提货的情况给予买方充分通知。

CPT（运费付至）

卖方必须向买方发出已按照 A2 完成交货的通知。

卖方必须向买方发出任何所需通知以便买方收取货物。

CIP（运费和保险费付至）

卖方必须向买方发出已按照 A2 完成交货的通知。

卖方必须向买方发出任何所需通知以便买方收取货物。

DAP（目的地交货）

卖方必须向买方发出买方收取货物所需的任何通知。

DPU（目的地卸货后交货）

卖方必须向买方发出买方收取货物所需的任何通知。

DDP（完税后交货）

卖方必须向买方发出买方收取货物所需的任何通知。

FAS（船边交货）

卖方必须就其已按照 A2 完成交货或船舶未在约定时间内提货给予买方充分通知。

FOB（船上交货）

卖方必须就其已按照 A2 完成交货或船舶未在约定时间内提货，给予买方充分通知。

CFR（成本加运费）

卖方必须向买方发出已按照 A2 完成交货的通知。

卖方必须向买方发出买方收取货物所需任何通知以便买方收取货物。

CIF（成本、保险费加运费）

卖方必须向买方发出已按照 A2 完成交货的通知。

卖方必须向买方发出买方收取货物任何所需的通知以便使买方收取货物。

B10 通知

EXW（工厂交货）

无论何时根据约定，当买方有权决定在约定交货期限内的时间和/或在指定地点的提货点时，买方必须给予卖方充分通知。

FCA（货交承运人）

买方必须通知卖方：

a）指定的承运人或其他人的名称，该通知应留出充分时间，以便卖方能按照 A2 完成交货；

b）在约定交货期限内所选择的由指定的承运人或其他人收取货物的时间（如有）；

c）指定的承运人或其他人使用的运输方式，包括任何与运输有关的安全要求；以及

d）在指定交货地的收货点。

CPT（运费付至）

无论何时根据约定，当买方有权决定发货时间和/或指定目的地的收货点时，买方必须给予卖方充分通知。

CIP（运费和保险费付至）

无论何时根据约定，买方有权决定发货时间和/或指定目

的地的收货点时，买方必须给予卖方充分通知。

DAP（目的地交货）

无论何时根据约定，当买方有权决定约定期限内的时间和/或指定目的地的提货点时，买方必须给予卖方充分通知。

DPU（目的地卸货后交货）

无论何时根据约定，当买方有权决定约定期限内的时间和/或指定目的地的提货点时，买方必须给予卖方充分通知。

DDP（完税后交货）

无论何时根据约定，当买方有权决定约定期限内的时间和/或指定目的地的提货点时，买方必须给予卖方充分通知。

FAS（船边交货）

买方必须就任何运输相关的安全要求、船舶名称、装货点以及约定期限内所选择的交货时间(如有)给予卖方充分通知。

FOB（船上交货）

买方必须就任何与运输相关的安全要求、船舶的名称、装货点以及约定期限内所选择的交货时间（如有）给予卖方充分通知。

CFR（成本加运费）

无论何时根据约定，买方有权决定运输时间和/或指定目的港的收货点，买方必须给予卖方充分通知。

CIF（成本、保险费加运费）

无论何时根据约定，买方有权决定运输时间和/或指定目的港的收货点，买方必须给予卖方充分通知。

Incoterms® 2020 起草小组

Incoterms® 2020 规则由国际商会选定的专家组起草，起草过程中广泛征询了包括国际商会国家委员会在内的更广泛的全球国际商会组织的意见。咨询程序具有广泛的区域和行业代表性，以确保 Incoterms® 2020 规则能反映国际贸易现状，并对各区域的商业需求作出响应。

联合主席与特别顾问

戴维·罗威（联合主席）

Incoterms® 2020 规则起草组的全球联合主席。曾任 Incoterms® 2010 起草组成员。目前任英国国际商会商法与惯例委员会主席。

高林睿阁（Gowling WLG）国际律师事务所的国际商务团队的负责人，工作领域主要为进出口商提供国际供应链和市场开拓咨询。

克里斯托福·马丁·拉德科（联合主席）

拥有法国及德国律师资格。法国 FIDUCIAL LEGAL by LAMY 律师事务所合伙人，领导该律师事务所的国际贸易业务团队。仲裁法、国际法及欧盟法领域的公认专家。

拉德科先生的业务范围涵盖国际贸易法、国际货物销售、代理与经销、欧盟法、法国与德国商法、国际仲裁以及国际诉讼。在众多的国际商会及其他国际机构的仲裁程序中，拉德科先生是一位表现活跃并且经验丰富的仲裁员，经常在仲裁庭及调解程序中担任代理人。

现任国际商会法国国家委员会商法与惯例委员会主席、国际商会法国国家委员会仲裁委员会成员及法德工商会仲裁中心成员。国际商会商法与惯例委员会及多个工作组的成员，也是多部国际商会合同模板、手册及指南的联合作者。曾担任 Incoterms® 2010 规则起草组联合主席。

查尔斯・德巴提斯塔（特别顾问）

36 Stone 律师公会法律顾问及仲裁员。36 stone 是一家集航运、国家贸易及仲裁于一身的公司，其总部位于伦敦格雷律师学院（Gray's Inn）。查尔斯大部分时间在英国法院、英国及其他国家的仲裁庭担任出庭代理人，还是包括国际商会在内许多机构的仲裁员。其专业特长是国际贸易，包括适用于不同版本 Incoterms®规则的销售以及信用证、提单、租船提单，并在这些领域出版发表了许多书籍及文章。早年是南安普顿大学的商法教授，曾担任 Incoterms® 2000 的起草组主席，Incoterms® 2010 规则起草组的联合主席；同时还是审查 Incoterms® 2020 规则起草的国际商会特别顾问，担任国际商会商法及惯例委员会副主席多年。

起草组成员

俄库门特・俄尔丹门

博士，教授，Erdem & Erdem 的创始人及高级合伙人。在仲裁、国际商法、竞争及反垄断法、兼并及并购、私有化及公司金融领域拥有逾 30 年的经验。为包括能源、建筑、金融、零售、不动产、航空、医疗保健及保险等各行业的国际及国内客户提供服务。

曾在不同规则下的许多国际及国内仲裁机构，如国际商会仲裁机构、瑞士仲裁机构、莫斯科仲裁机构、联合国贸易法委员会仲裁机构、德黑兰仲裁机构及临时仲裁等担任主席及独立或指定仲裁员，并且在该领域享誉盛名。

在土耳其加拉塔萨雷大学及瑞士弗里堡大学等知名大学作为商法教授授课。拥有 30 多年的学术研究经验，研究领域包括仲裁、国际商法、竞争及反垄断、兼并及并购、公司法等。

长期以来是商法与惯例委员会的活跃成员，在 2010 年担任副主席及 2016 年担任联合主席之前，曾经多年参与众多工作组的工作。他领导工作组制定了首个国际商会服务合同模板，并于 2017 年出版。此外，还是 Incoterms® 2000 起草组的成员。经常就国际贸易术语提供培训，撰写文章和书籍。还将 Incoterms® 2000 及 Incoterms® 2010 规则翻译成土耳其语。

国际律师协会成员、伊斯坦布尔律师协会成员、国际商会商法与惯例委员会联合主席及国际商会仲裁委员会成员、国际商会仲裁庭成员、国际商会机构法律顾问、国际商会土耳其国家委员会仲裁机构成员、伊斯坦布尔仲裁中心及瑞士仲裁协会成员。被《法律 500 强》（Legal 500）评选为争端解决的领军人物之一。

简宝珠

国际贸易专家，国籍中国。

布嘉德 · 皮尔兹

教授，具有多年律师从业经历。在 2014 年作为合伙人加入 Ahlers & Vogel 之前，为一家德国的跨区域律师事务所的创始合伙人。

专业特长是国际商务，尤其是国际贸易

及相关交易（《联合国国际货物销售合同公约》、《国际贸易术语解释通则》、国际分销等），并在国际商法领域作为法律顾问及仲裁员展开法律事务实践。

位于布宜诺斯艾利斯、由德国–阿根廷商会建立的仲裁中心的总裁，位于汉堡、欧洲–拉丁美洲仲裁协会执行委员会的主席。此外，任国际分销学院德国国家专家及德国律师联邦商会建立的欧洲合同法委员会主席。自 2001 年起担任国际律师协会总裁的顾问，并教授国际私法及国际销售法，在 1997 年获任荣誉教授。

弗兰克·雷诺兹

总部位于美国的国际贸易与咨询公司 International Projects, Inc. 总裁。除代表美国参与 Incoterms® 2000、Incoterms® 2010 规则和 Incoterms® 2020 规则的修订之外，还编写及合著了共 17 本关于国际贸易等多个领域的书籍。此外，为 *Journal of Commerce*、*the Exporter* 和国际商会的 *Documentary Credit Insight* 等国际刊物撰写了 300 多篇专栏文章。

在美国全国就国际贸易术语解释通则、跟单信用证、美国自由贸易协定，进出口程序和协调体系等多个贸易相关主题授课已超过 30 年。曾在美国商务部地区出口委员会任职 22 年，其公司获得商务部 E andE–Star 卓越出口服务奖。持有美国国土安全部海关边境保护局的海关经纪人执照。

鲍勃（罗伯特）·罗奈

从事进出口行业长达 50 多年，最初从事国际银行业务，之后为国际商务。1989 年，设立了自己的企业，以独立顾问和教育者的身份协助进出口商的业务“后勤”工作。已经直接控制和协调了世界各地数以万计的各类产品运输。

持有澳大利亚出口研究所颁发的出口管理证书（1977 年），

且是伦敦银行金融研究所的跟单信用证认证专家（CDCS）、澳大利亚出口与国际商会（澳大利亚）成员。

提供各类有关国际贸易的教育和培训长达 20 多年，特别是在信用证和国际贸易术语两个方面，主要通过在澳大利亚、新加坡、中国香港、仰光、维也纳和布拉格，以在教育组织、政府部门、行业机构、各大银行、公司举办研讨会、讲座和演讲以及个人研讨会的方式举行。

国际商会秘书处

艾米莉·欧康纳

国际商会贸易与投资多边规则部主任，负责统筹 Incoterms® 2020 规则的编写。从哥伦比亚大学法学院毕业后，首先担任美国国务卿马德琳·奥尔布赖特的法律顾问，后在纽约的 Debevoise & Plimpton 律师事务所从事国际公司法业务。于 2006 年加入国际商会巴黎秘书处。

弗洛伦丝·宾塔·迪奥–盖伊

拥有巴黎政治科学院国际安全硕士学位，专攻非洲研究、国防和安全经济学。重点关注非法贸易，冲突后的重建和发展。2016 年取得巴黎笛卡尔大学国际法硕士学位。2016 年加入国际商会秘书处，参与国际商会竞争委员会和国际商会商法与惯例委员会的工作，累积了大量关于国际商法和国际公法的知识。除协助 Incoterms® 2020 规则起草组工作外，还参与编撰《国际商会宽大指南》《ICC–ECCO 国际抵消合同指南》等出版物。最近参与了在发展中国家发起的关于可持续投资便利化的国际商会项目，以促进国际和区域内贸易发展。

Incoterms®

2020 by the International Chamber of Commerce (ICC)

ICC RULES
FOR THE USE
OF DOMESTIC AND
INTERNATIONAL
TRADE TERMS

ICC INTERNATIONAL CHAMBER OF COMMERCE
The world business organization

Incoterms® 2020
ICC rules for the use of domestic and international trade terms

ICC Services
Publications Department
33-43 avenue du Président Wilson
75116 Paris, France

The English language version of the publication provides the official text of the rules.

ICC Publication: 723E
ISBN: 978-92-842-0510-3

Foreword

By John W.H. Denton, AO, ICC Secretary General

The growth of the global economy has given most businesses greater access than ever before to markets all over the world. Goods are sold today in more countries, in larger quantities, in greater variety, and at a faster pace as a result. But as both the volume and complexity of global trade increase, so do possibilities for misunderstandings and costly disputes when sale contracts are not adequately drafted.

The ICC Incoterms® rules on the use of domestic and international trade terms address this risk by facilitating the conduct of global trade. Reference to an Incoterms® 2020 rule in a contract for the sale of goods clearly defines the parties' respective obligations regarding topics such as risk, cost and arrangement of transport and customs clearance, thereby reducing the potential for legal complications.

Since ICC first codified a set of standard trading terms as the Incoterms® rules in 1936, this globally accepted contractual standard has been updated periodically to reflect the evolution of international trade. The Incoterms® 2020 rules take account of the increased attention to security in the movement of goods, the need for flexibility in insurance coverage depending on the nature of goods and transport, and the call by banks for an on-board bill of lading in certain financed sales under the FCA rule.

Incoterms® 2020 also offers a simpler and clearer presentation of all the rules, featuring revised language, an expanded introduction and explanatory notes, and articles reordered to better reflect the logic of a sale transaction. *Incoterms® 2020* is also the first version of ICC's Incoterms® rules to include a 'horizontal' presentation, grouping all like articles together and allowing users to clearly see differences in treatment of particular issues across the 11 Incoterms® rules.

ICC's deep expertise in commercial law—drawn from a global membership representing all trade sectors and companies of all sizes —ensures that *Incoterms® 2020* responds to business needs everywhere.

ICC would like to express its gratitude to the members of the drafting group from the ICC Commission on Commercial Law and Practice for their contributions to *Incoterms® 2020*. The working group comprised David Lowe (Co-Chair, UK), Christoph Martin Radtke (Co-Chair, France), Charles Debattista (Special Advisor, UK), Ercüment Erdem (Turkey), Virginie Jan (Jian Baozhu (China)), Burghard Piltz (Germany), Frank Reynolds (US), and Bob Ronai (Australia). We also thank Asko Räty (Finland) for his assistance with the images depicting the 11 rules.

Our appreciation is also due to Emily O'Connor (Director, Multilateral Rules for Trade and Investment, ICC) and Florence Binta Diao-Gueye (Commission on Commercial Law and Practice, ICC).

Contents

Introduction to *Incoterms® 2020*

1. The purpose of the text of this Introduction is fourfold:

- to explain what the Incoterms® 2020 rules do and do NOT do and how they are best incorporated;
- to set out the important fundamentals of the Incoterms® rules: the basic roles and responsibilities of seller and buyer, delivery, risk, and the relationship between the Incoterms® rules and the contracts surrounding a typical contract of sale for export/import and also, where appropriate, for domestic sales;
- to explain how best to choose the right Incoterms® rule for the particular sale contract; and
- to set out the central changes between *Incoterms® 2010* and *Incoterms® 2020*.

2. The Introduction follows this structure:

I. What the Incoterms® rules do
II. What the Incoterms® rules do NOT do
III. How best to incorporate the Incoterms® rules
IV. Delivery, risk and costs in the Incoterms® 2020 rules
V. Incoterms® 2020 rules and the carrier
VI. Rules for the contract of sale and their relationship to other contracts
VII. The eleven Incoterms® 2020 rules—"sea and inland waterway" and "any mode(s) of transport": getting it right
VIII. Order within the Incoterms® 2020 rules
IX. Differences between *Incoterms® 2010* and *Incoterms® 2020*
X. Caution with variants of Incoterms® rules

3. This Introduction gives guidance on the use of, and about the fundamental principles behind, the Incoterms® 2020 rules.

I. WHAT THE INCOTERMS® RULES DO

4. The Incoterms® rules explain a set of eleven of the most commonly-used three-letter trade terms, e.g. CIF, DAP, etc., reflecting business-to-business practice in contracts for the sale and purchase of goods.

5. The Incoterms® rules describe:

- *Obligations*: Who does what as between seller and buyer, e.g. who organises carriage or insurance of the goods or who obtains shipping documents and export or import licences;
- *Risk*: Where and when the seller "delivers" the goods, in other words where risk transfers from seller to buyer; and
- *Costs*: Which party is responsible for which costs, for example transport, packaging, loading or unloading costs, and checking or security-related costs.

The Incoterms® rules cover these areas in a set of ten articles, numbered A1/B1 etc., the A articles representing the seller's obligations and the B articles representing the buyer's obligations. See paragraph 53 below.

II. WHAT THE INCOTERMS® RULES DO NOT DO

6. The Incoterms® rules are NOT in themselves—and are therefore no substitute for—a contract of sale. They are devised to reflect trade practice for no particular *type* of goods—and for *any*. They can be used as much for the trading of a bulk cargo of iron ore as for five containers of electronic equipment or ten pallets of airfreighted fresh flowers.

7. The Incoterms® rules do NOT deal with the following matters:

- whether there is a contract of sale at all;
- the specifications of the goods sold;
- the time, place, method or currency of payment of the price;
- the remedies which can be sought for breach of the contract of sale;
- most consequences of delay and other breaches in the performance of contractual obligations;
- the effect of sanctions;
- the imposition of tariffs;
- export or import prohibitions;
- force majeure or hardship;
- intellectual property rights; or
- the method, venue, or law of dispute resolution in case of such breach.

Perhaps most importantly, it must be stressed that the Incoterms® rules do NOT deal with the transfer of property/title/ownership of the goods sold.

8. These are matters for which the parties need to make specific provision in their contract of sale. Failure to do so is likely to cause problems later if disputes arise about performance and breach. In essence, the Incoterms® 2020 rules are *not* themselves a contract of sale: they only become *part* of that contract when they are incorporated into a contract which already exists. Neither do the Incoterms® rules provide the law applicable to the contract. There may be legal regimes which apply to the contract, whether international, like the Convention on the International Sale of Goods (CISG);
or domestic mandatory law relating, for example, to health and safety or the environment.

III. HOW BEST TO INCORPORATE THE INCOTERMS® RULES

9. If parties want the Incoterms® 2020 rules to apply to their contract, the safest way to ensure this is to make that intention clear in their contract, through words such as

> "[the chosen Incoterms® rule] [named port, place or point] Incoterms® 2020".

10. Thus, for example,
CIF Shanghai Incoterms® 2020, or
DAP No 123, ABC Street, Importland Incoterms® 2020.

11. Leaving the year out could cause problems that may be difficult to resolve. The parties, a judge or an arbitrator need to be able to determine which version of the Incoterms® rules applies to the contract.

12. The place named next to the chosen Incoterms® rule is even more important:

- in all Incoterms® rules except the C rules, the named place indicates where the goods are "delivered", i.e. where risk transfers from seller to buyer;
- in the D rules, the named place is the place of delivery and also the place of destination and the seller must organise carriage to that point;
- in the C rules, the named place indicates the destination to which the seller must organise and pay for the carriage of the goods, which is not, however, the place or port of delivery.

13. Thus, an FOB sale raising doubt about the port of shipment leaves both parties uncertain as to where the buyer must present the ship to the seller for the shipment and the transport of the goods—and as to where the seller must deliver the goods on board so as to transfer risk in the goods from seller to buyer. Again, a CPT contract with an unclear named destination will leave both parties in doubt as to the point to which the seller must contract and pay for the transport of the goods.

14. It is best to avoid these types of issues by being as geographically specific as possible in naming the port, place or point, as the case may be, in the chosen Incoterms® rule.

15. When incorporating a particular Incoterms® 2020 rule into a sale contract, it is not necessary to use the trademark symbol. For further guidance on trademark and copyright, please refer to https://iccwbo.org/incoterms-copyright/.

IV. DELIVERY, RISK AND COSTS IN THE INCOTERMS® 2020 RULES

16. A named place or port attached to the three letters, e.g. CIP Las Vegas or CIF Los Angeles, then, is critical in the workings of the Incoterms® 2020 rules. Depending on which Incoterms® 2020 rule is chosen, that place will identify either the place or port at which the goods are considered to have been "delivered" by the seller to the buyer, the place of "delivery", or the place or port to which the seller must organise the carriage of the goods, i.e. their destination; or, in the case of the D rules, both.

17. In all Incoterms® 2020 rules, A2 will define the place or port of "delivery"—and that place or port is closest to the seller in EXW and FCA (seller's premises) and closest to the buyer in DAP, DPU and DDP.

18. The place or port of delivery identified by A2 is critical both for risk and for costs.

19. The place or port of delivery under A2 marks the place at which risk transfers from seller to buyer under A3. It is at that place or port that the seller performs its obligation to provide the goods under the contract as reflected in A1 such that the buyer cannot recover against the seller for the loss of or damage to the goods occurring after that point has passed.

20. The place or port of delivery under A2 also marks the central point under A9 which allocates costs to seller and buyer. In broad terms, A9 allocates costs before the point of delivery to the seller and costs after that point to the buyer.

Delivery points

Extremes and in-betweens: the four traditional Incoterms® rules groups

21. Versions of the Incoterms® rules before 2010 traditionally grouped the rules into four, namely E, F, C and D, with E and D lying at extreme poles from each other in terms of the point of delivery and the F and C rules lying in between. While the Incoterms® rules have, since 2010, been grouped according to the means of transport used, the old groupings are still helpful in understanding the point of delivery. Thus, the delivery point in EXW is an agreed point for collection of the goods by the buyer, whatever the destination to which the buyer will take them. At the other extreme in DAP, DPU and DDP, the delivery point is the same as the destination point to which the seller or its carrier will carry the goods. In the first, EXW, risk transfers before the transport cycle even starts; in the second, the D rules, risk transfers very late in that cycle. Again, in the first, EXW and, for that matter, FCA (seller's premises), the seller performs its obligation to deliver the goods whether or not they actually arrive at their destination. In the second, the seller performs its obligation to deliver the goods only if they actually arrive at their destination.

22. The two rules at the extreme ends of the Incoterms® rules are EXW and DDP. However, traders should consider alternative rules to these two for their international contracts. Thus, with EXW the seller has to merely put the goods at the buyer's disposal. This may cause problems for the seller and the buyer, respectively, with loading and export clearance. The seller would be better advised to sell under the FCA rule. Likewise, with DDP, the seller owes some obligations to the buyer which can only be performed within the buyer's country, for example obtaining import clearance. It may be physically or legally difficult for the seller to carry out those obligations within the buyer's country and a seller would therefore be better advised to consider selling goods in such circumstances under the DAP or DPU rules.

23. Between the two extremes of E and D rules, there lie the three F rules (FCA, FAS and FOB), and the four C rules (CPT, CIP, CFR and CIF).

24. With all seven F and C rules, the place of delivery is on the seller's side of the anticipated carriage: consequently sales using these Incoterms® rules are often called "shipment" sales. Delivery occurs, for example,

a) when the goods are placed on board the vessel at the port of loading in CFR, CIF and FOB; or

b) by handing the goods over to the carrier in CPT and CIP; or

c) by loading them on the means of transport provided by the buyer or placing them at the disposal of the buyer's carrier in FCA.

In the F and C groups, risk transfers at the seller's end of the main carriage such that the seller will have performed its obligation to deliver the goods whether or not the goods actually arrive at their destination. This feature, of being shipment sales with delivery happening at the seller's end early in the transit cycle, is common to the F and the C rules, whether they are the maritime Incoterms® rules or the Incoterms® rules intended for any mode[s] of transport.

25. The F and the C rules do, however, differ as to whether it is the seller or buyer who contracts for or arranges the carriage of the goods beyond the place or port of delivery. In the F rules, it is the buyer who makes such arrangements, unless the parties agree otherwise. In the C rules, this obligation falls to the seller.

26. Given that a seller on any of the C rules contracts for or arranges the carriage of the goods beyond delivery, the parties need to know what the destination is to which it must arrange carriage—and *that* is the place attached to the name of the Incoterms® rule, e.g. "CIF the port of Dalian" or "CIP the inland city of Shenyang". Whatever that named destination is, that place is not and never becomes the place of delivery. Risk will have transferred on shipment or on handing over the goods at the place of delivery, but the contract of carriage must have been made by the seller for the named destination. Delivery and destination, then, in the C rules, are necessarily not the same place.

V. INCOTERMS® 2020 RULES AND THE CARRIER

27. In the F and the C rules, placing the goods, for example, on board the vessel or handing them over to, or placing them at the disposal of, the carrier marks the point at which the goods are "delivered" by the seller to the buyer. Therefore this is the point at which risk transfers from the seller to the buyer.

28. Given those two important consequences, it becomes essential to identify who the carrier is where there is more than one carrier, each carrying out a separate leg of transport, for instance by road, rail, air or sea. Of course, where the seller has taken the far more prudent course of making one contract of carriage with one carrier taking responsibility for the entire carriage chain, in a so-called "through" contract of carriage, the problem does not arise. However, where there is no such "through" carriage contract, the goods could be handed over (where the CIP or CPT rules are used) to a road-haulier or rail company for onward transmission to a sea carrier. The same situation *may* arise with exclusively maritime transport where, for example, the goods are first handed over to a river or feeder short-sea carrier for onward transmission to an ocean carrier.

29. In these situations, when does the seller "deliver" the goods to the buyer: when it hands the goods over to the first, second or third carrier?

30. Before we answer that question, a preliminary point. While in most cases the carrier will be an independent third party engaged under a contract of carriage by either the seller or the buyer (depending on whether the parties have chosen a C Incoterms® rule or an F Incoterms® rule), there are situations where no such independent third party is engaged at all because the seller or the buyer itself will carry the goods sold. This is more likely to happen in the D rules (DAP, DPU and DDP), where the seller may use its own means of transport to carry the goods to the buyer at the delivery destination. Provision has therefore been made in the Incoterms® 2020 rules for a seller under the D rules either to *contract for* carriage or to *arrange for* carriage, that is to say through its own means of transport: see A4.

31. The question asked at paragraph 29 above is not simply a "carriage" question: it is an important "sale" question. The question is not which carrier can a seller or buyer of goods damaged in transit sue under the contract of carriage. The "sale" question is: where there is more than one carrier involved in the carriage of the goods from seller to buyer, at which point in the carriage string does the handing over of the goods mark the point of delivery and the transfer of risk *as between seller and buyer*?

32. There needs to be a simple answer to this question because the relationships between the multiple carriers used, and between the seller and/or the buyer with those several carriers, will be complex, depending as they do on the terms of a number of separate contracts of carriage. Thus, for example, in any such chain of contracts of carriage, one carrier, such as a carrier actually performing a leg of the transit by road, may well act as the seller's agent in concluding a contract of carriage with a carrier by sea.

33. The Incoterms® 2020 rules give a clear answer to this question where the parties contract on FCA. In FCA, the relevant carrier is the carrier nominated by the buyer to whom the seller hands over the goods at the place or point agreed in the contract of sale. Thus even if a seller engages a road haulier to take the goods to the agreed delivery point, risk would transfer not at the place and time where the seller hands the goods over to the haulier engaged by the seller, but at the place and time where the goods are placed at the disposal of the carrier engaged by the buyer. This is why the naming of the place or point of delivery as precisely as possible is so important in FCA sales. The same situation can arise in FOB if a seller engages a feeder vessel or barge to take the goods to the vessel engaged by the buyer. A similar answer is provided by *Incoterms® 2020*: delivery occurs when the goods are placed on board the buyer's carrier.

34. With the C rules, the position is more complex and may well attract different solutions under different legal systems. In CPT and CIP, the relevant carrier is likely to be regarded, at any rate in some jurisdictions, as the first carrier to whom the seller hands over the goods under A2 (unless the parties have agreed on the point of delivery). The buyer knows nothing of the contractual arrangements made between the seller and the first or subsequent carriers, or indeed between that first carrier and subsequent carriers. What the buyer does know, however, is that the goods are "in transit" to him or her—and that "transit" starts as far as the buyer knows, when the goods are put by the seller into the hands of the first carrier. The consequence is that risk transfers from seller to buyer at that early stage of "delivery" to the first carrier. The same situation can arise in CFR and CIF if a seller engages a feeder vessel or barge to take the goods to the agreed port of shipment, if any. A similar answer might be suggested in some legal systems: delivery occurs when the goods are placed on board the vessel at the agreed port of shipment, if any.

35. Such a conclusion, if adopted, may seem harsh on the buyer. Risk would transfer from seller to buyer in CPT and CIP sales when the goods are handed over to the first carrier. The buyer does not know at that stage whether or not that first carrier is responsible for loss of or damage to the goods under the relevant carriage contract. The buyer is not a party to that contract, has no control over it and will not know its terms. Yet, despite this, the buyer would end up bearing the risk in the goods from the very earliest moment of handing over, possibly without recovery against that first carrier.

36. While the buyer would end up bearing the risk of loss of or damage to the goods at an early stage of the transport chain, it would, on this view however, have a remedy against the seller. A2/A3 do not operate in a vacuum: under A4, the seller must contract for the carriage of the goods "from the agreed point of delivery, if any, at the place of delivery to the named place of destination or, if agreed, any point at that place." Even if risk has transferred to the buyer at the time the goods were handed over to the first carrier under A2/A3, if that first carrier does not undertake responsibility under its contract of carriage for the through carriage of the goods to the named destination, the seller, on this view, would remain liable to the buyer under A4. In essence, the seller should make a contract of carriage to the destination named under the contract of sale.

VI. RULES FOR THE CONTRACT OF SALE AND THEIR RELATIONSHIP TO OTHER CONTRACTS

37. This discussion of the role of the carrier in the delivery of the goods as between the seller and the buyer in the C and F Incoterms® rules raises the question: what role do the Incoterms® rules play in the contract of carriage, or, indeed, in any of the other contracts typically surrounding an export contract, for example an insurance contract or a letter of credit?

38. The short answer is that the Incoterms® rules do not form part of those other contracts: where incorporated, the Incoterms® rules apply to and govern *only* certain aspects of the contract of sale.

39. This is not the same as saying, however, that the Incoterms® rules have no *impact* on those other contracts. Goods are exported and imported through a network of contracts that, in an ideal world, should match the one with the other. Thus, the sale contract, for example, will require the tender of a transport document issued by the carrier to the seller/shipper under a contract of carriage and against which the seller/shipper/beneficiary might wish to be paid under a letter of credit. Where the three contracts match, things go well; where they do not, problems rapidly arise.

40. What the Incoterms® rules say, for example, about carriage or transport documents (in A4/B4 and A6/B6), or what they say about insurance cover (A5/B5), does not *bind* the carrier or the insurer or any of the banks involved. Thus, a carrier is only bound to issue a transport document as required by the contract of carriage it makes with the other party to *that* contract: it is not bound to issue a transport document complying with the Incoterms® rules. Likewise, an insurer is bound to issue a policy to the level and in the terms agreed with the party purchasing the insurance, not a policy which complies with the Incoterms® rules. Finally, a bank will look only at the documentary requirements in the letter of credit, if any, not at the requirements of the sales contract.

41. However, it is very much in the interests of all the parties to the different contracts in the network to ensure that the carriage or insurance terms they have agreed with the carrier or insurer, or the terms of a letter of credit, comply with what the sale contract says about ancillary contracts that need to be made or documents that need to be obtained and tendered. *That* task does not fall on the carrier, the insurer or the bank, none of whom are party to the contract of sale and none of whom are, therefore, party to or bound by the Incoterms® 2020 rules. It *is*, however, in the seller's and buyer's interest to try to ensure that the different parts of the network of contracts match—and the starting point is the sale contract—and therefore, where they apply, the Incoterms® 2020 rules.

VII. THE ELEVEN INCOTERMS® 2020 RULES—"SEA AND INLAND WATERWAY" AND "ANY MODE(S) OF TRANSPORT": GETTING IT RIGHT

42. The main distinction introduced in the Incoterms® 2010 rules, that between **Rules for any Mode or Modes of Transport** (comprising EXW, FCA, CPT, CIP, DAP, the newly named

DPU—the old DAT—and DDP), and **Rules for Sea and Inland Waterway Transport**, (comprising FAS, FOB, CFR and CIF) has been retained.

43. The four so-called "maritime" Incoterms® rules are intended for use where the seller places the goods on board (or in FAS alongside) a vessel at a sea or river port. It is at this point that the seller delivers the goods to the buyer. When these rules are used, the risk of loss of or damage to those goods is on the buyer's shoulders from that port.

44. The seven Incoterms® rules for any mode or modes of transport (so-called "multi-modal"), on the other hand, are intended for use where

- **a)** the point at which the seller hands the goods over to, or places them at the disposal of, a carrier, or
- **b)** the point at which the carrier hands the goods over to the buyer, or the point at which they are placed at the disposal of the buyer, or
- **c)** both points (a) and (b)

are not on board (or in FAS alongside) a vessel.

45. Where delivery happens and risk transfers in each of these seven Incoterms® rules will depend on which particular rule is used. For example, in CPT, delivery happens at the seller's end when the goods are handed over to the carrier contracted by the seller. In DAP, on the other hand, delivery happens when the goods are placed at the buyer's disposal at the named place or point of destination.

46. The order in which the Incoterms® 2010 rules were presented has, as we have said, been largely retained in *Incoterms® 2020* and it is important to underline the distinction between the two families of Incoterms® rules so that the right rule is used for the contract of sale depending on the means of transport used.

47. One of the most frequent problems in the use of the Incoterms® rules is the choice of the wrong rule for the particular type of contract.

48. Thus, for example, an FOB inland point (for example an airport or a warehouse) sale contract makes little sense: what type of contract of carriage must the buyer make? Does the buyer owe the seller an obligation to make a contract of carriage under which the carrier is bound to take over the goods at the named inland point or at the nearest port to that point?

49. Again, a CIF named sea port sale contract where the buyer expects the goods to be brought to an inland point in the buyer's country makes little sense. Must the seller procure a contract of carriage and insurance cover to the eventual inland destination intended by the parties or to the seaport named in the sale contract?

50. Gaps, overlaps and unnecessary costs are likely to arise—and all this because the wrong Incoterms® rule has been chosen for the particular contract. What makes the mismatch "wrong" is that insufficient regard has been given to the two most important features of the Incoterms® rules, features which are mirrors of each other, namely the port, place or point of delivery and the transfer of risks.

51. The reason for the frequent misuse of the wrong Incoterms® rule is that Incoterms® rules are frequently regarded exclusively as price indicators: this or that is the EXW, FOB, or DAP price. The initials used in the Incoterms® rules are doubtless handy abbreviations for the formula used in the calculation of the price. Incoterms® rules are not, however, exclusively, or even primarily, price indicators. They are a list of general obligations that sellers and buyers owe each other under well-recognised forms of sale contract—and one of their main tasks is to indicate the port, place or point of delivery where the risk is transferred.

VIII. ORDER WITHIN THE INCOTERMS® 2020 RULES

52. All the ten A/B articles in each of the Incoterms® rules are important—but some are more important than others.

53. There has, indeed, been a radical shake-up in the internal order in which the ten articles within each Incoterms® rule have been organised. In *Incoterms® 2020*, the internal order within each Incoterms® rule now follows this sequence:

A1/B1	General obligations
A2/B2	Delivery/Taking delivery
A3/B3	Transfer of risks
A4/B4	Carriage
A5/B5	Insurance
A6/B6	Delivery/transport document
A7/B7	Export/import clearance
A8/B8	Checking/packaging/marking
A9/B9	Allocation of costs
A10/B10	Notices

54. It will be noticed that concerning the Incoterms® 2020 rules, after recording in A1/B1 the basic goods/payment obligations of the parties, Delivery and the Transfer of risks are moved to a more prominent location, namely to A2 and A3 respectively.

55. The broad sequence thereafter goes:

- ancillary contracts (A4/B4 and A5/B5, carriage and insurance);
- transport documents (A6/B6);

- export/import clearance (A7/B7);
- packaging (A8/B8);
- costs (A9/B9); and
- notices (A10/B10).

56. It is appreciated that this change in the order of the A/B articles will take some time—and cost—to become familiar. It is hoped that with delivery and risk now made more prominent, traders will find it easier to identify the differences among the various Incoterms® rules, i.e. the different points in time and place at which the seller "delivers" the goods to the buyer with risk transferring to the buyer from that time and point.

57. For the first time, the Incoterms® rules are published both in the traditional format setting out the eleven Incoterms® rules and in a new "horizontal" format setting out the ten articles within each Incoterms® rule under each of the headings listed above in paragraph 53, first for the seller and then for the buyer. Traders can therefore now far more easily see the difference, for example, between the place of delivery in FCA and the place of delivery in DAP; or the items of cost which fall on a buyer in CIF when compared with the items of cost which fall on a buyer in CFR. It is hoped that this "horizontal" representation of the Incoterms® 2020 rules will further assist traders in choosing the Incoterms® rule most appropriate to their commercial requirements.

IX. DIFFERENCES BETWEEN *INCOTERMS® 2010* AND *2020*

58. The most important initiative behind the Incoterms® 2020 rules has been to focus on how the presentation could be enhanced to steer users towards the right Incoterms® rule for their sale contract. Thus:

a) a greater emphasis in this Introduction on making the right choice;

b) a clearer explanation of the demarcation and connection between the sale contract and its ancillary contracts;

c) upgraded Guidance Notes presented now as Explanatory Notes to each Incoterms® rule; and

d) a re-ordering within the Incoterms® rules giving delivery and risk more prominence.

All these changes, though cosmetic in appearance, are in reality substantial attempts on the part of ICC to assist the international trading community towards smoother export/import transactions.

59. Apart from these general changes, there are more substantive changes in the Incoterms® 2020 rules when compared with *Incoterms® 2010*. Before looking at those changes, mention must be made of a particular development in trade practice which occurred since 2010 and which ICC has decided should *not* lead to a change in the Incoterms® 2020 rules, namely Verified Gross Mass (VGM).

60. *Note on Verified Gross Mass (VGM)*—Since 1 July 2016, Regulation 2 under the International Convention for the Safety of Life at Sea (SOLAS) imposed on shippers in the case of the shipment of containers the obligation either to weigh the packed container using calibrated and certified equipment, or to weigh the contents of the container and add the weight of the container when empty. In either case, the VGM is to be recorded with the carrier. A failure to comply bears the sanction under the SOLAS Convention that the container "should not be loaded onto a ship": see paragraph 4.2, MSC1/Circ.1475, 9 June 2014.

These weighing operations obviously incur expense and failure may lead to delay in loading. As this happened after 2010, it is unsurprising that there was some pressure in the consultations leading to *Incoterms® 2020* for a clear indication to be given as to who, as between seller and buyer, should bear such obligations.

61. It was felt by the Drafting Group that obligations and costs relating to VGM were too specific and complex to warrant explicit mention in the Incoterms® 2020 rules.

62. Returning to the changes made by ICC to the Incoterms® 2010 rules in the Incoterms® 2020 rules, these are:

- [a] Bills of lading with an on-board notation and the FCA Incoterms® rule
- [b] Costs, where they are listed
- [c] Different levels of insurance cover in CIF and CIP
- [d] Arranging for carriage with seller's or buyer's own means of transport in FCA, DAP, DPU and DDP
- [e] Change in the three-letter initials for DAT to DPU
- [f] Inclusion of security-related requirements within carriage obligations and costs
- [g] Explanatory Notes for Users

[a] Bills of lading with an on-board notation and the FCA Incoterms® rule

63. Where goods are sold FCA for carriage by sea, sellers or buyers (or more likely their banks where a letter of credit is in place) might want a bill of lading with an on-board notation.

64. However, delivery under the FCA rule is completed before the loading of the goods on board the vessel. It is by no means certain that the seller can obtain an on-board bill of lading from the carrier. That carrier is likely, under its contract of carriage, to be bound and entitled to issue an on-board bill of lading only once the goods are actually on board.

65. To cater for this situation, FCA A6/B6 of *Incoterms® 2020* now provides for an additional option. The buyer and the seller can agree that the buyer will instruct its carrier to issue an on-board bill of lading to the seller after the loading of the goods, the seller then being obliged to tender that bill of lading to the buyer, typically through the banks. ICC recognises that, despite this somewhat unhappy union between an on-board bill of lading and FCA delivery, this caters for a demonstrated need in the marketplace. Finally, it should be emphasised that even where this optional mechanism is adopted, the seller is under no obligation to the buyer as to the terms of the contract of carriage.

66. Does it remain true to say that where containerised goods are delivered by seller to buyer by handing over to a carrier before loading onto a ship, the seller is well advised to sell on FCA terms rather than on FOB terms? The answer to that question is Yes. Where *Incoterms® 2020* have made a difference, however, is that where such a seller still wants or needs a bill of lading with an on-board notation, the new additional option in the FCA term A6/B6 makes provision for such a document.

[b] Costs, where they are listed

67. In the new ordering of the articles within the Incoterms® 2020 rules, costs now appear at A9/B9 of each Incoterms® rule. Apart from that re-location, however, there is another change that will become obvious to users early on. The various costs which fall to be allocated by various articles within the Incoterms® rules have traditionally appeared in different parts of each Incoterms® rule. Thus, for example, costs related to the obtaining of a delivery document in FOB 2010 were mentioned in A8, the article under the heading "Delivery Document", but not in A6, the article under the heading "Allocation of Costs".

68. In the Incoterms® 2020 rules, however, the equivalent of A6/B6, namely A9/B9, now lists all the costs allocated by each particular Incoterms® rule. A9/B9 in the Incoterms® 2020 rules are consequently longer than A6/B6 in the Incoterms® 2010 rules.

69. The purpose is to provide users with a one-stop list of costs, so that the seller or buyer can now find in one place all the costs for which it would be responsible under that particular Incoterms® rule. Items of cost are also mentioned in their home article: thus, for example, the costs involved in obtaining documents in FOB still also appear at A6/B6 as well as at A9/B9. The thinking here was that users interested in discovering the specific allocation of documentary costs might be more inclined to go to the specific article dealing with delivery documents rather than to the general article listing all the costs.

[c] Different levels of insurance cover in CIF and CIP

70. In the Incoterms® 2010 rules, A3 of both CIF and CIP imposed on the seller the obligation to "obtain at its own expense cargo insurance complying at least with the minimum cover as provided by Clauses (C) of the Institute Cargo Clauses (Lloyd's Market Association/International Underwriting Association 'LMA/IUA') or any similar clauses." Institute Cargo Clauses (C) provide cover for a number of listed risks, subject to itemised exclusions; Institute Cargo Clauses (A), on the other hand, cover "all risks", again subject to itemised exclusions. During the consultations leading to the Incoterms® 2020 rules, the case was made for moving from Institute Cargo Clauses (C) to Institute Cargo Clauses (A), thus increasing the cover obtained by the seller for the benefit of the buyer. This could, of course, also involve an additional cost in premium. The contrary case, namely to stay with Institute Cargo Clauses (C), was equally strongly put, particularly by those involved in the maritime trade of commodities. After considerable discussion within and beyond the Drafting Group, the decision was made to provide for different minimum cover in the CIF Incoterms® rule and in the CIP Incoterms® rule. In the first, which is much more likely to be used in the maritime commodity trades, the status quo has been retained, with Institute Cargo Clauses (C) as the default position, although it is, of course, open to the parties to agree to higher cover. In the second, namely the CIP Incoterms® rule, the seller must now obtain insurance cover complying with Institute Cargo Clauses (A), although it is, of course, again open to the parties to agree on a lower level of cover.

[d] Arranging for carriage with seller's or buyer's own means of transport in FCA, DAP, DPU and DDP

71. In the Incoterms® 2010 rules, it was assumed throughout that where the goods were to be carried from the seller to the buyer, they would be carried by a third-party carrier engaged for the purpose either by the seller or the buyer, depending on which Incoterms® rule was used.

72. It became clear in the deliberations leading to *Incoterms® 2020*, however, that there were some situations where, although the goods were to be carried from the seller to the buyer, they could be so carried without any third-party carrier being engaged at all. Thus, for example, there was nothing stopping a seller on a D rule from arranging for such carriage without outsourcing that function to a third party, namely by using its own means of transportation. Likewise, with an FCA purchase, there was nothing to stop the buyer from using its own vehicle for the collection of the goods and for their transport to the buyer's premises.

73. The rules appeared not to take account of these eventualities. The Incoterms® 2020 rules now do, by expressly allowing not only for the making of a contract of carriage, but also for simply arranging for the necessary carriage.

[e] Change in the three-letter initials for DAT to DPU

74. The only difference between DAT and DAP in the Incoterms® 2010 rules was that in DAT the seller delivered the goods once unloaded from the arriving means of transport into a "terminal"; whereas in DAP, the seller delivered the goods when the goods were placed at the disposal of the buyer *on* the arriving means of transport *for* unloading. It will also be recalled that the Guidance Note for DAT in *Incoterms® 2010* defined the word "terminal" broadly to include "any place, whether covered or not..".

75. ICC decided to make two changes to DAT and DAP. First, the order in which the two Incoterms® 2020 rules are presented has been inverted, and DAP, where delivery happens before unloading, now appears before DAT. Secondly, the name of the rule DAT has been changed to DPU (Delivered at Place Unloaded), emphasising the reality that the place of destination could be any place and not only a "terminal". However, if that place is not in a terminal, the seller should make sure that the place where it intends to deliver the goods is a place where it is able to unload the goods.

[f] Inclusion of security-related requirements within carriage obligations and costs

76. It will be recalled that security-related requirements made a rather subdued entry into the Incoterms® 2010 rules, through A2/B2 and A10/B10 in each rule. The Incoterms® 2010 rules were the first revision of the Incoterms® rules to come into force after security-related concerns became so prevalent in the early part of this century. Those concerns, and the associated shipping practices which they have created in their wake, are now much more established. Connected as they are to carriage requirements, an express allocation of security-related obligations has now been added to A4 and A7 of each Incoterms® rule. The costs incurred by these requirements are also now given a more prominent position in the costs article, namely A9/B9.

[g] Explanatory Notes for Users

77. The Guidance Notes appearing at the start of each Incoterms® rule in the 2010 version now appear as "Explanatory Notes for Users". These Notes explain the fundamentals of each Incoterms® 2020 rule, such as when it should be used, when risk transfers and how costs are allocated between seller and buyer. The Explanatory Notes are intended (a) to help the user accurately and efficiently steer towards the appropriate

Incoterms® rule for a particular transaction; and (b) to provide those deciding or advising on disputes or contracts governed by *Incoterms® 2020* with guidance on matters which might require interpretation. For guidance on more fundamental issues that cut across the Incoterms® 2020 rules more generally, reference may, of course, also be made to the text of this Introduction.

X. CAUTION WITH VARIANTS OF INCOTERMS® RULES

78. Sometimes the parties want to alter an Incoterms® rule. The Incoterms® 2020 rules do not prohibit such alteration, but there are dangers in so doing. In order to avoid any unwelcome surprises, the parties would need to make the intended effect of such alterations extremely clear in their contract. Thus, for example, if the allocation of costs in the Incoterms® 2020 rules is altered in the contract, the parties should also clearly state whether they intend to vary the point at which delivery is made and the risk transfers to the buyer.

Charles Debattista*
Special ICC Advisor
Incoterms® 2020 Drafting Group

36 Stone
Gray's Inn
London

* I am very grateful for comments received on earlier drafts of this personal Introduction to the new rules, both from ICC national committees and from my colleagues on the Drafting Group. The views expressed in this Introduction, however, remain my own and do not therefore form part of the Incoterms® 2020 rules themselves.

RULES FOR ANY MODE OR MODES OF TRANSPORT

For the illustrations used throughout the book, please note that blue indicates the seller's obligations and gold indicates the buyer's obligations as shown in the headings throughout the book, and green indicates where these are mixed or shared.

EXW | Ex Works

EXW (insert named place of delivery) Incoterms® 2020

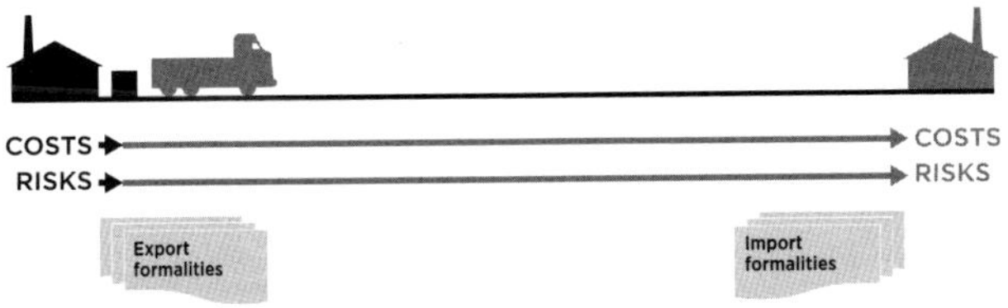

EXPLANATORY NOTES FOR USERS

1. **Delivery and risk**—"Ex Works" means that the seller delivers the goods to the buyer
   - when it places the goods at the disposal of the buyer at a named place (like a factory or warehouse), and
   - that named place may or may not be the seller's premises.

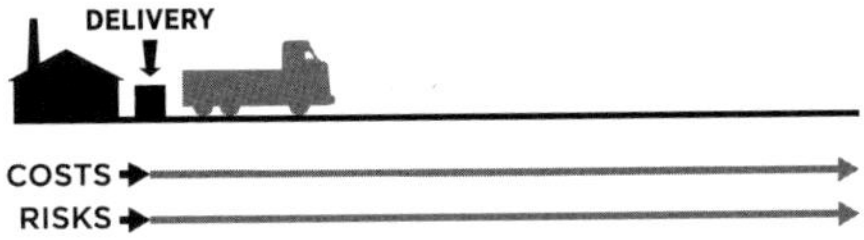

For delivery to occur, the seller does not need to load the goods on any collecting vehicle, nor does it need to clear the goods for export, where such clearance is applicable.

2. **Mode of transport**—This rule may be used irrespective of the mode or modes of transport, if any, selected.

3. **Place or precise point of delivery**—The parties need only name the *place* of delivery. However, the parties are well advised *also* to specify as clearly as possible the precise *point* within the named place of delivery. A named precise *point* of delivery makes it clear to both parties when the goods are

delivered and when risk transfers to the buyer; such precision also marks the point at which costs are for the buyer's account. If the parties do *not* name the *point* of delivery, then they are taken to have left it to the seller to select the point "that best suits its purpose". This means that the buyer may incur the risk that the seller may choose a point just before the point at which goods are lost or damaged. Best for the buyer therefore to select the precise point within a place where delivery will occur.

4. **A note of caution to buyers**—EXW is the Incoterms® rule which imposes the least set of obligations on the seller. From the buyer's perspective, therefore, the rule should be used with care for different reasons as set out below.

5. **Loading risks**— Delivery happens—and risk transfers—when the goods are placed, not loaded, at the buyer's disposal. However, risk of loss of or damage to the goods occurring while the loading operation is carried out by the seller, as it may well be, might arguably lie with the buyer, who has not physically participated in the loading. Given this possibility, it would be advisable, where the seller is to load the goods, for the parties to agree in advance who is to bear the risk of any loss of or damage to the goods during loading. This is a common situation simply because the seller is more likely to have the necessary loading equipment at its own premises or because applicable safety or security rules prevent access to the seller's premises by unauthorised personnel. Where the buyer is keen to avoid any risk during loading at the seller's premises, then the buyer ought to consider choosing the FCA rule (under which, if the goods are delivered at the seller's premises, the seller owes the buyer an obligation to load, with the risk of loss of or damage to the goods during that operation remaining with the seller).

6. **Export clearance**—With delivery happening when the goods are at the buyer's disposal either at the seller's premises or at another named point typically within the seller's jurisdiction or within the same Customs Union, there is no obligation on the seller to organise export clearance or clearance within third countries through which the goods pass in transit. Indeed, EXW may be suitable for domestic trades, where there is no intention at all to export the goods. The seller's participation in export clearance is limited to providing assistance in obtaining such documents and information as the buyer may require for the purpose of exporting the goods. Where the buyer intends to export the goods and where it anticipates difficulty in obtaining export clearance, the buyer would be

better advised to choose the FCA rule, under which the obligation and cost of obtaining export clearance lies with the seller.

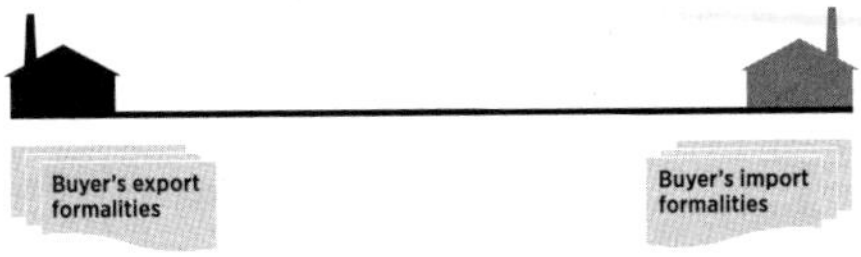

A THE SELLER'S OBLIGATIONS

A1 General obligations

The seller must provide the goods and the commercial invoice in conformity with the contract of sale and any other evidence of conformity that may be required by the contract.

Any document to be provided by the seller may be in paper or electronic form as agreed or, where there is no agreement, as is customary.

A2 Delivery

The seller must deliver the goods by placing them at the disposal of the buyer at the agreed point, if any, at the named place of delivery, not loaded on any collecting vehicle. If no specific point has been agreed within the named place of delivery, and if there are several points available, the seller may select the point that best suits its purpose. The seller must deliver the goods on the agreed date or within the agreed period.

A3 Transfer of risks

The seller bears all risks of loss of or damage to the goods until they have been delivered in accordance with A2, with the exception of loss or damage in the circumstance described in B3.

A4 Carriage

The seller has no obligation to the buyer to make a contract of carriage.

However, the seller must provide the buyer, at the buyer's request, risk and cost, with any information in the possession of the seller, including transport-related security requirements, that the buyer needs for arranging carriage.

A5 Insurance

The seller has no obligation to the buyer to make a contract of insurance. However, the seller must provide the buyer, at the buyer's request, risk and cost with information in the possession of the seller that the buyer needs for obtaining insurance.

A6 Delivery/transport document

The seller has no obligation to the buyer.

B THE BUYER'S OBLIGATIONS

B1 General obligations

The buyer must pay the price of the goods as provided in the contract of sale.

Any document to be provided by the buyer may be in paper or electronic form as agreed or, where there is no agreement, as is customary.

B2 Taking delivery

The buyer must take delivery of the goods when they have been delivered under A2 and notice given under A10.

B3 Transfer of risks

The buyer bears all risks of loss of or damage to the goods from the time they have been delivered under A2.

If the buyer fails to give notice in accordance with B10, then the buyer bears all risks of loss of or damage to the goods from the agreed date or the end of the agreed period for delivery, provided that the goods have been clearly identified as the contract goods.

B4 Carriage

It is up to the buyer to contract or arrange at its own cost for the carriage of the goods from the named place of delivery.

B5 Insurance

The buyer has no obligation to the seller to make a contract of insurance.

B6 Proof of delivery

The buyer must provide the seller with appropriate evidence of having taken delivery.

A THE SELLER'S OBLIGATIONS

A7 Export/import clearance

Where applicable, the seller must assist the buyer, at the buyer's request, risk and cost, in obtaining any documents and/or information related to all export/transit/import clearance formalities required by the countries of export/transit/import, such as:

- export/transit/import licence;
- security clearance for export/transit/import;
- pre-shipment inspection; and
- any other official authorisation.

A8 Checking/packaging/marking

The seller must pay the costs of those checking operations (such as checking quality, measuring, weighing, counting) that are necessary for the purpose of delivering the goods in accordance with A2.

The seller must, at its own cost, package the goods, unless it is usual for the particular trade to transport the type of goods sold unpackaged. The seller must package and mark the goods in the manner appropriate for their transport, unless the parties have agreed on specific packaging or marking requirements.

A9 Allocation of costs

The seller must pay all costs relating to the goods until they have been delivered in accordance with A2, other than those payable by the buyer under B9.

A10 Notices

The seller must give the buyer any notice needed to enable the buyer to take delivery of the goods.

B THE BUYER'S OBLIGATIONS

B7 Export/import clearance

Where applicable, it is up to the buyer to carry out and pay for all export/transit/import clearance formalities required by the countries of export/transit/import, such as:

- export/transit/import licence;
- security clearance for export/transit/import;
- pre-shipment inspection; and
- any other official authorisation.

B8 Checking/packaging/marking

The buyer has no obligation to the seller.

B9 Allocation of costs

The buyer must:

a) pay all costs relating to the goods from the time they have been delivered under A2;

b) reimburse all costs and charges incurred by the seller in providing assistance or information under A4, A5, or A7;

c) pay, where applicable, all duties, taxes and other charges, as well as the costs of carrying out customs formalities payable upon export; and

d) pay any additional costs incurred by failing either to take delivery of the goods when they have been placed at its disposal or to give appropriate notice in accordance with B10, provided that the goods have been clearly identified as the contract goods.

B10 Notices

The buyer must, whenever it is agreed that the buyer is entitled to determine the time within an agreed period and/or the point of taking delivery within the named place, give the seller sufficient notice.

FCA | Free Carrier

FCA (insert named place of delivery) Incoterms® 2020

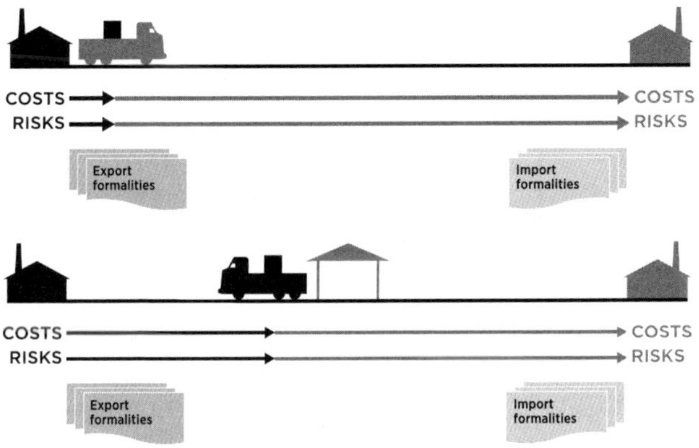

EXPLANATORY NOTES FOR USERS

1. **Delivery and risk**—"Free Carrier (named place)" means that the seller delivers the goods to the buyer in one or other of two ways.
    - First, when the named place is the seller's premises, the goods are delivered
        - when they are loaded on the means of transport arranged by the buyer.

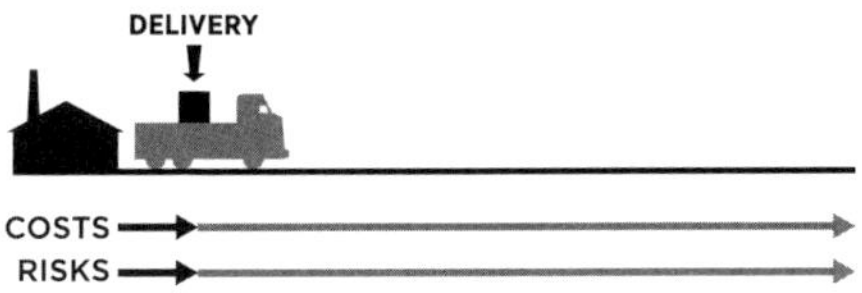

    - Second, when the named place is another place, the goods are delivered
        - when, having been loaded on the seller's means of transport,
        - they reach the named other place and
        - are ready for unloading from that seller's means of transport and
        - at the disposal of the carrier or of another person nominated by the buyer.

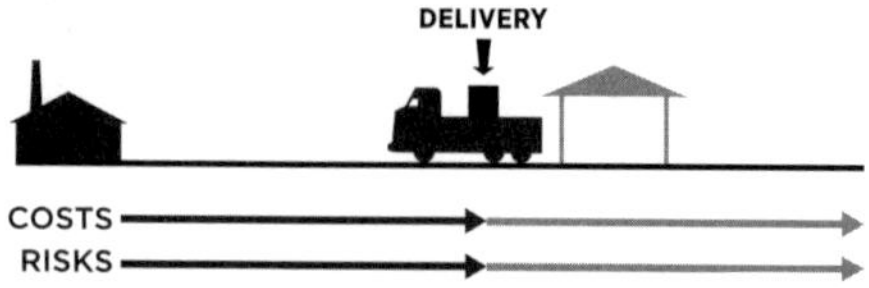

Whichever of the two is chosen as the place of delivery, that place identifies where risk transfers to the buyer and the time from which costs are for the buyer's account.

2. **Mode of transport**—This rule may be used irrespective of the mode of transport selected and may also be used where more than one mode of transport is employed.

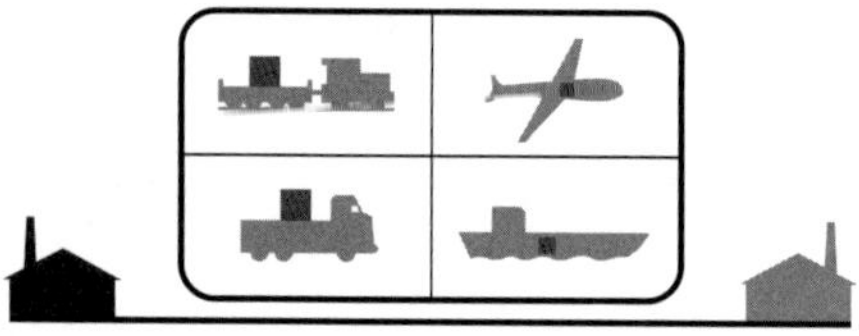

3. **Place or point of delivery**—A sale under FCA can be concluded naming only the place of delivery, either at the seller's premises or elsewhere, without specifying the precise point of delivery within that named place. However, the parties are well advised *also* to specify as clearly as possible the precise *point* within the named place of delivery. A named precise *point* of delivery makes it clear to both parties when the goods are delivered and when risk transfers to the buyer; such precision also marks the point at which costs are for the buyer's account. Where the precise point is not identified, however, this may cause problems for the buyer. The seller in this case has the right to select the point "that best suits its purpose": that point becomes the point of delivery, from which risk and costs transfer to the buyer. If the precise point of delivery is not identified by naming it in the contract, then the parties are taken to have left it to the seller to select the point "that best suits its purpose". This means that the buyer may incur the risk that the seller may choose a point just before the point at which goods are lost or damaged. Best for the buyer therefore to select the precise point within a place where delivery will occur.

4. **'or procure goods so delivered'**—The reference to "procure" here caters for multiple sales down a chain (string sales), particularly, although not exclusively, common in the commodity trades.

5. **Export/import clearance**—FCA requires the seller to clear the goods for export, where applicable. However, the seller has no obligation to clear the goods for import or for transit through third countries, to pay any import duty or to carry out any import customs formalities.

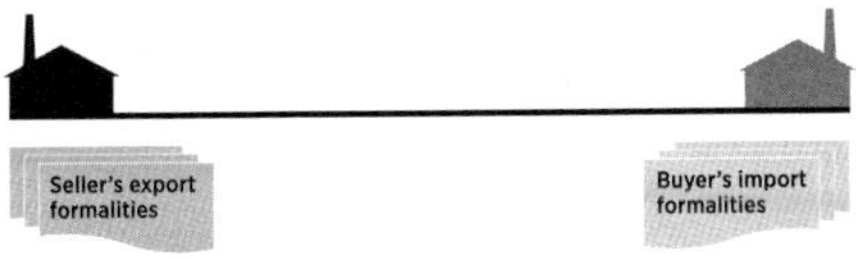

6. **Bills of lading with an on-board notation in FCA sales**—We have already seen that FCA is intended for use irrespective of the mode or modes of transport used. Now if goods are being picked up by the buyer's road-haulier in Las Vegas, it would be rather uncommon to expect a bill of lading with an on-board notation to be issued by the carrier *from Las Vegas*, which is not a port and which a vessel cannot reach for goods to be placed on board. Nonetheless, sellers selling FCA Las Vegas do sometimes find themselves in a situation where they *need* a bill of lading with an on-board notation (typically because of a bank collection or a letter of credit requirement), albeit necessarily stating that the goods have been placed on board in Los Angeles as well as stating that they were received for carriage in Las Vegas. To cater for this possibility of an FCA seller needing a bill of lading with an on-board notation, FCA *Incoterms® 2020* has, for the first time, provided the following optional mechanism. If the parties have so agreed in the contract, the buyer must instruct its carrier to issue a bill of lading with an on-board notation to the seller. The carrier may or may not, of course, accede to the buyer's request, given that the carrier is only bound and entitled to issue such a bill of lading once the goods are on board in Los Angeles. However, if and when the bill of lading is issued to the seller by the carrier at the buyer's cost and risk, the seller must provide that same document to the buyer, who will need the bill of lading in order to obtain discharge of the goods from the carrier. This optional mechanism becomes unnecessary, of course, if the parties have agreed that the seller will present to the buyer a bill of lading stating simply that the goods have been received for shipment rather than that they have been shipped on board. Moreover, it should be emphasised that even where this optional mechanism is adopted, the seller is under no obligation to the buyer as to the terms of the contract of carriage. Finally, when this optional mechanism is adopted, the dates of delivery inland and loading on board will necessarily be different, which may well create difficulties for the seller under a letter of credit.

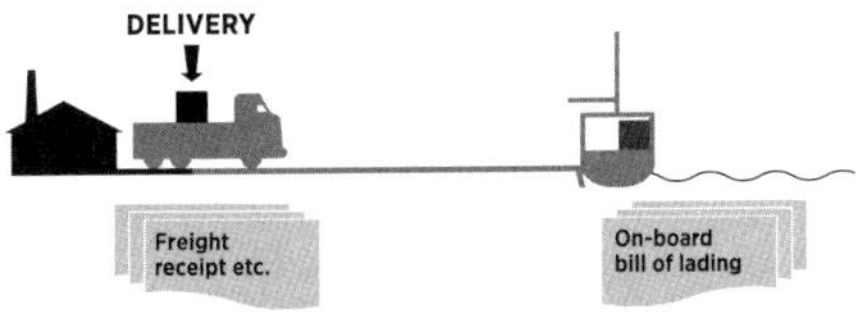

A THE SELLER'S OBLIGATIONS

A1 General obligations

The seller must provide the goods and the commercial invoice in conformity with the contract of sale and any other evidence of conformity that may be required by the contract.

Any document to be provided by the seller may be in paper or electronic form as agreed or, where there is no agreement, as is customary.

A2 Delivery

The seller must deliver the goods to the carrier or another person nominated by the buyer at the named point, if any, at the named place, or procure goods so delivered.

The seller must deliver the goods

1. on the agreed date
   or
2. at the time within the agreed period notified by the buyer under B10(b)
   or,
3. if no such time is notified, then at the end of the agreed period.

Delivery is completed either:

a) If the named place is the seller's premises, when the goods have been loaded on the means of transport provided by the buyer;
or

b) In any other case, when the goods are placed at the disposal of the carrier or another person nominated by the buyer on the seller's means of transport ready for unloading.

If no specific point has been notified by the buyer under B10(d) within the named place of delivery, and if there are several points available, the seller may select the point that best suits its purpose.

B THE BUYER'S OBLIGATIONS

B1 General obligations

The buyer must pay the price of the goods as provided in the contract of sale.

Any document to be provided by the buyer may be in paper or electronic form as agreed or, where there is no agreement, as is customary.

B2 Taking delivery

The buyer must take delivery of the goods when they have been delivered under A2.

A THE SELLER'S OBLIGATIONS

A3 Transfer of risks

The seller bears all risks of loss of or damage to the goods until they have been delivered in accordance with A2, with the exception of loss or damage in the circumstances described in B3.

A4 Carriage

The seller has no obligation to the buyer to make a contract of carriage. However, the seller must provide the buyer, at the buyer's request, risk and cost, with any information in the possession of the seller, including transport-related security requirements, that the buyer needs for arranging carriage. If agreed, the seller must contract for carriage on the usual terms at the buyer's risk and cost.

The seller must comply with any transport-related security requirements up to delivery.

A5 Insurance

The seller has no obligation to the buyer to make a contract of insurance. However, the seller must provide the buyer, at the buyer's request, risk and cost, with information in the possession of the seller that the buyer needs for obtaining insurance.

A6 Delivery/transport document

The seller must provide the buyer at the seller's cost with the usual proof that the goods have been delivered in accordance with A2.

The seller must provide assistance to the buyer, at the buyer's request, risk and cost, in obtaining a transport document.

Where the buyer has instructed the carrier to issue to the seller a transport document under B6, the seller must provide any such document to the buyer.

B THE BUYER'S OBLIGATIONS

B3 Transfer of risks

The buyer bears all risks of loss of or damage to the goods from the time they have been delivered under A2.

If:

a) the buyer fails to nominate a carrier or another person under A2 or to give notice in accordance with B10; or

b) the carrier or person nominated by the buyer under B10(a) fails to take the goods into its charge,

then, the buyer bears all risks of loss of or damage to the goods:

(i) from the agreed date, or in the absence of an agreed date,

(ii) from the time selected by the buyer under B10(b); or, if no such time has been notified,

(iii) from the end of any agreed period for delivery,

provided that the goods have been clearly identified as the contract goods.

B4 Carriage

The buyer must contract or arrange at its own cost for the carriage of the goods from the named place of delivery, except when the contract of carriage is made by the seller as provided for in A4.

B5 Insurance

The buyer has no obligation to the seller to make a contract of insurance.

B6 Delivery/transport document

The buyer must accept the proof that the goods have been delivered in accordance with A2.

If the parties have so agreed, the buyer must instruct the carrier to issue to the seller, at the buyer's cost and risk, a transport document stating that the goods have been loaded (such as a bill of lading with an onboard notation).

A THE SELLER'S OBLIGATIONS

A7 Export/import clearance

a) Export clearance

Where applicable, the seller must carry out and pay for all export clearance formalities required by the country of export, such as:

- export licence;
- security clearance for export;
- pre-shipment inspection; and
- any other official authorisation.

b) Assistance with import clearance

Where applicable, the seller must assist the buyer, at the buyer's request, risk and cost, in obtaining any documents and/or information related to all transit/import clearance formalities, including security requirements and pre-shipment inspection, needed by any country of transit or the country of import.

A8 Checking/packaging/marking

The seller must pay the costs of those checking operations (such as checking quality, measuring, weighing, counting) that are necessary for the purpose of delivering the goods in accordance with A2.

The seller must, at its own cost, package the goods, unless it is usual for the particular trade to transport the type of goods sold unpackaged. The seller must package and mark the goods in the manner appropriate for their transport, unless the parties have agreed on specific packaging or marking requirements.

A9 Allocation of costs

The seller must pay:

a) all costs relating to the goods until they have been delivered in accordance with A2, other than those payable by the buyer under B9;

b) the costs of providing the usual proof to the buyer under A6 that the goods have been delivered;

c) where applicable, duties, taxes and any other costs related to export clearance under A7(a); and

d) the buyer for all costs and charges related to providing assistance in obtaining documents and information in accordance with B7(a).

B THE BUYER'S OBLIGATIONS

B7 Export/import clearance

a) Assistance with export clearance
Where applicable, the buyer must assist the seller at the seller's request, risk and cost in obtaining any documents and/or information related to all export clearance formalities, including security requirements and pre-shipment inspection, needed by the country of export.

b) Import clearance
Where applicable, the buyer must carry out and pay for all formalities required by any country of transit and the country of import, such as:

- import licence and any licence required for transit;
- security clearance for import and any transit;
- pre-shipment inspection; and
- any other official authorisation.

B8 Checking/packaging/marking

The buyer has no obligation to the seller.

B9 Allocation of costs

The buyer must pay:

a) all costs relating to the goods from the time they have been delivered under A2, other than those payable by the seller under A9;

b) the seller for all costs and charges related to providing assistance in obtaining documents and information in accordance with A4, A5, A6 and A7(b);

c) where applicable, duties, taxes and any other costs related to transit or import clearance under B7(b); and

d) any additional costs incurred, either because:

(i) the buyer fails to nominate a carrier or another person under B10, or

(ii) the carrier or person nominated by the buyer under B10 fails to take the goods into its charge,

provided that the goods have been clearly identified as the contract goods.

A THE SELLER'S OBLIGATIONS

A10 Notices

The seller must give the buyer sufficient notice either that the goods have been delivered in accordance with A2 or that the carrier or another person nominated by the buyer has failed to take the goods within the time agreed.

B THE BUYER'S OBLIGATIONS

B10 Notices

The buyer must notify the seller of

a) the name of the carrier or another person nominated within sufficient time as to enable the seller to deliver the goods in accordance with A2;

b) the selected time, if any, within the period agreed for delivery when the carrier or person nominated will receive the goods;

c) the mode of transport to be used by the carrier or the person nominated including any transport-related security requirements; and

d) the point where the goods will be received within the named place of delivery.

CPT | Carriage Paid To

CPT (insert named place of destination) Incoterms® 2020

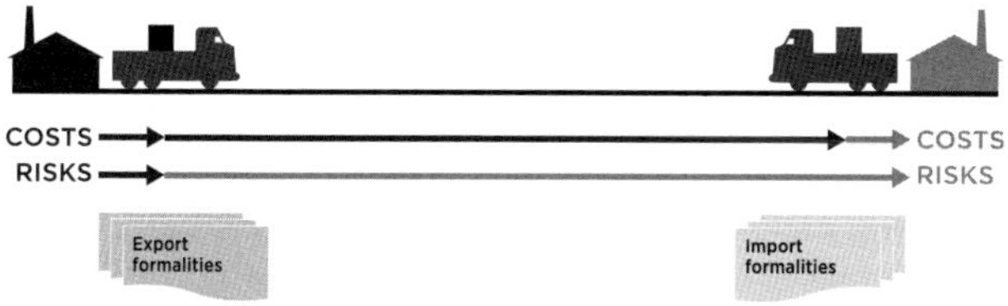

EXPLANATORY NOTES FOR USERS

1. **Delivery and risk**—"Carriage Paid To" means that the seller delivers the goods—and transfers the risk—to the buyer
   - by handing them over to the carrier
   - contracted by the seller
   - or by procuring the goods so delivered.
   - The seller may do so by giving the carrier physical possession of the goods in the manner and at the place appropriate to the means of transport used.

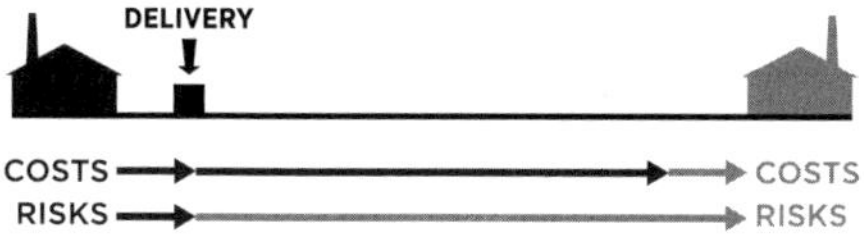

Once the goods have been delivered to the buyer in this way, the seller does not guarantee that the goods will reach the place of destination in sound condition, in the stated quantity or indeed at all. This is because risk transfers from seller to buyer when the goods are delivered to the buyer by handing them over to the carrier; the seller must nonetheless contract for the carriage of the goods from delivery to the agreed destination. Thus, for example, goods are handed over to a carrier in Las Vegas (which is not a port) for carriage to Southampton (a port) or to Winchester (which is not a port). In either case, delivery transferring risk to the buyer happens in Las Vegas, and the seller must make a contract of carriage to either Southampton or Winchester.

2. **Mode of transport**—This rule may be used irrespective of the mode of transport selected and may also be used where more than one mode of transport is employed.

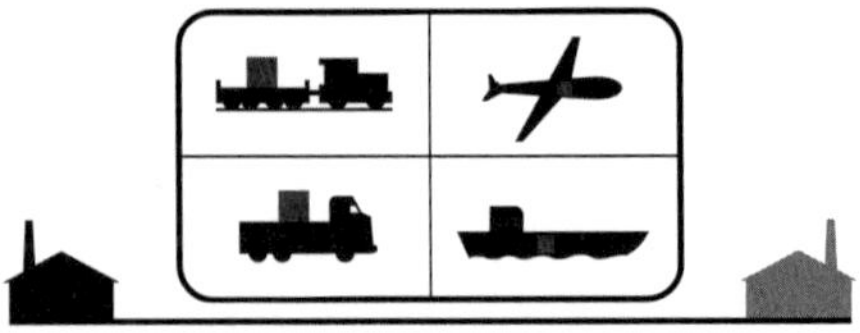

3. **Places (or points) of delivery and destination**—In CPT, two locations are important: the place or point (if any) at which the goods are delivered (for the transfer of risk) and the place or point agreed as the destination of the goods (as the point to which the seller promises to contract for carriage).

4. **Identifying the place or point of delivery with precision**—The parties are well advised to identify both places, or indeed points within those places, as precisely as possible in the contract of sale. Identifying the place or point (if any) of delivery as precisely as possible is important to cater for the common situation where several carriers are engaged, each for different legs of the transit from delivery to destination. Where this happens and the parties do not agree on a specific place or point of delivery, the default position is that risk transfers when the goods have been delivered to the first carrier at a point entirely of the seller's choosing and over which the buyer has no control. Should the parties wish the risk to transfer at a later stage (e.g. at a sea or river port or at an airport), or indeed an earlier one (e.g. an inland point some way away from a sea or river port), they need to specify this in their contract of sale and to carefully think through the consequences of so doing in case the goods are lost or damaged.

5. **Identifying the destination as precisely as possible**—The parties are also well advised to identify as precisely as possible in the contract of sale the point within the agreed place of destination, as this is the point to which the seller must contract for carriage and this is the point to which the costs of carriage fall on the seller.

6. **'or procuring the goods so delivered'**—The reference to "procure" here caters for multiple sales down a chain (string sales), particularly common in the commodity trades.

7. **Costs of unloading at destination**—If the seller incurs costs under its contract of carriage related to unloading at the named place of destination, the seller is not entitled to recover such costs separately from the buyer unless otherwise agreed between the parties.

8. **Export/import clearance**—CPT requires the seller to clear the goods for export, where applicable. However, the seller has no

obligation to clear the goods for import or for transit through third countries, or to pay any import duty or to carry out any import customs formalities.

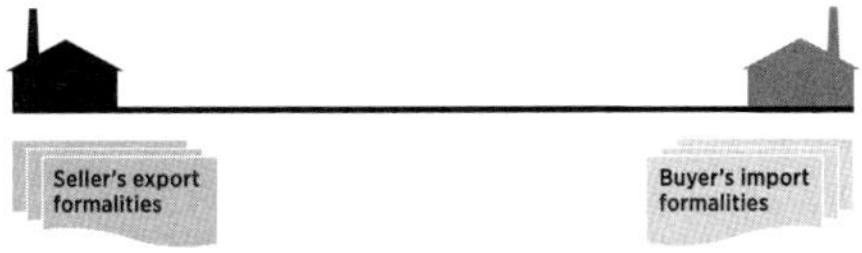

A THE SELLER'S OBLIGATIONS

A1 General obligations

The seller must provide the goods and the commercial invoice in conformity with the contract of sale and any other evidence of conformity that may be required by the contract.

Any document to be provided by the seller may be in paper or electronic form as agreed or, where there is no agreement, as is customary.

A2 Delivery

The seller must deliver the goods by handing them over to the carrier contracted in accordance with A4 or by procuring the goods so delivered. In either case the seller must deliver the goods on the agreed date or within the agreed period.

A3 Transfer of risks

The seller bears all risks of loss of or damage to the goods until they have been delivered in accordance with A2, with the exception of loss or damage in the circumstance described in B3.

A4 Carriage

The seller must contract or procure a contract for the carriage of the goods from the agreed point of delivery, if any, at the place of delivery to the named place of destination or, if agreed, any point at that place. The contract of carriage must be made on usual terms at the seller's cost and provide for carriage by the usual route in a customary manner of the type normally used for carriage of the type of goods sold. If a specific point is not agreed or is not determined by practice, the seller may select the point of delivery and the point at the named place of destination that best suit its purpose.

The seller must comply with any transport-related security requirements for transport to the destination.

A5 Insurance

The seller has no obligation to the buyer to make a contract of insurance. However, the seller must provide the buyer, at the buyer's request, risk and cost, with information in the possession of the seller that the buyer needs for obtaining insurance.

B THE BUYER'S OBLIGATIONS

B1 General obligations

The buyer must pay the price of the goods as provided in the contract of sale.

Any document to be provided by the buyer may be in paper or electronic form as agreed or, where there is no agreement, as is customary.

B2 Taking delivery

The buyer must take delivery of the goods when they have been delivered under A2 and receive them from the carrier at the named place of destination or if agreed, at the point within that place.

B3 Transfer of risks

The buyer bears all risks of loss of or damage to the goods from the time they have been delivered under A2.

If the buyer fails to give notice in accordance with B10, then the buyer bears all risks of loss of or damage to the goods from the agreed date or the end of the agreed period for delivery, provided that the goods have been clearly identified as the contract goods.

B4 Carriage

The buyer has no obligation to the seller to make a contract of carriage.

B5 Insurance

The buyer has no obligation to the seller to make a contract of insurance.

A THE SELLER'S OBLIGATIONS

A6 Delivery/transport document

If customary or at the buyer's request, the seller must provide the buyer, at the seller's cost, with the usual transport document[s] for the transport contracted in accordance with A4.

This transport document must cover the contract goods and be dated within the period agreed for shipment. If agreed or customary, the document must also enable the buyer to claim the goods from the carrier at the named place of destination and enable the buyer to sell the goods in transit by the transfer of the document to a subsequent buyer or by notification to the carrier.

When such a transport document is issued in negotiable form and in several originals, a full set of originals must be presented to the buyer.

A7 Export/import clearance

a) Export clearance

Where applicable, the seller must carry out and pay for all export clearance formalities required by the country of export, such as:

- export licence;
- security clearance for export;
- pre-shipment inspection; and
- any other official authorisation.

b) Assistance with import clearance

Where applicable, the seller must assist the buyer, at the buyer's request, risk and cost, in obtaining any documents and/or information related to all transit/import clearance formalities, including security requirements and pre-shipment inspection, needed by any country of transit or the country of import.

A8 Checking/packaging/marking

The seller must pay the costs of those checking operations (such as checking quality, measuring, weighing, counting) that are necessary for the purpose of delivering the goods in accordance with A2.

The seller must, at its own cost, package the goods, unless it is usual for the particular trade to transport the type of goods sold unpackaged. The seller must package and mark the goods in the manner appropriate for their transport, unless the parties have agreed on specific packaging or marking requirements.

B THE BUYER'S OBLIGATIONS

B6 Delivery/transport document

The buyer must accept the transport document provided under A6 if it is in conformity with the contract.

B7 Export/import clearance

a) **Assistance with export clearance**

Where applicable, the buyer must assist the seller at the seller's request, risk and cost in obtaining any documents and/or information related to all export clearance formalities, including security requirements and pre-shipment inspection, needed by the country of export.

b) **Import clearance**

Where applicable, the buyer must carry out and pay for all formalities required by any country of transit and the country of import, such as:

- import licence and any licence required for transit;
- security clearance for import and any transit;
- pre-shipment inspection; and
- any other official authorisation.

B8 Checking/packaging/marking

The buyer has no obligation to the seller.

A THE SELLER'S OBLIGATIONS

A9 Allocation of costs

The seller must pay:

a) all costs relating to the goods until they have been delivered in accordance with A2, other than those payable by the buyer under B9;

b) transport and all other costs resulting from A4, including the costs of loading the goods and transport-related security costs;

c) any charges for unloading at the agreed place of destination but only if those charges were for the seller's account under the contract of carriage;

d) the costs of transit that were for the seller's account under the contract of carriage;

e) the costs of providing the usual proof to the buyer under A6 that the goods have been delivered;

f) where applicable, duties, taxes and any other costs related to export clearance under A7(a); and

g) the buyer for all costs and charges related to providing assistance in obtaining documents and information in accordance with B7(a).

A10 Notices

The seller must notify the buyer that the goods have been delivered in accordance with A2.

The seller must give the buyer any notice required to enable the buyer to receive the goods.

B THE BUYER'S OBLIGATIONS

B9 Allocation of costs

The buyer must pay:

a) all costs relating to the goods from the time they have been delivered under A2, other than those payable by the seller under A9;

b) the costs of transit, unless such costs were for the seller's account under the contract of carriage;

c) unloading costs, unless such costs were for the seller's account under the contract of carriage;

d) the seller for all costs and charges related to providing assistance in obtaining documents and information in accordance with A5 and A7(b);

e) where applicable, duties, taxes and any other costs related to transit or import clearance under B7(b); and

f) any additional costs incurred if it fails to give notice in accordance with B10, from the agreed date or the end of the agreed period for shipment, provided that the goods have been clearly identified as the contract goods.

B10 Notices

The buyer must, whenever it is agreed that the buyer is entitled to determine the time for dispatching the goods and/or the point of receiving the goods within the named place of destination, give the seller sufficient notice.

CIP | Carriage and Insurance Paid To

CIP (insert named place of destination) Incoterms® 2020

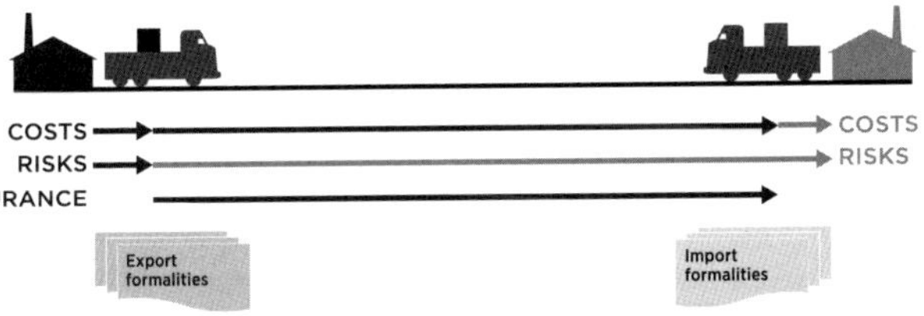

EXPLANATORY NOTES FOR USERS

1. **Delivery and risk**—"Carriage and Insurance Paid To" means that the seller delivers the goods—and transfers the risk—to the buyer
   - by handing them over to the carrier
   - contracted by the seller
   - or by procuring the goods so delivered.
   - The seller may do so by giving the carrier physical possession of the goods in the manner and at the place appropriate to the means of transport used.

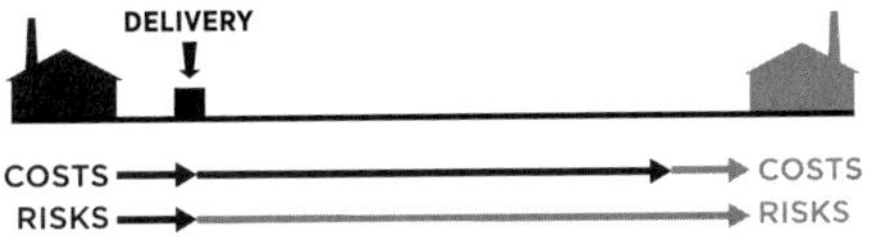

Once the goods have been delivered to the buyer in this way, the seller does not guarantee that the goods will reach the place of destination in sound condition, in the stated quantity or indeed at all. This is because risk transfers from seller to buyer when the goods are delivered to the buyer by handing them over to the carrier; the seller must nonetheless contract for the carriage of the goods from delivery to the agreed destination. Thus, for example, goods are handed over to a carrier in Las Vegas (which is not a port) for carriage to Southampton (a port) or to Winchester (which is not a port). In either case, delivery transferring risk to the buyer happens in Las Vegas, and the seller must make a contract of carriage to either Southampton or Winchester.

2. **Mode of transport**—This rule may be used irrespective of the mode of transport selected and may also be used where more than one mode of transport is employed.

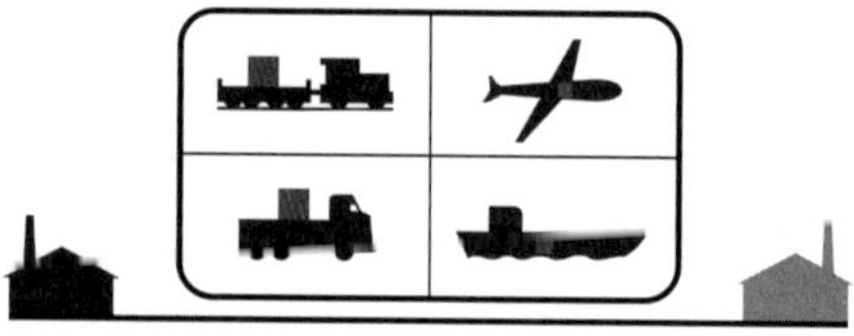

3. **Places (or points) of delivery and destination**—In CIP two locations are important: the place or point at which the goods are delivered (for the transfer of risk) and the place or point agreed as the destination of the goods (as the point to which the seller promises to contract for carriage).

4. **Insurance**—The seller must also contract for insurance cover against the buyer's risk of loss of or damage to the goods from the point of delivery to at least the point of destination. This may cause difficulty where the destination country requires insurance cover to be purchased locally: in this case the parties should consider selling and buying under CPT. The buyer should also note that under the CIP Incoterms® 2020 rule the seller is required to obtain extensive insurance cover complying with Institute Cargo Clauses (A) or similar clause, rather than with the more limited cover under Institute Cargo Clauses (C). It is, however, still open to the parties to agree on a lower level of cover.

5. **Identifying the place or point of delivery with precision**—The parties are well advised to identify both places, or indeed points within those places, as precisely as possible in the contract of sale. Identifying the place or point (if any) of delivery as precisely as possible is important to cater for the common situation where several carriers are engaged, each for different legs of the transit from delivery to destination. Where this happens and the parties do not agree on a specific place or point of delivery, the default position is that risk transfers when the goods have been delivered to the first carrier at a point entirely of the seller's choosing and over which the buyer has no control. Should the parties wish the risk to transfer at a later stage (e.g. at a sea or river port or at an airport), or indeed an earlier one (e.g. an inland point some way away from a sea or river port), they need to specify this in their contract of sale and to carefully think through the consequences of so doing in case the goods are lost or damaged.

6. **Identifying the destination as precisely as possible**—The parties are also well advised to identify as precisely as possible in the contract of sale the point within the agreed place of

destination, as this is the point to which the seller must contract for carriage and insurance and this is the point to which the costs of carriage and insurance fall on the seller.

7. **'or procuring the goods so delivered'**—The reference to "procure" here caters for multiple sales down a chain (string sales), particularly common in the commodity trades.

8. **Costs of unloading at destination**—If the seller incurs costs under its contract of carriage related to unloading at the named place of destination, the seller is not entitled to recover such costs separately from the buyer unless otherwise agreed between the parties.

9. **Export/import clearance**—CIP requires the seller to clear the goods for export, where applicable. However, the seller has no obligation to clear the goods for import or for transit through third countries, or to pay any import duty or to carry out any import customs formalities.

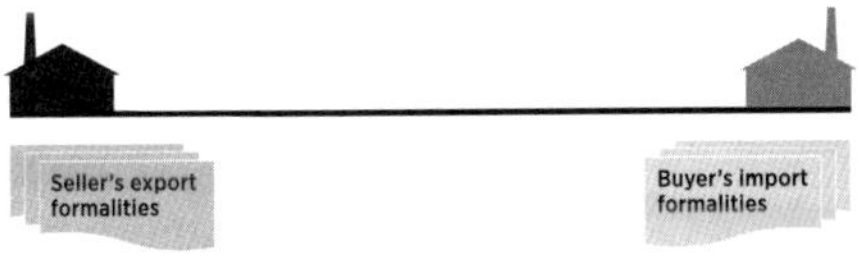

A THE SELLER'S OBLIGATIONS

A1 General obligations

The seller must provide the goods and the commercial invoice in conformity with the contract of sale and any other evidence of conformity that may be required by the contract.

Any document to be provided by the seller may be in paper or electronic form as agreed or, where there is no agreement, as is customary.

A2 Delivery

The seller must deliver the goods by handing them over to the carrier contracted in accordance with A4 or by procuring the goods so delivered. In either case the seller must deliver the goods on the agreed date or within the agreed period.

A3 Transfer of risks

The seller bears all risks of loss of or damage to the goods until they have been delivered in accordance with A2, with the exception of loss or damage in the circumstance described in B3.

A4 Carriage

The seller must contract or procure a contract for the carriage of the goods from the agreed point of delivery, if any, at the place of delivery to the named place of destination or, if agreed, any point at that place. The contract of carriage must be made on usual terms at the seller's cost and provide for carriage by the usual route in a customary manner of the type normally used for carriage of the type of goods sold. If a specific point is not agreed or is not determined by practice, the seller may select the point of delivery and the point at the named place of destination that best suit its purpose.

The seller must comply with any transport-related security requirements for transport to the destination.

B THE BUYER'S OBLIGATIONS

B1 General obligations

The buyer must pay the price of the goods as provided in the contract of sale.

Any document to be provided by the buyer may be in paper or electronic form as agreed or, where there is no agreement, as is customary.

B2 Taking delivery

The buyer must take delivery of the goods when they have been delivered under A2 and receive them from the carrier at the named place of destination or if agreed, at the point within that place.

B3 Transfer of risks

The buyer bears all risks of loss of or damage to the goods from the time they have been delivered under A2.

If the buyer fails to give notice in accordance with B10, then the buyer bears all risks of loss of or damage to the goods from the agreed date or the end of the agreed period for delivery, provided that the goods have been clearly identified as the contract goods.

B4 Carriage

The buyer has no obligation to the seller to make a contract of carriage.

A THE SELLER'S OBLIGATIONS

A5 Insurance

Unless otherwise agreed or customary in the particular trade, the seller must obtain at its own cost cargo insurance complying with the cover provided by Clauses (A) of the Institute Cargo Clauses (LMA/IUA) or any similar clauses as appropriate to the means of transport used. The insurance shall be contracted with underwriters or an insurance company of good repute and entitle the buyer, or any other person having an insurable interest in the goods, to claim directly from the insurer.

When required by the buyer, the seller must, subject to the buyer providing any necessary information requested by the seller, provide at the buyer's cost any additional cover, if procurable, such as cover complying with the Institute War Clauses and/or Institute Strikes Clauses (LMA/IUA) or any similar clauses (unless such cover is already included with the cargo insurance described in the preceding paragraph).

The insurance shall cover, at a minimum, the price provided in the contract plus 10% (i.e. 110%) and shall be in the currency of the contract.

The insurance shall cover the goods from the point of delivery set out in A2 to at least the named place of destination.

The seller must provide the buyer with the insurance policy or certificate or any other evidence of insurance cover.

Moreover, the seller must provide the buyer, at the buyer's request, risk and cost, with information that the buyer needs to procure any additional insurance.

A6 Delivery/transport document

If customary or at the buyer's request, the seller must provide the buyer, at the seller's cost, with the usual transport document[s] for the transport contracted in accordance with A4.

This transport document must cover the contract goods and be dated within the period agreed for shipment. If agreed or customary, the document must also enable the buyer to claim the goods from the carrier at the named place of destination and enable the buyer to sell the goods in transit by the transfer of the document to a subsequent buyer or by notification to the carrier.

When such a transport document is issued in negotiable form and in several originals, a full set of originals must be presented to the buyer.

B THE BUYER'S OBLIGATIONS

B5 Insurance

The buyer has no obligation to the seller to make a contract of insurance. However, the buyer must provide the seller, upon request, with any information necessary for the seller to procure any additional insurance requested by the buyer under A5.

B6 Delivery/transport document

The buyer must accept the transport document provided under A6 if it is in conformity with the contract.

A THE SELLER'S OBLIGATIONS

A7 Export/import clearance

a) Export clearance

Where applicable, the seller must carry out and pay for all export clearance formalities required by the country of export, such as:

- export licence;
- security clearance for export;
- pre-shipment inspection; and
- any other official authorisation.

b) Assistance with import clearance

Where applicable, the seller must assist the buyer, at the buyer's request, risk and cost, in obtaining any documents and/or information related to all transit/import clearance formalities, including security requirements and pre-shipment inspection, needed by any country of transit or the country of import.

A8 Checking/packaging/marking

The seller must pay the costs of those checking operations (such as checking quality, measuring, weighing, counting) that are necessary for the purpose of delivering the goods in accordance with A2.

The seller must, at its own cost, package the goods, unless it is usual for the particular trade to transport the type of goods sold unpackaged. The seller must package and mark the goods in the manner appropriate for their transport, unless the parties have agreed on specific packaging or marking requirements.

B THE BUYER'S OBLIGATIONS

B7 Export/import clearance

a) **Assistance with export clearance**
Where applicable, the buyer must assist the seller at the seller's request, risk and cost in obtaining any documents and/or information related to all export clearance formalities, including security requirements and pre-shipment inspection, needed by the country of export.

b) **Import clearance**
Where applicable, the buyer must carry out and pay for all formalities required by any country of transit and the country of import, such as:

- import licence and any licence required for transit;
- security clearance for import and any transit;
- pre-shipment inspection; and
- any other official authorisation.

B8 Checking/packaging/marking

The buyer has no obligation to the seller.

A THE SELLER'S OBLIGATIONS

A9 Allocation of costs

The seller must pay:

a) all costs relating to the goods until they have been delivered in accordance with A2, other than those payable by the buyer under B9;

b) transport and all other costs resulting from A4, including the costs of loading the goods and transport-related security costs;

c) any charges for unloading at the agreed place of destination but only if those charges were for the seller's account under the contract of carriage;

d) the costs of transit that were for the seller's account under the contract of carriage;

e) the costs of providing the usual proof to the buyer under A6 that the goods have been delivered;

f) the costs of insurance resulting from A5;

g) where applicable, duties, taxes and any other costs related to export clearance under A7(a); and

h) the buyer for all costs and charges related to providing assistance in obtaining documents and information in accordance with B7(a).

A10 Notices

The seller must notify the buyer that the goods have been delivered in accordance with A2.

The seller must give the buyer any notice required to enable the buyer to receive the goods.

B THE BUYER'S OBLIGATIONS

B9 Allocation of costs

The buyer must pay:

a) all costs relating to the goods from the time they have been delivered under A2, other than those payable by the seller under A9;

b) the costs of transit, unless such costs were for the seller's account under the contract of carriage;

c) unloading costs, unless such costs were for the seller's account under the contract of carriage;

d) the costs of any additional insurance procured at the buyer's request under A5 and B5;

e) the seller for all costs and charges related to providing assistance in obtaining documents and information in accordance with A5 and A7(b);

f) where applicable, duties, taxes and any other costs related to transit or import clearance under B7(b); and

g) any additional costs incurred if it fails to give notice in accordance with B10, from the agreed date or the end of the agreed period for shipment, provided that the goods have been clearly identified as the contract goods.

B10 Notices

The buyer must, whenever it is agreed that the buyer is entitled to determine the time for dispatching the goods and/or the point of receiving the goods within the named place of destination, give the seller sufficient notice.

DAP | Delivered at Place

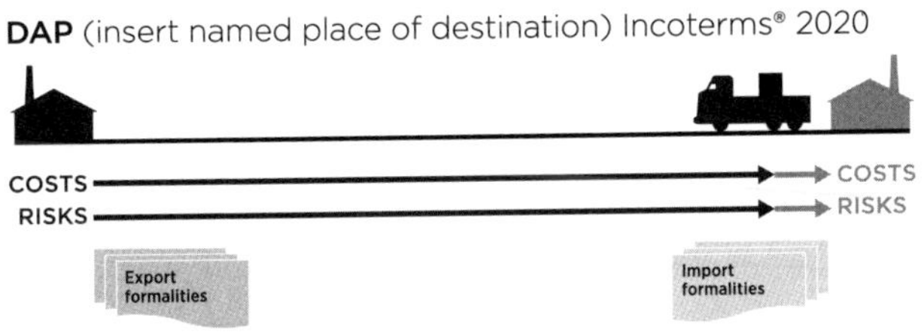

EXPLANATORY NOTES FOR USERS

1. **Delivery and risk**—"Delivered at Place" means that the seller delivers the goods—and transfers risk—to the buyer
   - when the goods are placed at the disposal of the buyer
   - on the arriving means of transport ready for unloading
   - at the named place of destination or
   - at the agreed point within that place, if any such point is agreed.

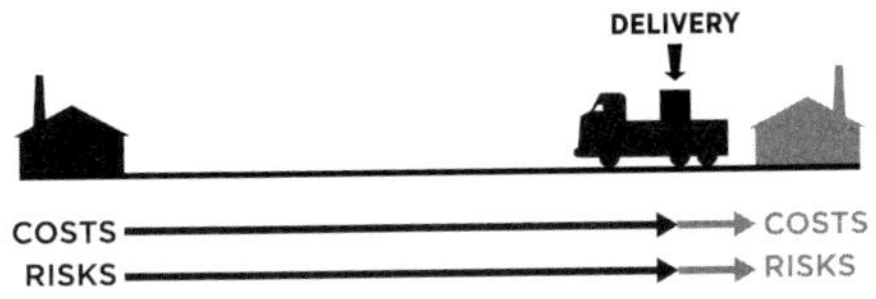

The seller bears all risks involved in bringing the goods to the named place of destination or to the agreed point within that place. In this Incoterms® rule, therefore, delivery and arrival at destination are the same.

2. **Mode of transport**—This rule may be used irrespective of the mode of transport selected and may also be used where more than one mode of transport is employed.

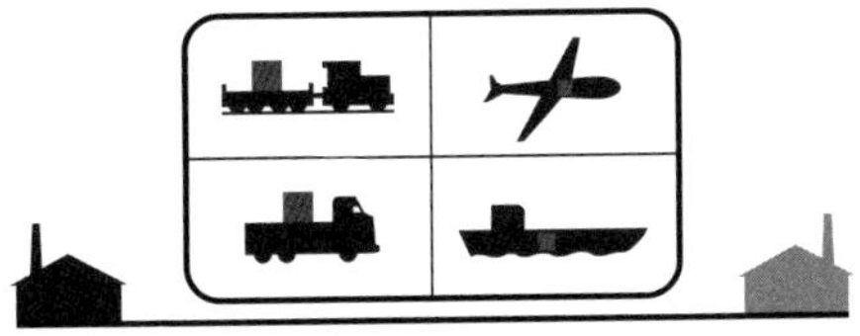

3. **Identifying the place or point of delivery/destination precisely**—The parties are well advised to specify the destination place or point as clearly as possible and this for several reasons. First, risk of loss of or damage to the goods transfers to the buyer at that point of delivery/destination—and it is best for the seller and the buyer to be clear about the point at which that critical transfer happens. Secondly, the costs before that place or point of delivery/destination are for the account of the seller and the costs after that place or point are for the account of the buyer. Thirdly, the seller must contract or arrange for the carriage of the goods to the agreed place or point of delivery/destination. If it fails to do so, the seller is in breach of its obligations under the Incoterms® DAP rule and will be liable to the buyer for any ensuing loss. Thus, for example, the seller would be responsible for any additional costs levied by the carrier to the buyer for any additional on-carriage.

4. **'or procuring the goods so delivered'**—The reference to "procure" here caters for multiple sales down a chain (string sales), particularly common in the commodity trades.

5. **Unloading costs**—The seller is not required to unload the goods from the arriving means of transportation. However, if the seller incurs costs under its contract of carriage related to unloading at the place of delivery/destination, the seller is not entitled to recover such costs separately from the buyer unless otherwise agreed between the parties.

6. **Export/import clearance**—DAP requires the seller to clear the goods for export, where applicable. However, the seller has no obligation to clear the goods for import or for post-delivery transit through third countries, to pay any import duty or to carry out any import customs formalities. As a result, if the buyer fails to organise import clearance, the goods will be held up at a port or inland terminal in the destination country. Who bears the risk of any loss that might occur while the goods are thus held up at the port of entry in the destination country? The answer is the buyer: delivery will not have occurred yet, B3(a) ensuring that the risk of loss of or damage to the goods is with the buyer until transit to a named inland point can be resumed. If, in order to avoid this scenario, the parties intend the seller to clear the goods for import, pay any import duty or tax and carry out any import customs formalities, the parties might consider using DDP.

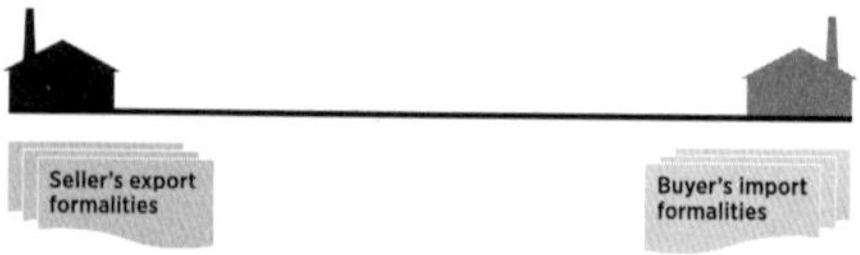

A THE SELLER'S OBLIGATIONS

A1 General obligations

The seller must provide the goods and the commercial invoice in conformity with the contract of sale and any other evidence of conformity that may be required by the contract.

Any document to be provided by the seller may be in paper or electronic form as agreed or, where there is no agreement, as is customary.

A2 Delivery

The seller must deliver the goods by placing them at the disposal of the buyer on the arriving means of transport ready for unloading at the agreed point, if any, at the named place of destination or by procuring the goods so delivered. In either case the seller must deliver the goods on the agreed date or within the agreed period.

A3 Transfer of risks

The seller bears all risks of loss of or damage to the goods until they have been delivered in accordance with A2, with the exception of loss or damage in the circumstances described in B3.

A4 Carriage

The seller must contract or arrange at its own cost for the carriage of the goods to the named place of destination or to the agreed point, if any, at the named place of destination. If a specific point is not agreed or is not determined by practice, the seller may select the point at the named place of destination that best suits its purpose.

The seller must comply with any transport-related security requirements for transport to the destination.

A5 Insurance

The seller has no obligation to the buyer to make a contract of insurance.

B THE BUYER'S OBLIGATIONS

B1 General obligations

The buyer must pay the price of the goods as provided in the contract of sale.

Any document to be provided by the buyer may be in paper or electronic form as agreed or, where there is no agreement, as is customary.

B2 Taking delivery

The buyer must take delivery of the goods when they have been delivered under A2.

B3 Transfer of risks

The buyer bears all risks of loss of or damage to the goods from the time they have been delivered under A2.

If:

a) the buyer fails to fulfil its obligations in accordance with B7, then it bears all resulting risks of loss of or damage to the goods; or

b) the buyer fails to give notice in accordance with B10, then it bears all risks of loss of or damage to the goods from the agreed date or the end of the agreed period for delivery,

provided that the goods have been clearly identified as the contract goods.

B4 Carriage

The buyer has no obligation to the seller to make a contract of carriage.

B5 Insurance

The buyer has no obligation to the seller to make a contract of insurance. However, the buyer must provide the seller, at the seller's request, risk and cost, with information that the seller needs for obtaining insurance.

A THE SELLER'S OBLIGATIONS

A6 Delivery/transport document

The seller must provide the buyer, at the seller's cost, with any document required to enable the buyer to take over the goods.

A7 Export/import clearance

a) **Export and transit clearance**

Where applicable, the seller must carry out and pay for all export and transit clearance formalities required by the country of export and any country of transit (other than the country of import), such as:

- export/transit licence;
- security clearance for export/transit;
- pre-shipment inspection; and
- any other official authorisation.

b) **Assistance with import clearance**

Where applicable, the seller must assist the buyer, at the buyer's request, risk and cost, in obtaining any documents and/or information related to all import clearance formalities, including security requirements and pre-shipment inspection, needed by the country of import.

A8 Checking/packaging/marking

The seller must pay the costs of those checking operations (such as checking quality, measuring, weighing, counting) that are necessary for the purpose of delivering the goods in accordance with A2.

The seller must, at its own cost, package the goods, unless it is usual for the particular trade to transport the type of goods sold unpackaged. The seller must package and mark the goods in the manner appropriate for their transport, unless the parties have agreed on specific packaging or marking requirements.

A9 Allocation of costs

The seller must pay:

a) all costs relating to the goods and their transport until they have been delivered in accordance with A2, other than those payable by the buyer under B9;

b) any charges for unloading at the place of destination but only if those charges were for the seller's account under the contract of carriage;

c) the cost of providing the delivery/transport document under A6;

d) where applicable, duties, taxes and any other costs related to export and any transit clearance under A7(a); and

e) the buyer for all costs and charges related to providing assistance in obtaining documents and information in accordance with B5 and B7(a).

B THE BUYER'S OBLIGATIONS

B6 Delivery/transport document

The buyer must accept the document provided under A6.

B7 Export/import clearance

a) Assistance with export and transit clearance

Where applicable, the buyer must assist the seller at the seller's request, risk and cost in obtaining any documents and/or information related to all export/transit clearance formalities, including security requirements and pre-shipment inspection, needed by the country of export and any country of transit (other than the country of import).

b) Import clearance

Where applicable, the buyer must carry out and pay for all formalities required by the country of import, such as:

- import licence;
- security clearance for import;
- pre-shipment inspection; and
- any other official authorisation.

B8 Checking/packaging/marking

The buyer has no obligation to the seller.

B9 Allocation of costs

The buyer must pay:

a) all costs relating to the goods from the time they have been delivered under A2;

b) all costs of unloading necessary to take delivery of the goods from the arriving means of transport at the named place of destination, unless such costs were for the seller's account under the contract of carriage;

c) the seller for all costs and charges related to providing assistance in obtaining documents and information in accordance with A7(b);

d) where applicable, duties, taxes and any other costs related to import clearance under B7(b); and

e) any additional costs incurred by the seller if the buyer fails to fulfil its obligations in accordance with B7 or to give notice in accordance with B10, provided that the goods have been clearly identified as the contract goods.

A THE SELLER'S OBLIGATIONS

A10 Notices

The seller must give the buyer any notice required to enable the buyer to receive the goods.

B THE BUYER'S OBLIGATIONS

B10 Notices

The buyer must, whenever it is agreed that the buyer is entitled to determine the time within an agreed period and/or the point of taking delivery within the named place of destination, give the seller sufficient notice.

DPU | Delivered at Place Unloaded

DPU (insert named place of destination) Incoterms® 2020

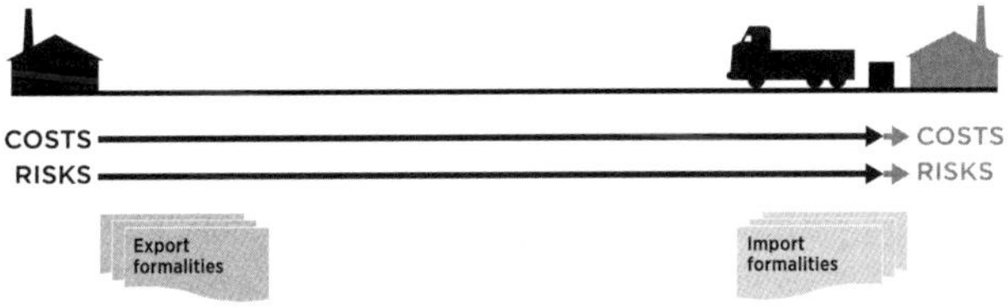

EXPLANATORY NOTES FOR USERS

1. **Delivery and risk**—"Delivered at Place Unloaded" means that the seller delivers the goods—and transfers risk—to the buyer
   - when the goods,
   - once unloaded from the arriving means of transport,
   - are placed at the disposal of the buyer
   - at a named place of destination or
   - at the agreed point within that place, if any such point is agreed.

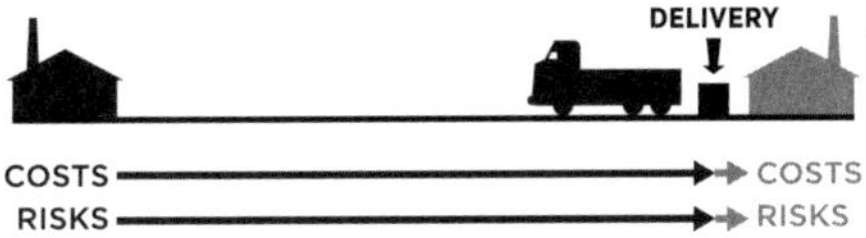

The seller bears all risks involved in bringing the goods to and unloading them at the named place of destination. In this Incoterms® rule, therefore, the delivery and arrival at destination are the same. DPU is the only Incoterms® rule that requires the seller to unload goods at destination. The seller should therefore ensure that it is in a position to organise unloading at the named place. Should the parties intend the seller not to bear the risk and cost of unloading, the DPU rule should be avoided and DAP should be used instead.

2. **Mode of transport**—This rule may be used irrespective of the mode of transport selected and may also be used where more than one mode of transport is employed.

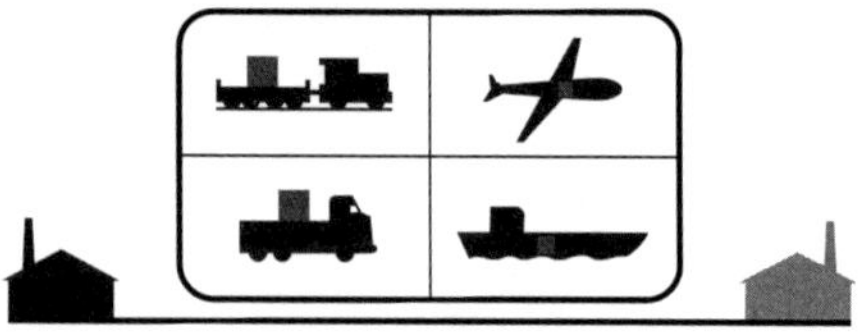

3. **Identifying the place or point of delivery/destination precisely**—The parties are well advised to specify the destination place or point as clearly as possible and this for several reasons. First, risk of loss of or damage to the goods transfers to the buyer at that point of delivery/destination—and it is best for the seller and the buyer to be clear about the point at which that critical transfer happens. Secondly, the costs before that place or point of delivery/destination are for the account of the seller and the costs after that place or point are for the account of the buyer. Thirdly, the seller must contract or arrange for the carriage of the goods to the agreed place or point of delivery/destination. If it fails to do so, the seller is in breach of its obligations under this rule and will be liable to the buyer for any ensuing loss. The seller would, for example, be responsible for any additional costs levied by the carrier to the buyer for any additional on-carriage.

4. **'or procuring the goods so delivered'**—The reference to "procure" here caters for multiple sales down a chain (string sales), particularly common in the commodity trades.

5. **Export/import clearance**—DPU requires the seller to clear the goods for export, where applicable. However, the seller has no obligation to clear the goods for import or for post-delivery transit through third countries, to pay any import duty or to carry out any import customs formalities. As a result, if the buyer fails to organise import clearance, the goods will be held up at a port or inland terminal in the destination country. Who bears the risk of any loss that might occur while the goods are thus held up at the port of entry in the destination country? The answer is the buyer: delivery will not have occurred yet, B3(a) ensuring that the risk of loss of or damage to the goods is with the buyer until transit to a named inland point can be resumed. If, in order to avoid this scenario, the parties intend the seller to clear the goods for import, pay any import duty or tax and carry out any import customs formalities, the parties might consider using DDP.

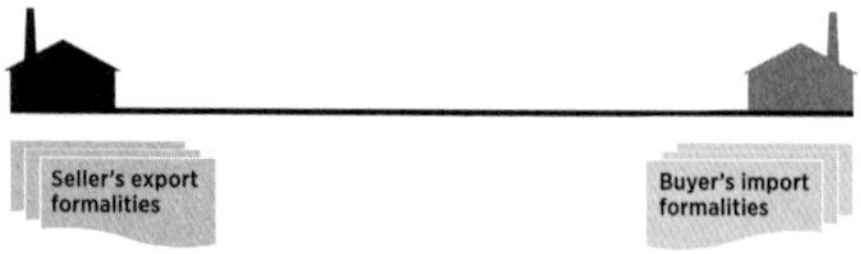

A THE SELLER'S OBLIGATIONS

A1 General obligations

The seller must provide the goods and the commercial invoice in conformity with the contract of sale and any other evidence of conformity that may be required by the contract.

Any document to be provided by the seller may be in paper or electronic form as agreed or, where there is no agreement, as is customary.

A2 Delivery

The seller must unload the goods from the arriving means of transport and must then deliver them by placing them at the disposal of the buyer at the agreed point, if any, at the named place of destination or by procuring the goods so delivered. In either case the seller must deliver the goods on the agreed date or within the agreed period.

A3 Transfer of risks

The seller bears all risks of loss of or damage to the goods until they have been delivered in accordance with A2, with the exception of loss or damage in the circumstances described in B3.

A4 Carriage

The seller must contract or arrange at its own cost for the carriage of the goods to the named place of destination or to the agreed point, if any, at the named place of destination. If a specific point is not agreed or is not determined by practice, the seller may select the point at the named place of destination that best suits its purpose.

The seller must comply with any transport-related security requirements for transport to the destination.

A5 Insurance

The seller has no obligation to the buyer to make a contract of insurance.

B THE BUYER'S OBLIGATIONS

B1 General obligations

The buyer must pay the price of the goods as provided in the contract of sale.

Any document to be provided by the buyer may be in paper or electronic form as agreed or, where there is no agreement, as is customary.

B2 Taking delivery

The buyer must take delivery of the goods when they have been delivered under A2.

B3 Transfer of risks

The buyer bears all risks of loss of or damage to the goods from the time they have been delivered under A2.

If:

a) the buyer fails to fulfil its obligations in accordance with B7, then it bears all resulting risks of loss of or damage to the goods; or

b) the buyer fails to give notice in accordance with B10, then it bears all risks of loss of or damage to the goods from the agreed date or the end of the agreed period for delivery,

provided that the goods have been clearly identified as the contract goods.

B4 Carriage

The buyer has no obligation to the seller to make a contract of carriage.

B5 Insurance

The buyer has no obligation to the seller to make a contract of insurance. However, the buyer must provide the seller, at the seller's request, risk and cost, with information that the seller needs for obtaining insurance.

A THE SELLER'S OBLIGATIONS

A6 Delivery/transport document

The seller must provide the buyer, at the seller's cost, with any document required to enable the buyer to take over the goods.

A7 Export/import clearance

a) Export and transit clearance

Where applicable, the seller must carry out and pay for all export and transit clearance formalities required by the country of export and any country of transit (other than the country of import), such as:

- export/transit licence;
- security clearance for export/transit;
- pre-shipment inspection; and
- any other official authorisation.

b) Assistance with import clearance

Where applicable, the seller must assist the buyer, at the buyer's request, risk and cost, in obtaining any documents and/or information related to all import clearance formalities, including security requirements and pre-shipment inspection, needed by the country of import.

A8 Checking/packaging/marking

The seller must pay the costs of those checking operations (such as checking quality, measuring, weighing, counting) that are necessary for the purpose of delivering the goods in accordance with A2.

The seller must, at its own cost, package the goods, unless it is usual for the particular trade to transport the type of goods sold unpackaged. The seller must package and mark the goods in the manner appropriate for their transport, unless the parties have agreed on specific packaging or marking requirements.

A9 Allocation of costs

The seller must pay:

a) all costs relating to the goods and their transport until they have been unloaded and delivered in accordance with A2, other than those payable by the buyer under B9;

b) the cost of providing the delivery/transport document under A6;

c) where applicable, duties, taxes and any other costs related to export and any transit clearance under A7(a); and

d) the buyer for all costs and charges related to providing assistance in obtaining documents and information in accordance with B5 and B7(a).

B THE BUYER'S OBLIGATIONS

B6 Delivery/transport document

The buyer must accept the document provided under A6.

B7 Export/import clearance

a) **Assistance with export and transit clearance**
Where applicable, the buyer must assist the seller at the seller's request, risk and cost in obtaining any documents and/or information related to all export/transit clearance formalities, including security requirements and pre-shipment inspection, needed by the country of export and any country of transit (other than the country of import).

b) **Import clearance**
Where applicable, the buyer must carry out and pay for all formalities required by the country of import, such as:

- import licence;
- security clearance for import;
- pre-shipment inspection; and
- any other official authorisation.

B8 Checking/packaging/marking

The buyer has no obligation to the seller.

B9 Allocation of costs

The buyer must pay:

a) all costs relating to the goods from the time they have been delivered under A2;

b) the seller for all costs and charges related to providing assistance in obtaining documents and information in accordance with A7(b);

c) where applicable, duties, taxes and any other costs related to import clearance under B7(b); and

d) any additional costs incurred by the seller if the buyer fails to fulfil its obligations in accordance with B7 or to give notice in accordance with B10, provided that the goods have been clearly identified as the contract goods.

A THE SELLER'S OBLIGATIONS

A10 Notices

The seller must give the buyer any notice required to enable the buyer to receive the goods.

B THE BUYER'S OBLIGATIONS

B10 Notices

The buyer must, whenever it is agreed that the buyer is entitled to determine the time within an agreed period and/or the point of taking delivery within the named place of destination, give the seller sufficient notice.

DDP | Delivered Duty Paid

DDP (insert named place of destination) Incoterms® 2020

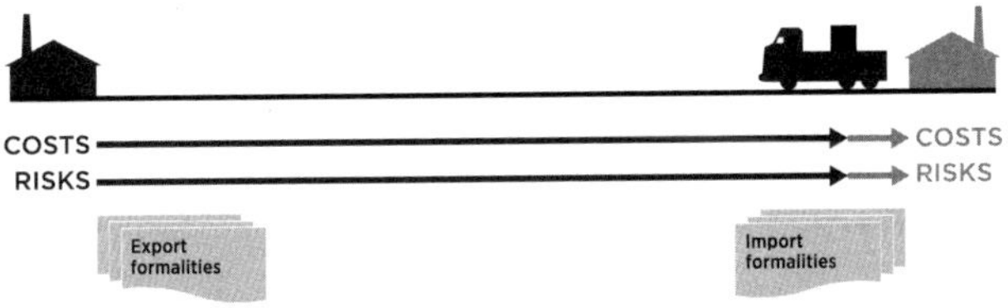

EXPLANATORY NOTES FOR USERS

1. **Delivery and risk**—"Delivered Duty Paid" means that the seller delivers the goods to the buyer

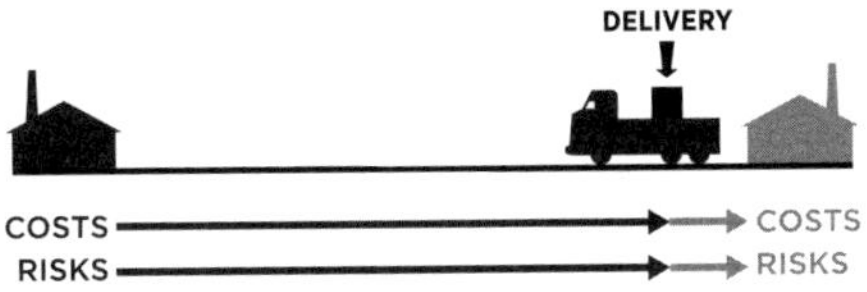

- when the goods are placed at the disposal of the buyer,
- cleared for import,
- on the arriving means of transport,
- ready for unloading,
- at the named place of destination or at the agreed point within that place, if any such point is agreed.

The seller bears all risks involved in bringing the goods to the named place of destination or to the agreed point within that place. In this Incoterms® rule, therefore, delivery and arrival at destination are the same.

2. **Mode of transport**—This rule may be used irrespective of the mode of transport selected and may also be used where more than one mode of transport is employed.

3. **A note of caution to sellers: maximum responsibility**—DDP, with delivery happening at destination *and* with the seller being responsible for the payment of import duty and applicable taxes is the Incoterms® rule imposing on the seller the maximum level of obligation of all eleven Incoterms® rules. From the seller's perspective, therefore, the rule should be used with care for different reasons as set out in paragraph 7.

4. **Identifying the place or point of delivery/destination precisely**—The parties are well advised to specify the destination place or point as clearly as possible and this for several reasons. First, risk of loss of or damage to the goods transfers to the buyer at that point of delivery/destination—and it is best for the seller and the buyer to be clear about the point at which that critical transfer happens. Secondly, the costs before that place or point of delivery/destination are for the account of the seller, including the costs of import clearance, and the costs after that place or point, other than the costs of import, are for the account of the buyer. Thirdly, the seller must contract or arrange for the carriage of the goods to the agreed place or point of delivery/destination. If it fails to do so, the seller is in breach of its obligations under the Incoterms® rule DDP and will be liable to the buyer for any ensuing loss. Thus, for example, the seller would be responsible for any additional costs levied by the carrier to the buyer for any additional on-carriage.

5. **'or procuring the goods so delivered'**—The reference to "procure" here caters for multiple sales down a chain (string sales), particularly common in the commodity trades.

6. **Unloading costs**—If the seller incurs costs under its contract of carriage related to unloading at the place of delivery/destination, the seller is not entitled to recover such costs separately from the buyer unless otherwise agreed between the parties.

7. **Export/import clearance**—As set out in paragraph 3, DDP requires the seller to clear the goods for export, where applicable, as well as for import and to pay any import duty or to carry out any customs formalities. Thus if the seller is unable to obtain import clearance and would rather leave that side of things in the buyer's hands in the country of import, then the seller should consider choosing DAP or DPU, under which rules delivery still happens at destination, but with import clearance being left to the buyer. There may be tax implications and this tax may not be recoverable from the buyer: see A9(d).

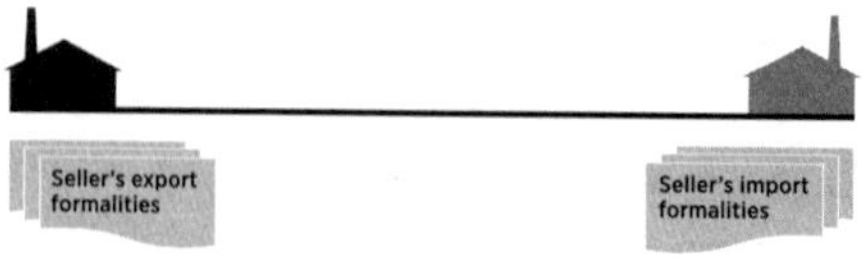

A THE SELLER'S OBLIGATIONS

A1 General obligations

The seller must provide the goods and the commercial invoice in conformity with the contract of sale and any other evidence of conformity that may be required by the contract.

Any document to be provided by the seller may be in paper or electronic form as agreed or, where there is no agreement, as is customary.

A2 Delivery

The seller must deliver the goods by placing them at the disposal of the buyer on the arriving means of transport ready for unloading at the agreed point, if any, at the named place of destination or by procuring the goods so delivered. In either case the seller must deliver the goods on the agreed date or within the agreed period.

A3 Transfer of risks

The seller bears all risks of loss of or damage to the goods until they have been delivered in accordance with A2, with the exception of loss or damage in the circumstances described in B3.

A4 Carriage

The seller must contract or arrange at its own cost for the carriage of the goods to the named place of destination or to the agreed point, if any, at the named place of destination. If a specific point is not agreed or is not determined by practice, the seller may select the point at the named place of destination that best suits its purpose.

The seller must comply with any transport-related security requirements for transport to the destination.

A5 Insurance

The seller has no obligation to the buyer to make a contract of insurance.

A6 Delivery/transport document

The seller must provide the buyer, at the seller's cost, with any document required to enable the buyer to take over the goods.

B THE BUYER'S OBLIGATIONS

B1 General obligations

The buyer must pay the price of the goods as provided in the contract of sale.

Any document to be provided by the buyer may be in paper or electronic form as agreed or, where there is no agreement, as is customary.

B2 Taking delivery

The buyer must take delivery of the goods when they have been delivered under A2.

B3 Transfer of risks

The buyer bears all risks of loss of or damage to the goods from the time they have been delivered under A2.

If:

a) the buyer fails to fulfil its obligations in accordance with B7, then it bears all resulting risks of loss of or damage to the goods; or

b) the buyer fails to give notice in accordance with B10, then it bears all risks of loss of or damage to the goods from the agreed date or the end of the agreed period for delivery,

provided that the goods have been clearly identified as the contract goods.

B4 Carriage

The buyer has no obligation to the seller to make a contract of carriage.

B5 Insurance

The buyer has no obligation to the seller to make a contract of insurance. However, the buyer must provide the seller, at the seller's request, risk and cost, with information that the seller needs for obtaining insurance.

B6 Delivery/transport document

The buyer must accept the document provided under A6.

A THE SELLER'S OBLIGATIONS

A7 Export/import clearance

Where applicable, the seller must carry out and pay for all export/transit/import clearance formalities required by the countries of export, transit and import, such as:

- export/transit/import licence;
- security clearance for export/transit/import;
- pre-shipment inspection; and
- any other official authorisation.

A8 Checking/packaging/marking

The seller must pay the costs of those checking operations (such as checking quality, measuring, weighing, counting) that are necessary for the purpose of delivering the goods in accordance with A2.

The seller must, at its own cost, package the goods, unless it is usual for the particular trade to transport the type of goods sold unpackaged. The seller must package and mark the goods in the manner appropriate for their transport, unless the parties have agreed on specific packaging or marking requirements.

A9 Allocation of costs

The seller must pay:

a) all costs relating to the goods and their transport until they have been delivered in accordance with A2, other than those payable by the buyer under B9;

b) any charges for unloading at the place of destination but only if those charges were for the seller's account under the contract of carriage;

c) the cost of providing the delivery/transport document under A6;

d) where applicable, duties, taxes and any other costs related to export, transit and import clearance under A7; and

e) the buyer for all costs and charges related to providing assistance in obtaining documents and information in accordance with B5 and B7.

A10 Notices

The seller must give the buyer any notice required to enable the buyer to receive the goods.

B THE BUYER'S OBLIGATIONS

B7 Export/import clearance

Where applicable, the buyer must assist the seller, at the seller's request, risk and cost. in obtaining any documents and/or information related to all export/transit/import clearance formalities required by the countries of export/transit/import, such as:

- export/transit/import licence;
- security clearance for export, transit and import;
- pre-shipment inspection; and
- any other official authorisation.

B8 Checking/packaging/marking

The buyer has no obligation to the seller.

B9 Allocation of costs

The buyer must pay:

a) all costs relating to the goods from the time they have been delivered under A2;

b) all costs of unloading necessary to take delivery of the goods from the arriving means of transport at the named place of destination, unless such costs were for the seller's account under the contract of carriage; and

c) any additional costs incurred by the seller if the buyer fails to fulfil its obligations in accordance with B7 or to give notice in accordance with B10, provided that the goods have been clearly identified as the contract goods.

B10 Notices

The buyer must, whenever it is agreed that the buyer is entitled to determine the time within an agreed period and/or the point of taking delivery within the named place of destination, give the seller sufficient notice.

RULES FOR SEA AND INLAND WATERWAY TRANSPORT

For the illustrations used throughout the book, please note that blue indicates the seller's obligations and gold indicates the buyer's obligations as shown in the headings throughout the book, and green indicates where these are mixed or shared.

FAS | Free Alongside Ship

FAS (insert named port of shipment) Incoterms® 2020

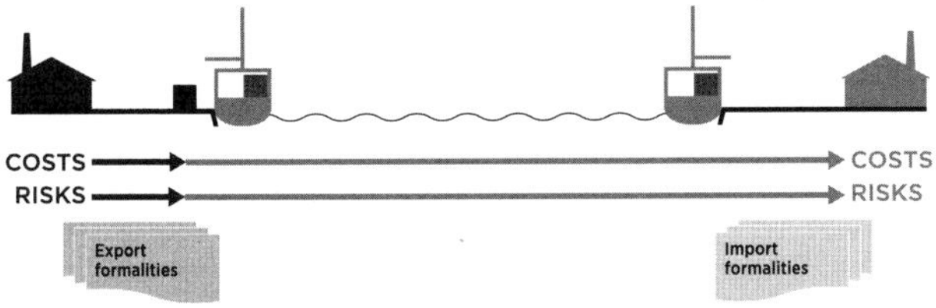

EXPLANATORY NOTES FOR USERS

1. **Delivery and risk**—"Free Alongside Ship" means that the seller delivers the goods to the buyer
   - when the goods are placed alongside the ship (e.g. on a quay or a barge)
   - nominated by the buyer
   - at the named port of shipment
   - or when the seller procures goods already so delivered.

   The risk of loss of or damage to the goods transfers when the goods are alongside the ship, and the buyer bears all costs from that moment onwards.

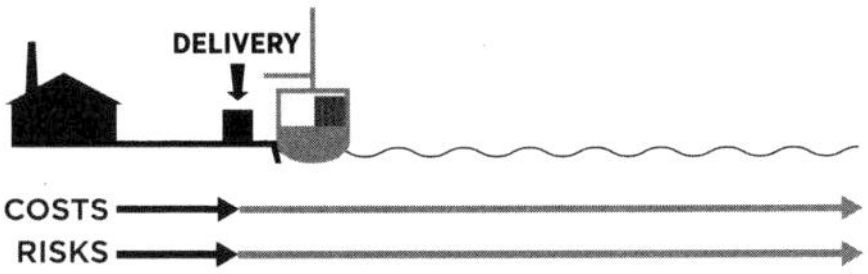

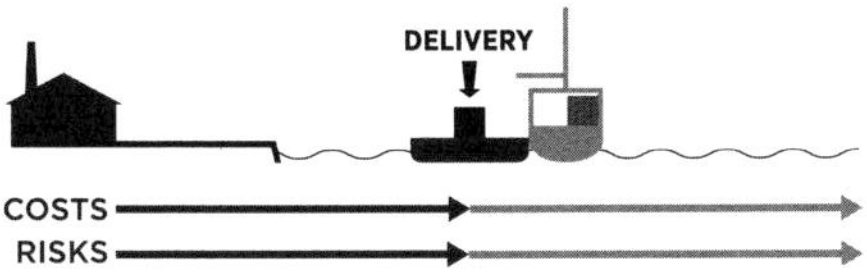

2. **Mode of transport**—This rule is to be used only for sea or inland waterway transport where the parties intend to deliver the goods by placing the goods alongside a vessel. Thus, the FAS rule is not appropriate where goods are handed over to the carrier before they are alongside the vessel, for example where

goods are handed over to a carrier at a container terminal. Where this is the case, parties should consider using the FCA rule rather than the FAS rule.

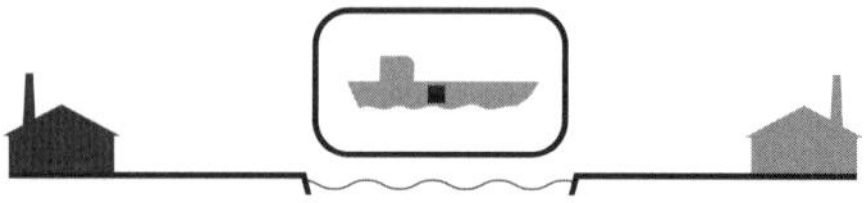

3. **Identifying the loading point precisely**—The parties are well advised to specify as clearly as possible the loading point at the named port of shipment where the goods are to be transferred from the quay or barge to the ship, as the costs and risks to that point are for the account of the seller and these costs and associated handling charges may vary according to the practice of the port.

4. **'or procuring the goods so delivered'**—The seller is required either to deliver the goods alongside the ship or to procure goods already so delivered for shipment. The reference to "procure" here caters for multiple sales down a chain (string sales), particularly common in the commodity trades.

5. **Export/import clearance**—FAS requires the seller to clear the goods for export, where applicable. However, the seller has no obligation to clear the goods for import or for transit through third countries, to pay any import duty or to carry out any import customs formalities.

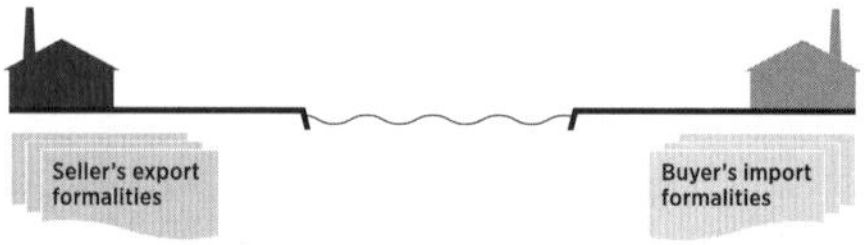

A THE SELLER'S OBLIGATIONS

A1 General obligations

The seller must provide the goods and the commercial invoice in conformity with the contract of sale and any other evidence of conformity that may be required by the contract.

Any document to be provided by the seller may be in paper or electronic form as agreed or, where there is no agreement, as is customary.

A2 Delivery

The seller must deliver the goods either by placing them alongside the vessel nominated by the buyer at the loading point, if any, indicated by the buyer at the named port of shipment or by procuring the goods so delivered.

The seller must deliver the goods

1. on the agreed date
   or
2. at the time within the agreed period notified by the buyer under B10
   or,
3. if no such time is notified, then at the end of the agreed period and
4. in the manner customary at the port.

If no specific loading point has been indicated by the buyer, the seller may select the point within the named port of shipment that best suits its purpose.

A3 Transfer of risks

The seller bears all risks of loss of or damage to the goods until they have been delivered in accordance with A2, with the exception of loss or damage in the circumstances described in B3.

B THE BUYER'S OBLIGATIONS

B1 General obligations

The buyer must pay the price of the goods as provided in the contract of sale.

Any document to be provided by the buyer may be in paper or electronic form as agreed or, where there is no agreement, as is customary.

B2 Taking delivery

The buyer must take delivery of the goods when they have been delivered under A2.

B3 Transfer of risks

The buyer bears all risks of loss of or damage to the goods from the time they have been delivered under A2.

If:

a) the buyer fails to give notice in accordance with B10; or

b) the vessel nominated by the buyer fails to arrive on time to enable the seller to comply with A2, fails to take the goods, or closes for cargo earlier than the time notified in accordance with B10;

then the buyer bears all risks of loss of or damage to the goods:

(i) from the agreed date, or in the absence of an agreed date,

(ii) from the date selected by the buyer under B10, or, if no such date has been notified,

(iii) from the end of any agreed period for delivery,

provided that the goods have been clearly identified as the contract goods.

A THE SELLER'S OBLIGATIONS

A4 Carriage

The seller has no obligation to the buyer to make a contract of carriage. However, the seller must provide the buyer, at the buyer's request, risk and cost, with any information in the possession of the seller, including transport-related security requirements, that the buyer needs for arranging carriage. If agreed, the seller must contract for carriage on the usual terms at the buyer's risk and cost.

The seller must comply with any transport-related security requirements up to delivery.

A5 Insurance

The seller has no obligation to the buyer to make a contract of insurance. However, the seller must provide the buyer, at the buyer's request, risk and cost, with information in possession of the seller that the buyer needs for obtaining insurance.

A6 Delivery/transport document

The seller must provide the buyer, at the seller's cost, with the usual proof that the goods have been delivered in accordance with A2.

Unless such proof is a transport document, the seller must provide assistance to the buyer, at the buyer's request, risk and cost, in obtaining a transport document.

A7 Export/import clearance

a) Export clearance

Where applicable, the seller must carry out and pay for all export clearance formalities required by the country of export, such as:

- export licence;
- security clearance for export;
- pre-shipment inspection; and
- any other official authorisation.

b) Assistance with import clearance

Where applicable, the seller must assist the buyer, at the buyer's request, risk and cost, in obtaining any documents and/or information related to all transit/import clearance formalities, including security requirements and pre-shipment inspection, needed by any country of transit or the country of import.

B THE BUYER'S OBLIGATIONS

B4 Carriage

The buyer must contract at its own cost for the carriage of the goods from the named port of shipment, except when the contract of carriage is made by the seller as provided for in A4.

B5 Insurance

The buyer has no obligation to the seller to make a contract of insurance.

B6 Delivery/transport document

The buyer must accept the proof of delivery provided under A6.

B7 Export/import clearance

a) **Assistance with export clearance**

Where applicable, the buyer must assist the seller at the seller's request, risk and cost in obtaining any documents and/or information related to all export clearance formalities, including security requirements and pre-shipment inspection, needed by the country of export.

b) **Import clearance**

Where applicable, the buyer must carry out and pay for all formalities required by any country of transit and the country of import, such as:

- import licence and any licence required for transit;
- security clearance for import and any transit;
- pre-shipment inspection; and
- any other official authorisation.

A THE SELLER'S OBLIGATIONS

A8 Checking/packaging/marking

The seller must pay the costs of those checking operations (such as checking quality, measuring, weighing, counting) that are necessary for the purpose of delivering the goods in accordance with A2.

The seller must, at its own cost, package the goods, unless it is usual for the particular trade to transport the type of goods sold unpackaged. The seller must package and mark the goods in the manner appropriate for their transport, unless the parties have agreed on specific packaging or marking requirements.

A9 Allocation of costs

The seller must pay:

a) all costs relating to the goods until they have been delivered in accordance with A2, other than those payable by the buyer under B9;

b) the costs of providing the usual proof to the buyer under A6 that the goods have been delivered;

c) where applicable, duties, taxes and any other costs related to export clearance under A7(a); and

d) the buyer for all costs and charges related to providing assistance in obtaining documents and information in accordance with B7(a).

A10 Notices

The seller must give the buyer sufficient notice either that the goods have been delivered in accordance with A2 or that the vessel has failed to take delivery of the goods within the time agreed.

B THE BUYER'S OBLIGATIONS

B8 Checking/packaging/marking

The buyer has no obligation to the seller.

B9 Allocation of costs

The buyer must pay:

a) all costs relating to the goods from the time they have been delivered under A2, other than those payable by the seller under A9;

b) the seller for all costs and charges related to providing assistance in obtaining documents and information in accordance with A4, A5, A6 and A7(b);

c) where applicable, duties, taxes and any other costs related to transit or import clearance under B7(b); and

d) any additional costs incurred, either because:

(i) the buyer has failed to give notice under B10, or

(ii) the vessel nominated by the buyer under B10 fails to arrive on time, fails to take the goods, or closes for cargo earlier than the time notified in accordance with B10,

provided that the goods have been clearly identified as the contract goods.

B10 Notices

The buyer must give the seller sufficient notice of any transport-related security requirements, the vessel name, loading point and, if any, the selected delivery date within the agreed period.

FOB | Free On Board

FOB (insert named port of shipment) Incoterms® 2020

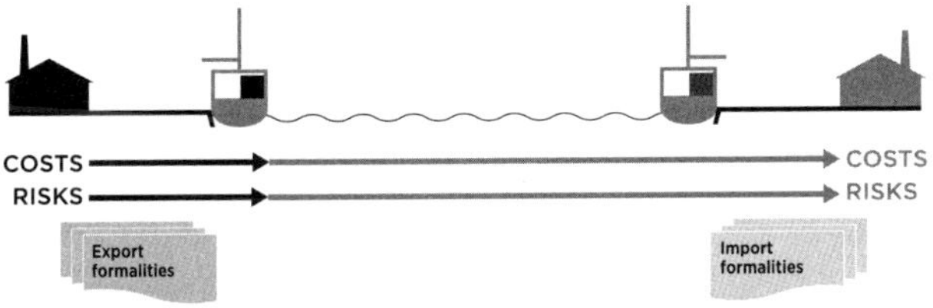

EXPLANATORY NOTES FOR USERS

1. **Delivery and risk**—"Free on Board" means that the seller delivers the goods to the buyer
   - on board the vessel
   - nominated by the buyer
   - at the named port of shipment
   - or procures the goods already so delivered.

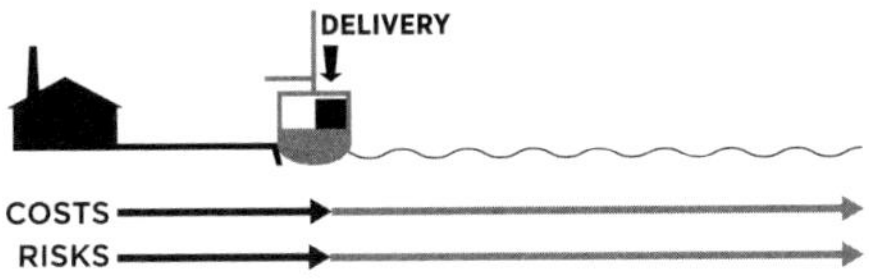

The risk of loss of or damage to the goods transfers when the goods are on board the vessel, and the buyer bears all costs from that moment onwards.

2. **Mode of transport**—This rule is to be used only for sea or inland waterway transport where the parties intend to deliver the goods by placing the goods on board a vessel. Thus, the FOB rule is not appropriate where goods are handed over to the carrier before they are on board the vessel, for example where goods are handed over to a carrier at a container terminal. Where this is the case, parties should consider using the FCA rule rather than the FOB rule.

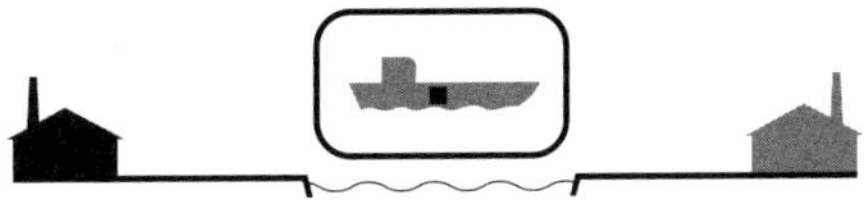

3. **'or procuring the goods so delivered'**—The seller is required either to deliver the goods on board the vessel or to procure goods already so delivered for shipment. The reference to "procure" here caters for multiple sales down a chain (string sales), particularly common in the commodity trades.

4. **Export/import clearance**—FOB requires the seller to clear the goods for export, where applicable. However, the seller has no obligation to clear the goods for import or for transit through third countries, to pay any import duty or to carry out any import customs formalities.

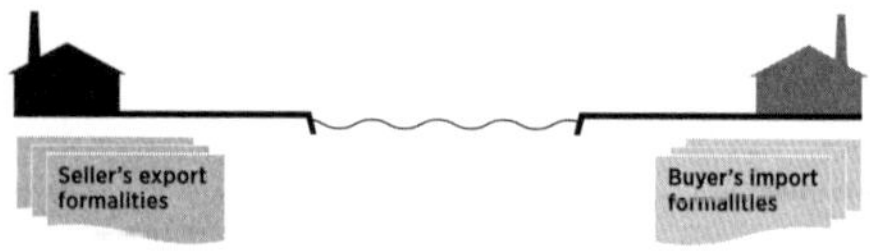

A THE SELLER'S OBLIGATIONS

A1 General obligations

The seller must provide the goods and the commercial invoice in conformity with the contract of sale and any other evidence of conformity that may be required by the contract.

Any document to be provided by the seller may be in paper or electronic form as agreed or, where there is no agreement, as is customary.

A2 Delivery

The seller must deliver the goods either by placing them on board the vessel nominated by the buyer at the loading point, if any, indicated by the buyer at the named port of shipment or by procuring the goods so delivered.

The seller must deliver the goods

1. on the agreed date
   or
2. at the time within the agreed period notified by the buyer under B10
   or,
3. if no such time is notified, then at the end of the agreed period
   and
4. in the manner customary at the port.

If no specific loading point has been indicated by the buyer, the seller may select the point within the named port of shipment that best suits its purpose.

A3 Transfer of risks

The seller bears all risks of loss of or damage to the goods until they have been delivered in accordance with A2, with the exception of loss or damage in the circumstances described in B3.

B THE BUYER'S OBLIGATIONS

B1 General obligations

The buyer must pay the price of the goods as provided in the contract of sale.

Any document to be provided by the buyer may be in paper or electronic form as agreed or, where there is no agreement, as is customary.

B2 Taking delivery

The buyer must take delivery of the goods when they have been delivered under A2.

B3 Transfer of risks

The buyer bears all risks of loss of or damage to the goods from the time they have been delivered under A2.

If:

a) the buyer fails to give notice in accordance with B10; or

b) the vessel nominated by the buyer fails to arrive on time to enable the seller to comply with A2, fails to take the goods, or closes for cargo earlier than the time notified in accordance with B10;

then the buyer bears all risks of loss of or damage to the goods:

(i) from the agreed date, or in the absence of an agreed date,

(ii) from the date selected by the buyer under B10, or, if no such date has been notified,

(iii) from the end of any agreed period for delivery,

provided that the goods have been clearly identified as the contract goods.

A THE SELLER'S OBLIGATIONS

A4 Carriage

The seller has no obligation to the buyer to make a contract of carriage. However, the seller must provide the buyer, at the buyer's request, risk and cost, with any information in the possession of the seller, including transport-related security requirements, that the buyer needs for arranging carriage. If agreed, the seller must contract for carriage on the usual terms at the buyer's risk and cost.

The seller must comply with any transport-related security requirements up to delivery.

A5 Insurance

The seller has no obligation to the buyer to make a contract of insurance. However, the seller must provide the buyer, at the buyer's request, risk and cost, with information in the possession of the seller that the buyer needs for obtaining insurance.

A6 Delivery/transport document

The seller must provide the buyer, at the seller's cost, with the usual proof that the goods have been delivered in accordance with A2.

Unless such proof is a transport document, the seller must provide assistance to the buyer, at the buyer's request, risk and cost, in obtaining a transport document.

A7 Export/import clearance

a) Export clearance

Where applicable, the seller must carry out and pay for all export clearance formalities required by the country of export, such as:

- export licence;
- security clearance for export;
- pre-shipment inspection; and
- any other official authorisation.

b) Assistance with import clearance

Where applicable, the seller must assist the buyer, at the buyer's request, risk and cost, in obtaining any documents and/or information related to all transit/import clearance formalities, including security requirements and pre-shipment inspection, needed by any country of transit or the country of import.

B THE BUYER'S OBLIGATIONS

B4 Carriage

The buyer must contract at its own cost for the carriage of the goods from the named port of shipment, except when the contract of carriage is made by the seller as provided for in A4.

B5 Insurance

The buyer has no obligation to the seller to make a contract of insurance.

B6 Delivery/transport document

The buyer must accept the proof of delivery provided under A6.

B7 Export/import clearance

a) **Assistance with export clearance**

Where applicable, the buyer must assist the seller at the seller's request, risk and cost in obtaining any documents and/or information related to all export clearance formalities, including security requirements and pre-shipment inspection, needed by the country of export.

b) **Import clearance**

Where applicable, the buyer must carry out and pay for all formalities required by any country of transit and the country of import, such as:

- import licence and any licence required for transit;
- security clearance for import and any transit;
- pre-shipment inspection; and
- any other official authorisation.

A THE SELLER'S OBLIGATIONS

A8 Checking/packaging/marking

The seller must pay the costs of those checking operations (such as checking quality, measuring, weighing, counting) that are necessary for the purpose of delivering the goods in accordance with A2.

The seller must, at its own cost, package the goods, unless it is usual for the particular trade to transport the type of goods sold unpackaged. The seller must package and mark the goods in the manner appropriate for their transport, unless the parties have agreed on specific packaging or marking requirements.

A9 Allocation of costs

The seller must pay:

a) all costs relating to the goods until they have been delivered in accordance with A2, other than those payable by the buyer under B9;

b) the costs of providing the usual proof to the buyer under A6 that the goods have been delivered;

c) where applicable, duties, taxes and any other costs related to export clearance under A7(a); and

d) the buyer for all costs and charges related to providing assistance in obtaining documents and information in accordance with B7(a).

A10 Notices

The seller must give the buyer sufficient notice either that the goods have been delivered in accordance with A2 or that the vessel has failed to take the goods within the time agreed.

B THE BUYER'S OBLIGATIONS

B8 Checking/packaging/marking

The buyer has no obligation to the seller.

B9 Allocation of costs

The buyer must pay:

a) all costs relating to the goods from the time they have been delivered under A2, other than those payable by the seller under A9;

b) the seller for all costs and charges related to providing assistance in obtaining documents and information in accordance with A4, A5, A6 and A7(b);

c) where applicable, duties, taxes and any other costs related to transit or import clearance under B7(b); and

d) any additional costs incurred, either because:

(i) the buyer has failed to give notice under B10, or

(ii) the vessel nominated by the buyer under B10 fails to arrive on time, fails to take the goods, or closes for cargo earlier than the time notified in accordance with B10,

provided that the goods have been clearly identified as the contract goods.

B10 Notices

The buyer must give the seller sufficient notice of any transport-related security requirements, the vessel name, loading point and, if any, the selected delivery date within the agreed period.

CFR | Cost and Freight

CFR (insert named port of destination) Incoterms® 2020

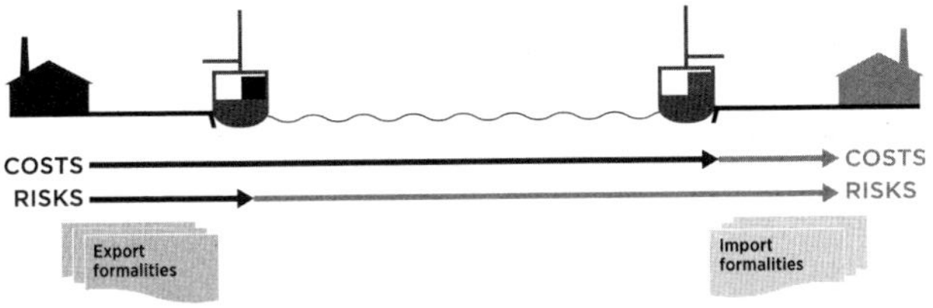

EXPLANATORY NOTES FOR USERS

1. **Delivery and risk**—"Cost and Freight" means that the seller delivers the goods to the buyer
   - on board the vessel
   - or procures the goods already so delivered.

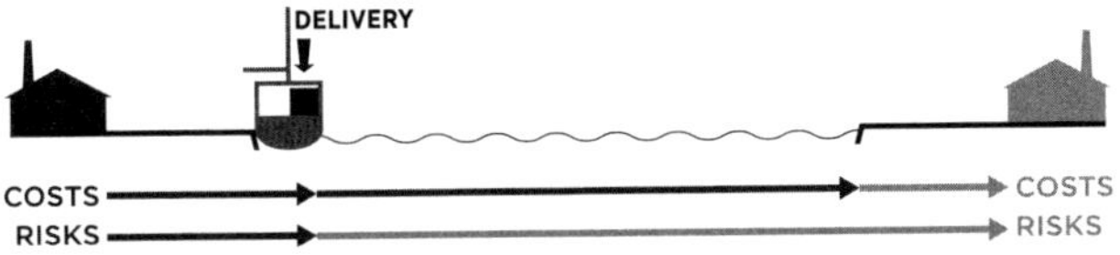

The risk of loss of or damage to the goods transfers when the goods are on board the vessel, such that the seller is taken to have performed its obligation to deliver the goods whether or not the goods actually arrive at their destination in sound condition, in the stated quantity or, indeed, at all. In CFR, the seller owes no obligation to the buyer to purchase insurance cover: the buyer would be well-advised therefore to purchase some cover for itself.

2. **Mode of transport**—This rule is to be used only for sea or inland waterway transport. Where more than one mode of transport is to be used, which will commonly be the case where goods are handed over to a carrier at a container terminal, the appropriate rule to use is CPT rather than CFR.

3. **'or procuring the goods so delivered'**—The reference to "procure" here caters for multiple sales down a chain (string sales), particularly common in the commodity trades.

4. ***Ports* of delivery and destination**—In CFR, two ports are important: the port where the goods are delivered on board the vessel and the port agreed as the destination of the goods. Risk transfers from seller to buyer when the goods are delivered to the buyer by placing them on board the vessel at the shipment port or by procuring the goods already so delivered. However, the seller must contract for the carriage of the goods from delivery to the agreed destination. Thus, for example, goods are placed on board a vessel in Shanghai (which is a port) for carriage to Southampton (also a port). Delivery here happens when the goods are on board in Shanghai, with risk transferring to the buyer at that time; and the seller must make a contract of carriage from Shanghai to Southampton.

5. **Must the shipment port be named?**—While the contract will always specify a destination port, it might not specify the port of shipment, which is where risk transfers to the buyer. If the shipment port is of particular interest to the buyer, as it may be, for example, where the buyer wishes to ascertain that the freight element of the price is reasonable, the parties are well advised to identify it as precisely as possible in the contract.

6. **Identifying the destination point at the discharge port**—The parties are well advised to identify as precisely as possible the point at the named port of destination, as the costs to that point are for the account of the seller. The seller must make a contract or contracts of carriage that cover(s) the transit of the goods from delivery to the named port or to the agreed point within that port where such a point has been agreed in the contract of sale.

7. **Multiple carriers**—It is possible that carriage is effected through several carriers for different legs of the sea transport, for example, first by a carrier operating a feeder vessel from Hong Kong to Shanghai, and then onto an ocean vessel from Shanghai to Southampton. The question which arises here is whether risk transfers from seller to buyer at Hong Kong or at Shanghai: where does delivery take place? The parties may well have agreed this in the sale contract itself. Where, however, there is no such agreement, the default position is that risk transfers when the goods have been delivered to the first carrier, i.e. Hong Kong, thus increasing the period during which the buyer incurs the risk of loss or damage. Should the parties wish the risk to transfer at a later stage (here, Shanghai) they need to specify this in their contract of sale.

8. **Unloading costs**—If the seller incurs costs under its contract of carriage related to unloading at the specified point at the port

of destination, the seller is not entitled to recover such costs separately from the buyer unless otherwise agreed between the parties.

9. **Export/import clearance**—CFR requires the seller to clear the goods for export, where applicable. However, the seller has no obligation to clear the goods for import or for transit through third countries, to pay any import duty or to carry out any import customs formalities.

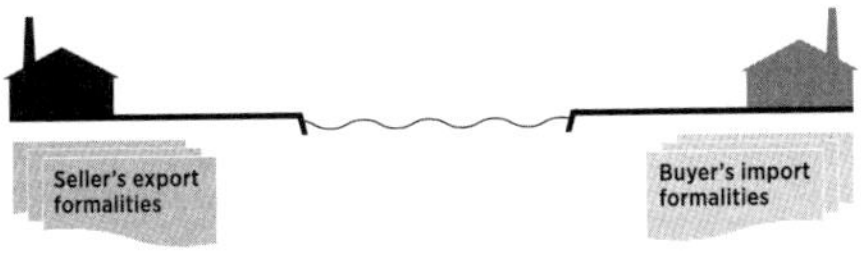

A THE SELLER'S OBLIGATIONS

A1 General obligations

The seller must provide the goods and the commercial invoice in conformity with the contract of sale and any other evidence of conformity that may be required by the contract.

Any document to be provided by the seller may be in paper or electronic form as agreed or, where there is no agreement, as is customary.

A2 Delivery

The seller must deliver the goods either by placing them on board the vessel or by procuring the goods so delivered. In either case, the seller must deliver the goods on the agreed date or within the agreed period and in the manner customary at the port.

A3 Transfer of risks

The seller bears all risks of loss of or damage to the goods until they have been delivered in accordance with A2, with the exception of loss or damage in the circumstance described in B3.

A4 Carriage

The seller must contract or procure a contract for the carriage of the goods from the agreed point of delivery, if any, at the place of delivery to the named port of destination or, if agreed, any point at that port. The contract of carriage must be made on usual terms at the seller's cost and provide for carriage by the usual route in a vessel of the type normally used for the transport of the type of goods sold.

The seller must comply with any transport-related security requirements for transport to the destination.

A5 Insurance

The seller has no obligation to the buyer to make a contract of insurance. However, the seller must provide the buyer, at the buyer's request, risk and cost, with information in the possession of the seller that the buyer needs for obtaining insurance.

B THE BUYER'S OBLIGATIONS

B1 General obligations

The buyer must pay the price of the goods as provided in the contract of sale.

Any document to be provided by the buyer may be in paper or electronic form as agreed or, where there is no agreement, as is customary.

B2 Taking delivery

The buyer must take delivery of the goods when they have been delivered under A2 and receive them from the carrier at the named port of destination.

B3 Transfer of risks

The buyer bears all risks of loss of or damage to the goods from the time they have been delivered under A2.

If the buyer fails to give notice in accordance with B10, then it bears all risks of loss of or damage to the goods from the agreed date or the end of the agreed period for shipment, provided that the goods have been clearly identified as the contract goods.

B4 Carriage

The buyer has no obligation to the seller to make a contract of carriage.

B5 Insurance

The buyer has no obligation to the seller to make a contract of insurance.

A THE SELLER'S OBLIGATIONS

A6 Delivery/transport document

The seller must, at its own cost, provide the buyer with the usual transport document for the agreed port of destination.

This transport document must cover the contract goods, be dated within the period agreed for shipment, enable the buyer to claim the goods from the carrier at the port of destination and, unless otherwise agreed, enable the buyer to sell the goods in transit by the transfer of the document to a subsequent buyer or by notification to the carrier.

When such a transport document is issued in negotiable form and in several originals, a full set of originals must be presented to the buyer.

A7 Export/import clearance

a) Export clearance

Where applicable, the seller must carry out and pay for all export clearance formalities required by the country of export, such as:

- export licence;
- security clearance for export;
- pre-shipment inspection; and
- any other official authorisation.

b) Assistance with import clearance

Where applicable, the seller must assist the buyer, at the buyer's request, risk and cost, in obtaining any documents and/or information related to all transit/import clearance formalities, including security requirements and pre-shipment inspection, needed by any country of transit or the country of import.

A8 Checking/packaging/marking

The seller must pay the costs of those checking operations (such as checking quality, measuring, weighing, counting) that are necessary for the purpose of delivering the goods in accordance with A2.

The seller must, at its own cost, package the goods, unless it is usual for the particular trade to transport the type of goods sold unpackaged. The seller must package and mark the goods in the manner appropriate for their transport, unless the parties have agreed on specific packaging or marking requirements.

B THE BUYER'S OBLIGATIONS

B6 Delivery/transport document

The buyer must accept the transport document provided under A6 if it is in conformity with the contract.

B7 Export/import clearance

a) Assistance with export clearance

Where applicable, the buyer must assist the seller at the seller's request, risk and cost in obtaining any documents and/or information related to all export clearance formalities, including security requirements and pre-shipment inspection, needed by the country of export.

b) Import clearance

Where applicable, the buyer must carry out and pay for all formalities required by any country of transit and the country of import, such as:

- import licence and any licence required for transit;
- security clearance for import and any transit;
- pre-shipment inspection; and
- any other official authorisation.

B8 Checking/packaging/marking

The buyer has no obligation to the seller.

A THE SELLER'S OBLIGATIONS

A9 Allocation of costs

The seller must pay:

a) all costs relating to the goods until they have been delivered in accordance with A2, other than those payable by the buyer under B9;

b) the freight and all other costs resulting from A4, including the costs of loading the goods on board and transport-related security costs;

c) any charges for unloading at the agreed port of discharge that were for the seller's account under the contract of carriage;

d) the costs of transit that were for the seller's account under the contract of carriage;

e) the costs of providing the usual proof to the buyer under A6 that the goods have been delivered;

f) where applicable, duties, taxes and any other costs related to export clearance under A7(a); and

g) the buyer for all costs and charges related to providing assistance in obtaining documents and information in accordance with B7(a).

A10 Notices

The seller must notify the buyer that the goods have been delivered in accordance with A2.

The seller must give the buyer any notice required to enable the buyer to receive the goods.

B THE BUYER'S OBLIGATIONS

B9 Allocation of costs

The buyer must pay:

a) all costs relating to the goods from the time they have been delivered under A2, other than those payable by the seller under A9;

b) the costs of transit, unless such costs were for the seller's account under the contract of carriage;

c) unloading costs including lighterage and wharfage charges, unless such costs and charges were for the seller's account under the contract of carriage;

d) the seller for all costs and charges related to providing assistance in obtaining documents and information in accordance with A5 and A7(b);

e) where applicable, duties, taxes and any other costs related to transit or import clearance under B7(b); and

f) any additional costs incurred if it fails to give notice in accordance with B10, from the agreed date or the end of the agreed period for shipment, provided that the goods have been clearly identified as the contract goods.

B10 Notices

The buyer must, whenever it is agreed that the buyer is entitled to determine the time for shipping the goods and/or the point of receiving the goods within the named port of destination, give the seller sufficient notice.

CIF | Cost Insurance and Freight

CIF (insert named port of destination) Incoterms® 2020

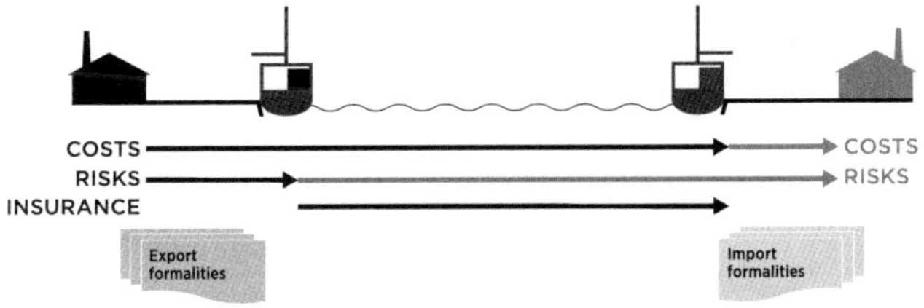

EXPLANATORY NOTES FOR USERS

1. **Delivery and risk**—"Cost Insurance and Freight" means that the seller delivers the goods to the buyer
   - on board the vessel
   - or procures the goods already so delivered.

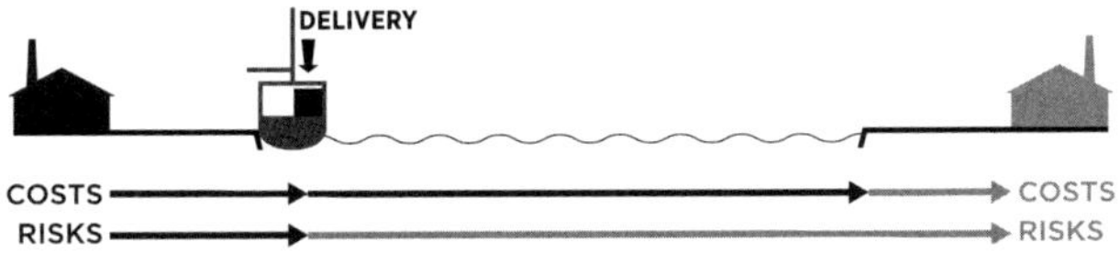

The risk of loss of or damage to the goods transfers when the goods are on board the vessel, such that the seller is taken to have performed its obligation to deliver the goods whether or not the goods actually arrive at their destination in sound condition, in the stated quantity or, indeed, at all.

2. **Mode of transport**—This rule is to be used only for sea or inland waterway transport. Where more than one mode of transport is to be used, which will commonly be the case where goods are handed over to a carrier at a container terminal, the appropriate rule to use is CIP rather than CIF.

3. **'or procuring the goods so delivered'**—The reference to "procure" here caters for multiple sales down a chain (string sales), particularly common in the commodity trades.

4. ***Ports* of delivery and destination**—In CIF, two ports are important: the port where the goods are delivered on board the vessel and the port agreed as the destination of the goods. Risk transfers from seller to buyer when the goods are delivered to the buyer by placing them on board the vessel at the shipment port or by procuring the goods already so delivered. However, the seller must contract for the carriage of the goods from delivery to the agreed destination. Thus, for example, goods are placed on board a vessel in Shanghai (which is a port) for carriage to Southampton (also a port). Delivery here happens when the goods are on board in Shanghai, with risk transferring to the buyer at that time; and the seller must make a contract of carriage from Shanghai to Southampton.

5. **Must the shipment port be named?**—While the contract will always specify a destination port, it might not specify the port of shipment, which is where risk transfers to the buyer. If the shipment port is of particular interest to the buyer, as it may be, for example, where the buyer wishes to ascertain that the freight or the insurance element of the price is reasonable, the parties are well advised to identify it as precisely as possible in the contract.

6. **Identifying the destination point at the discharge port**—The parties are well advised to identify as precisely as possible the point at the named port of destination, as the costs to that point are for the account of the seller. The seller must make a contract or contracts of carriage that cover the transit of the goods from delivery to the named port or to the agreed point within that port where such a point has been agreed in the contract of sale.

7. **Multiple carriers**—It is possible that carriage is effected through several carriers for different legs of the sea transport, for example, first by a carrier operating a feeder vessel from Hong Kong to Shanghai, and then onto an ocean vessel from Shanghai to Southampton. The question which arises here is whether risk transfers from seller to buyer at Hong Kong or at Shanghai: where does delivery take place? The parties may well have agreed this in the sale contract itself. Where, however, there is no such agreement, the default position is that risk transfers when the goods have been delivered to the first carrier, i.e. Hong Kong, thus increasing the period during which the buyer incurs the risk of loss or damage. Should the parties wish the risk to transfer at a later stage (here, Shanghai) they need to specify this in their contract of sale.

8. **Insurance**—The seller must also contract for insurance cover against the buyer's risk of loss of or damage to the goods from

the port of shipment to at least the port of destination. This may cause difficulty where the destination country requires insurance cover to be purchased locally: in this case the parties should consider selling and buying under CFR. The buyer should also note that under the CIF Incoterms® 2020 rule the seller is required to obtain limited insurance cover complying with Institute Cargo Clauses (C) or similar clause, rather than with the more extensive cover under Institute Cargo Clauses (A). It is, however, still open to the parties to agree on a higher level of cover.

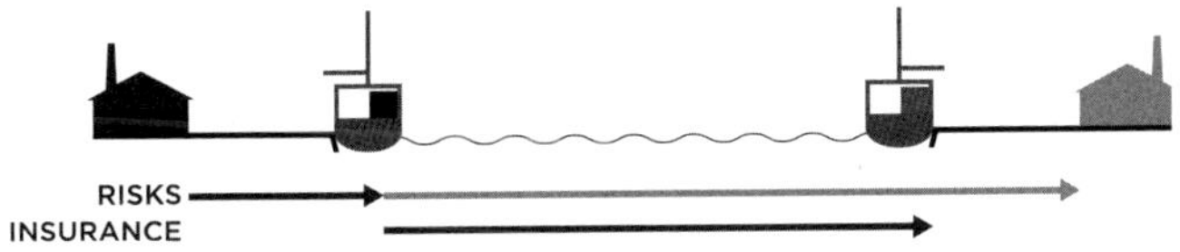

9. **Unloading costs**—If the seller incurs costs under its contract of carriage related to unloading at the specified point at the port of destination, the seller is not entitled to recover such costs separately from the buyer unless otherwise agreed between the parties.

10. **Export/import clearance**—CIF requires the seller to clear the goods for export, where applicable. However, the seller has no obligation to clear the goods for import or for transit through third countries, to pay any import duty or to carry out any import customs formalities.

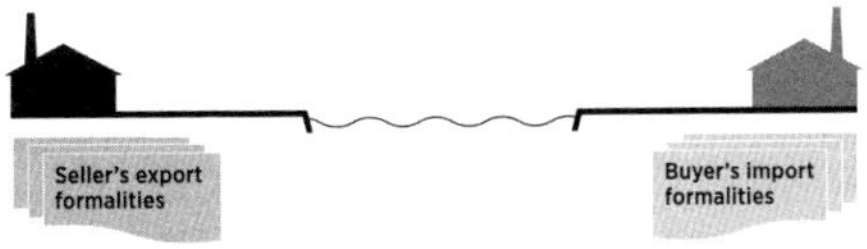

A THE SELLER'S OBLIGATIONS

A1 General obligations

The seller must provide the goods and the commercial invoice in conformity with the contract of sale and any other evidence of conformity that may be required by the contract.

Any document to be provided by the seller may be in paper or electronic form as agreed or, where there is no agreement, as is customary.

A2 Delivery

The seller must deliver the goods either by placing them on board the vessel or by procuring the goods so delivered. In either case, the seller must deliver the goods on the agreed date or within the agreed period and in the manner customary at the port.

A3 Transfer of risks

The seller bears all risks of loss of or damage to the goods until they have been delivered in accordance with A2, with the exception of loss or damage in the circumstance described in B3.

A4 Carriage

The seller must contract or procure a contract for the carriage of the goods from the agreed point of delivery, if any, at the place of delivery to the named port of destination or, if agreed, any point at that port. The contract of carriage must be made on usual terms at the seller's cost and provide for carriage by the usual route in a vessel of the type normally used for the transport of the type of goods sold.

The seller must comply with any transport-related security requirements for transport to the destination.

B THE BUYER'S OBLIGATIONS

B1 General obligations

The buyer must pay the price of the goods as provided in the contract of sale.

Any document to be provided by the buyer may be in paper or electronic form as agreed or, where there is no agreement, as is customary.

B2 Taking delivery

The buyer must take delivery of the goods when they have been delivered under A2 and receive them from the carrier at the named port of destination.

B3 Transfer of risks

The buyer bears all risks of loss of or damage to the goods from the time they have been delivered under A2.

If the buyer fails to give notice in accordance with B10, then it bears all risks of loss of or damage to the goods from the agreed date or the end of the agreed period for shipment, provided that the goods have been clearly identified as the contract goods.

B4 Carriage

The buyer has no obligation to the seller to make a contract of carriage.

A THE SELLER'S OBLIGATIONS

A5 Insurance

Unless otherwise agreed or customary in the particular trade, the seller must obtain, at its own cost, cargo insurance complying with the cover provided by Clauses (C) of the Institute Cargo Clauses (LMA/IUA) or any similar clauses. The insurance shall be contracted with underwriters or an insurance company of good repute and entitle the buyer, or any other person having an insurable interest in the goods, to claim directly from the insurer.

When required by the buyer, the seller must, subject to the buyer providing any necessary information requested by the seller, provide at the buyer's cost any additional cover, if procurable, such as cover complying with the Institute War Clauses and/or Institute Strikes Clauses (LMA/IUA) or any similar clauses (unless such cover is already included with the cargo insurance described in the preceding paragraph).

The insurance shall cover, at a minimum, the price provided in the contract plus 10% (i.e. 110%) and shall be in the currency of the contract.

The insurance shall cover the goods from the point of delivery set out in A2 to at least the named port of destination.

The seller must provide the buyer with the insurance policy or certificate or any other evidence of insurance cover.

Moreover, the seller must provide the buyer, at the buyer's request, risk and cost, with information that the buyer needs to procure any additional insurance.

A6 Delivery/transport document

The seller must, at its own cost, provide the buyer with the usual transport document for the agreed port of destination.

This transport document must cover the contract goods, be dated within the period agreed for shipment, enable the buyer to claim the goods from the carrier at the port of destination and, unless otherwise agreed, enable the buyer to sell the goods in transit by the transfer of the document to a subsequent buyer or by notification to the carrier.

When such a transport document is issued in negotiable form and in several originals, a full set of originals must be presented to the buyer.

B THE BUYER'S OBLIGATIONS

B5 Insurance

The buyer has no obligation to the seller to make a contract of insurance. However, the buyer must provide the seller, upon request, with any information necessary for the seller to procure any additional insurance requested by the buyer under A5.

B6 Delivery/transport document

The buyer must accept the transport document provided under A6 if it is in conformity with the contract.

A THE SELLER'S OBLIGATIONS

A7 Export/import clearance

a) Export clearance

Where applicable, the seller must carry out and pay for all export clearance formalities required by the country of export, such as:

- export licence;
- security clearance for export;
- pre-shipment inspection; and
- any other official authorisation.

b) Assistance with import clearance

Where applicable, the seller must assist the buyer, at the buyer's request, risk and cost, in obtaining any documents and/or information related to all transit/import clearance formalities, including security requirements and pre-shipment inspection, needed by any country of transit or the country of import.

A8 Checking/packaging/marking

The seller must pay the costs of those checking operations (such as checking quality, measuring, weighing, counting) that are necessary for the purpose of delivering the goods in accordance with A2.

The seller must, at its own cost, package the goods, unless it is usual for the particular trade to transport the type of goods sold unpackaged. The seller must package and mark the goods in the manner appropriate for their transport, unless the parties have agreed on specific packaging or marking requirements.

B THE BUYER'S OBLIGATIONS

B7 Export/import clearance

a) **Assistance with export clearance**
Where applicable, the buyer must assist the seller at the seller's request, risk and cost in obtaining any documents and/or information related to all export clearance formalities, including security requirements and pre-shipment inspection, needed by the country of export.

b) **Import clearance**
Where applicable, the buyer must carry out and pay for all formalities required by any country of transit and the country of import, such as:

- import licence and any licence required for transit;
- security clearance for import and any transit;
- pre-shipment inspection; and
- any other official authorisation.

B8 Checking/packaging/marking

The buyer has no obligation to the seller.

A THE SELLER'S OBLIGATIONS

A9 Allocation of costs

The seller must pay:

a) all costs relating to the goods until they have been delivered in accordance with A2, other than those payable by the buyer under B9;

b) the freight and all other costs resulting from A4, including the costs of loading the goods on board and transport-related security costs;

c) any charges for unloading at the agreed port of discharge that were for the seller's account under the contract of carriage;

d) the costs of transit that were for the seller's account under the contract of carriage;

e) the costs of providing the usual proof to the buyer under A6 that the goods have been delivered;

f) the costs of insurance resulting from A5;

g) where applicable, duties, taxes and any other costs related to export clearance under A7(a); and

h) the buyer for all costs and charges related to providing assistance in obtaining documents and information in accordance with B7(a).

A10 Notices

The seller must notify the buyer that the goods have been delivered in accordance with A2.

The seller must give the buyer any notice required to enable the buyer to receive the goods.

B THE BUYER'S OBLIGATIONS

B9 Allocation of costs

The buyer must pay:

a) all costs relating to the goods from the time they have been delivered under A2, other than those payable by the seller under A9;

b) the costs of transit, unless such costs were for the seller's account under the contract of carriage;

c) unloading costs including lighterage and wharfage charges, unless such costs and charges were for the seller's account under the contract of carriage;

d) the costs of any additional insurance procured at the buyer's request under A5 and B5;

e) the seller for all costs and charges related to providing assistance in obtaining documents and information in accordance with A5 and A7(b);

f) where applicable, duties, taxes and any other costs related to transit or import clearance under B7(b); and

g) any additional costs incurred if it fails to give notice in accordance with B10, from the agreed date or the end of the agreed period for shipment, provided that the goods have been clearly identified as the contract goods.

B10 Notices

The buyer must, whenever it is agreed that the buyer is entitled to determine the time for shipping the goods and/or the point of receiving the goods within the named port of destination, give the seller sufficient notice.

Article-by-Article Text of Rules

A1 GENERAL OBLIGATIONS

EXW (Ex Works)

The seller must provide the goods and the commercial invoice in conformity with the contract of sale and any other evidence of conformity that may be required by the contract.

Any document to be provided by the seller may be in paper or electronic form as agreed or, where there is no agreement, as is customary.

FCA (Free Carrier)

The seller must provide the goods and the commercial invoice in conformity with the contract of sale and any other evidence of conformity that may be required by the contract.

Any document to be provided by the seller may be in paper or electronic form as agreed or, where there is no agreement, as is customary.

CPT (Carriage Paid To)

The seller must provide the goods and the commercial invoice in conformity with the contract of sale and any other evidence of conformity that may be required by the contract.

Any document to be provided by the seller may be in paper or electronic form as agreed or, where there is no agreement, as is customary.

CIP (Carriage and Insurance Paid To)

The seller must provide the goods and the commercial invoice in conformity with the contract of sale and any other evidence of conformity that may be required by the contract.

Any document to be provided by the seller may be in paper or electronic form as agreed or, where there is no agreement, as is customary.

DAP (Delivered at Place)

The seller must provide the goods and the commercial invoice in conformity with the contract of sale and any other evidence of conformity that may be required by the contract.

Any document to be provided by the seller may be in paper or electronic form as agreed or, where there is no agreement, as is customary.

DPU (Delivered at Place Unloaded)

The seller must provide the goods and the commercial invoice in conformity with the contract of sale and any other evidence of conformity that may be required by the contract.

Any document to be provided by the seller may be in paper or electronic form as agreed or, where there is no agreement, as is customary.

DDP (Delivered Duty Paid)

The seller must provide the goods and the commercial invoice in conformity with the contract of sale and any other evidence of conformity that may be required by the contract.

Any document to be provided by the seller may be in paper or electronic form as agreed or, where there is no agreement, as is customary.

FAS (Free Alongside Ship)

The seller must provide the goods and the commercial invoice in conformity with the contract of sale and any other evidence of conformity that may be required by the contract.

Any document to be provided by the seller may be in paper or electronic form as agreed or, where there is no agreement, as is customary.

FOB (Free on Board)

The seller must provide the goods and the commercial invoice in conformity with the contract of sale and any other evidence of conformity that may be required by the contract.

Any document to be provided by the seller may be in paper or electronic form as agreed or, where there is no agreement, as is customary.

CFR (Cost and Freight)

The seller must provide the goods and the commercial invoice in conformity with the contract of sale and any other evidence of conformity that may be required by the contract.

Any document to be provided by the seller may be in paper or electronic form as agreed or, where there is no agreement, as is customary.

CIF (Cost Insurance and Freight)

The seller must provide the goods and the commercial invoice in conformity with the contract of sale and any other evidence of conformity that may be required by the contract.

Any document to be provided by the seller may be in paper or electronic form as agreed or, where there is no agreement, as is customary.

B1 GENERAL OBLIGATIONS

EXW (Ex Works)

The buyer must pay the price of the goods as provided in the contract of sale.

Any document to be provided by the buyer may be in paper or electronic form as agreed or, where there is no agreement, as is customary.

FCA (Free Carrier)

The buyer must pay the price of the goods as provided in the contract of sale.

Any document to be provided by the buyer may be in paper or electronic form as agreed or, where there is no agreement, as is customary.

CPT (Carriage Paid To)

The buyer must pay the price of the goods as provided in the contract of sale.

Any document to be provided by the buyer may be in paper or electronic form as agreed or, where there is no agreement, as is customary.

CIP (Carriage and Insurance Paid To)

The buyer must pay the price of the goods as provided in the contract of sale.

Any document to be provided by the buyer may be in paper or electronic form as agreed or, where there is no agreement, as is customary.

DAP (Delivered at Place)

The buyer must pay the price of the goods as provided in the contract of sale.

Any document to be provided by the buyer may be in paper or electronic form as agreed or, where there is no agreement, as is customary.

DPU (Delivered at Place Unloaded)

The buyer must pay the price of the goods as provided in the contract of sale.

Any document to be provided by the buyer may be in paper or electronic form as agreed or, where there is no agreement, as is customary.

DDP (Delivered Duty Paid)

The buyer must pay the price of the goods as provided in the contract of sale.

Any document to be provided by the buyer may be in paper or electronic form as agreed or, where there is no agreement, as is customary.

FAS (Free Alongside Ship)

The buyer must pay the price of the goods as provided in the contract of sale.

Any document to be provided by the buyer may be in paper or electronic form as agreed or, where there is no agreement, as is customary.

FOB (Free on Board)

The buyer must pay the price of the goods as provided in the contract of sale.

Any document to be provided by the buyer may be in paper or electronic form as agreed or, where there is no agreement, as is customary.

CFR (Cost and Freight)

The buyer must pay the price of the goods as provided in the contract of sale.

Any document to be provided by the buyer may be in paper or electronic form as agreed or, where there is no agreement, as is customary.

CIF (Cost Insurance and Freight)

The buyer must pay the price of the goods as provided in the contract of sale.

Any document to be provided by the buyer may be in paper or electronic form as agreed or, where there is no agreement, as is customary.

A2 DELIVERY

EXW (Ex Works)

The seller must deliver the goods by placing them at the disposal of the buyer at the agreed point, if any, at the named place of delivery, not loaded on any collecting vehicle. If no specific point has been agreed within the named place of delivery, and if there are several points available, the seller may select the point that best suits its purpose. The seller must deliver the goods on the agreed date or within the agreed period.

FCA (Free Carrier)

The seller must deliver the goods to the carrier or another person nominated by the buyer at the named point, if any, at the named place, or procure goods so delivered.

The seller must deliver the goods

1. on the agreed date
   or
2. at the time within the agreed period notified by the buyer under B10(b)
   or,
3. if no such time is notified, then at the end of the agreed period.

Delivery is completed either:

a) If the named place is the seller's premises, when the goods have been loaded on the means of transport provided by the buyer;
or

b) In any other case, when the goods are placed at the disposal of the carrier or another person nominated by the buyer on the seller's means of transport ready for unloading.

If no specific point has been notified by the buyer under B10(d) within the named place of delivery, and if there are several points available, the seller may select the point that best suits its purpose.

CPT (Carriage Paid To)

The seller must deliver the goods by handing them over to the carrier contracted in accordance with A4 or by procuring the goods so delivered. In either case the seller must deliver the goods on the agreed date or within the agreed period.

CIP (Carriage and Insurance Paid To)

The seller must deliver the goods by handing them over to the carrier contracted in accordance with A4 or by procuring the goods so delivered. In either case the seller must deliver the goods on the agreed date or within the agreed period.

DAP (Delivered at Place)

The seller must deliver the goods by placing them at the disposal of the buyer on the arriving means of transport ready for unloading at the agreed point, if any, at the named place of destination or by procuring the goods so delivered. In either case the seller must deliver the goods on the agreed date or within the agreed period.

DPU (Delivered at Place Unloaded)

The seller must unload the goods from the arriving means of transport and must then deliver them by placing them at the disposal of the buyer at the agreed point, if any, at the named place of destination or by procuring the goods so delivered. In either case the seller must deliver the goods on the agreed date or within the agreed period.

DDP (Delivered Duty Paid)

The seller must deliver the goods by placing them at the disposal of the buyer on the arriving means of transport ready for unloading at the agreed point, if any, at the named place of destination or by procuring the goods so delivered. In either case the seller must deliver the goods on the agreed date or within the agreed period.

FAS (Free Alongside Ship)

The seller must deliver the goods either by placing them alongside the vessel nominated by the buyer at the loading point, if any, indicated by the buyer at the named port of shipment or by procuring the goods so delivered.

The seller must deliver the goods

1. on the agreed date
   or
2. at the time within the agreed period notified by the buyer under B10
   or,
3. if no such time is notified, then at the end of the agreed period
   and
4. in the manner customary at the port.

If no specific loading point has been indicated by the buyer, the seller may select the point within the named port of shipment that best suits its purpose.

FOB (Free on Board)

The seller must deliver the goods either by placing them on board the vessel nominated by the buyer at the loading point, if any, indicated by the buyer at the named port of shipment or by procuring the goods so delivered.

The seller must deliver the goods

1. on the agreed date
   or
2. at the time within the agreed period notified by the buyer under B10
   or,
3. if no such time is notified, then at the end of the agreed period
   and
4. in the manner customary at the port.

If no specific loading point has been indicated by the buyer, the seller may select the point within the named port of shipment that best suits its purpose.

CFR (Cost and Freight)

The seller must deliver the goods either by placing them on board the vessel or by procuring the goods so delivered. In either case, the seller must deliver the goods on the agreed date or within the agreed period and in the manner customary at the port.

CIF (Cost Insurance and Freight)

The seller must deliver the goods either by placing them on board the vessel or by procuring the goods so delivered. In either case, the seller must deliver the goods on the agreed date or within the agreed period and in the manner customary at the port.

B2 TAKING DELIVERY

EXW (Ex Works)

The buyer must take delivery of the goods when they have been delivered under A2 and notice given under A10.

FCA (Free Carrier)

The buyer must take delivery of the goods when they have been delivered under A2.

CPT (Carriage Paid To)

The buyer must take delivery of the goods when they have been delivered under A2 and receive them from the carrier at the named place of destination or if agreed, at the point within that place.

CIP (Carriage and Insurance Paid To)

The buyer must take delivery of the goods when they have been delivered under A2 and receive them from the carrier at the named place of destination or if agreed, at the point within that place.

DAP (Delivered at Place)

The buyer must take delivery of the goods when they have been delivered under A2.

DPU (Delivered at Place Unloaded)

The buyer must take delivery of the goods when they have been delivered under A2.

DDP (Delivered Duty Paid)

The buyer must take delivery of the goods when they have been delivered under A2.

FAS (Free Alongside Ship)

The buyer must take delivery of the goods when they have been delivered under A2.

FOB (Free on Board)

The buyer must take delivery of the goods when they have been delivered under A2.

CFR (Cost and Freight)

The buyer must take delivery of the goods when they have been delivered under A2 and receive them from the carrier at the named port of destination.

CIF (Cost Insurance and Freight)

The buyer must take delivery of the goods when they have been delivered under A2 and receive them from the carrier at the named port of destination.

A3 TRANSFER OF RISKS

EXW (Ex Works)

The seller bears all risks of loss of or damage to the goods until they have been delivered in accordance with A2, with the exception of loss or damage in the circumstance described in B3.

FCA (Free Carrier)

The seller bears all risks of loss of or damage to the goods until they have been delivered in accordance with A2, with the exception of loss or damage in the circumstances described in B3.

CPT (Carriage Paid To)

The seller bears all risks of loss of or damage to the goods until they have been delivered in accordance with A2, with the exception of loss or damage in the circumstance described in B3.

CIP (Carriage and Insurance Paid To)

The seller bears all risks of loss of or damage to the goods until they have been delivered in accordance with A2, with the exception of loss or damage in the circumstance described in B3.

DAP (Delivered at Place)

The seller bears all risks of loss of or damage to the goods until they have been delivered in accordance with A2, with the exception of loss or damage in the circumstances described in B3.

DPU (Delivered at Place Unloaded)

The seller bears all risks of loss of or damage to the goods until they have been delivered in accordance with A2, with the exception of loss or damage in the circumstances described in B3.

DDP (Delivered Duty Paid)

The seller bears all risks of loss of or damage to the goods until they have been delivered in accordance with A2, with the exception of loss or damage in the circumstances described in B3.

FAS (Free Alongside Ship)

The seller bears all risks of loss of or damage to the goods until they have been delivered in accordance with A2, with the exception of loss or damage in the circumstances described in B3.

FOB (Free on Board)

The seller bears all risks of loss of or damage to the goods until they have been delivered in accordance with A2, with the exception of loss or damage in the circumstances described in B3.

CFR (Cost and Freight)

The seller bears all risks of loss of or damage to the goods until they have been delivered in accordance with A2, with the exception of loss or damage in the circumstance described in B3.

CIF (Cost Insurance and Freight)

The seller bears all risks of loss of or damage to the goods until they have been delivered in accordance with A2, with the exception of loss or damage in the circumstance described in B3.

B3 TRANSFER OF RISKS

EXW (Ex Works)

The buyer bears all risks of loss of or damage to the goods from the time they have been delivered under A2.

If the buyer fails to give notice in accordance with B10, then the buyer bears all risks of loss of or damage to the goods from the agreed date or the end of the agreed period for delivery, provided that the goods have been clearly identified as the contract goods.

FCA (Free Carrier)

The buyer bears all risks of loss of or damage to the goods from the time they have been delivered under A2.

If:

a) the buyer fails to nominate a carrier or another person under A2 or to give notice in accordance with B10; or

b) the carrier or person nominated by the buyer under B10(a) fails to take the goods into its charge,

c) then, the buyer bears all risks of loss of or damage to the goods:

(i) from the agreed date, or in the absence of an agreed date,

(ii) from the time selected by the buyer under B10(b); or, if no such time has been notified,

(iii) from the end of any agreed period for delivery,

provided that the goods have been clearly identified as the contract goods.

CPT (Carriage Paid To)

The buyer bears all risks of loss of or damage to the goods from the time they have been delivered under A2.

If the buyer fails to give notice in accordance with B10, then the buyer bears all risks of loss of or damage to the goods from the agreed date or the end of the agreed period for delivery, provided that the goods have been clearly identified as the contract goods.

CIP (Carriage and Insurance Paid To)

The buyer bears all risks of loss of or damage to the goods from the time they have been delivered under A2.

If the buyer fails to give notice in accordance with B10, then the buyer bears all risks of loss of or damage to the goods from the agreed date or the end of the agreed period for delivery, provided that the goods have been clearly identified as the contract goods.

DAP (Delivered at Place)

The buyer bears all risks of loss of or damage to the goods from the time they have been delivered under A2.

If:

a) the buyer fails to fulfil its obligations in accordance with B7, then it bears all resulting risks of loss of or damage to the goods; or

b) the buyer fails to give notice in accordance with B10, then it bears all risks of loss of or damage to the goods from the agreed date or the end of the agreed period for delivery,

provided that the goods have been clearly identified as the contract goods.

DPU (Delivered at Place Unloaded)

The buyer bears all risks of loss of or damage to the goods from the time they have been delivered under A2.

If:

a) the buyer fails to fulfil its obligations in accordance with B7, then it bears all resulting risks of loss of or damage to the goods; or

b) the buyer fails to give notice in accordance with B10, then it bears all risks of loss of or damage to the goods from the agreed date or the end of the agreed period for delivery,

provided that the goods have been clearly identified as the contract goods.

DDP (Delivered Duty Paid)

The buyer bears all risks of loss of or damage to the goods from the time they have been delivered under A2.

If:

a) the buyer fails to fulfil its obligations in accordance with B7, then it bears all resulting risks of loss of or damage to the goods; or

b) the buyer fails to give notice in accordance with B10, then it bears all risks of loss of or damage to the goods from the agreed date or the end of the agreed period for delivery,

provided that the goods have been clearly identified as the contract goods.

FAS (Free Alongside Ship)

The buyer bears all risks of loss of or damage to the goods from the time they have been delivered under A2.

If:

a) the buyer fails to give notice in accordance with B10; or

b) the vessel nominated by the buyer fails to arrive on time to enable the seller to comply with A2, fails to take the goods, or closes for cargo earlier than the time notified in accordance with B10;

then the buyer bears all risks of loss of or damage to the goods:

(i) from the agreed date, or in the absence of an agreed date,

(ii) from the date selected by the buyer under B10, or, if no such date has been notified,

(iii) from the end of any agreed period for delivery,

provided that the goods have been clearly identified as the contract goods.

FOB (Free on Board)

The buyer bears all risks of loss of or damage to the goods from the time they have been delivered under A2.

If:

a) the buyer fails to give notice in accordance with B10; or

b) the vessel nominated by the buyer fails to arrive on time to enable the seller to comply with A2, fails to take the goods, or closes for cargo earlier than the time notified in accordance with B10;

then the buyer bears all risks of loss of or damage to the goods:

(i) from the agreed date, or in the absence of an agreed date,

(ii) from the date selected by the buyer under B10, or, if no such date has been notified,

(iii) from the end of any agreed period for delivery,

provided that the goods have been clearly identified as the contract goods.

CFR (Cost and Freight)

The buyer bears all risks of loss of or damage to the goods from the time they have been delivered under A2.

If the buyer fails to give notice in accordance with B10, then it bears all risks of loss of or damage to the goods from the agreed date or the end of the agreed period for shipment, provided that the goods have been clearly identified as the contract goods.

CIF (Cost Insurance and Freight)

The buyer bears all risks of loss of or damage to the goods from the time they have been delivered under A2.

If the buyer fails to give notice in accordance with B10, then it bears all risks of loss of or damage to the goods from the agreed date or the end of the agreed period for shipment, provided that the goods have been clearly identified as the contract goods.

A4 CARRIAGE

EXW (Ex Works)

The seller has no obligation to the buyer to make a contract of carriage.

However, the seller must provide the buyer, at the buyer's request, risk and cost, with any information in the possession of the seller, including transport-related security requirements, that the buyer needs for arranging carriage.

FCA (Free Carrier)

The seller has no obligation to the buyer to make a contract of carriage. However, the seller must provide the buyer, at the buyer's request, risk and cost, with any information in the possession of the seller, including transport-related security requirements, that the buyer needs for arranging carriage. If agreed, the seller must contract for carriage on the usual terms at the buyer's risk and cost.

The seller must comply with any transport-related security requirements up to delivery.

CPT (Carriage Paid To)

The seller must contract or procure a contract for the carriage of the goods from the agreed point of delivery, if any, at the place of delivery to the named place of destination or, if agreed, any point at that place. The contract of carriage must be made on usual terms at the seller's cost and provide for carriage by the usual route in a customary manner of the type normally used for carriage of the type of goods sold. If a specific point is not agreed or is not determined by practice, the seller may select the point of delivery and the point at the named place of destination that best suit its purpose.

The seller must comply with any transport-related security requirements for transport to the destination.

CIP (Carriage and Insurance Paid To)

The seller must contract or procure a contract for the carriage of the goods from the agreed point of delivery, if any, at the place of delivery to the named place of destination or, if agreed, any point at that place. The contract of carriage must be made on usual terms at the seller's cost and provide for carriage by the usual route in a customary manner of the type normally used for carriage of the type of goods sold. If a specific point is not agreed or is not determined by practice, the seller may select the point of delivery and the point at the named place of destination that best suit its purpose.

The seller must comply with any transport-related security requirements for transport to the destination.

DAP (Delivered at Place)

The seller must contract or arrange at its own cost for the carriage of the goods to the named place of destination or to the agreed point, if any, at the named place of destination. If a specific point is not agreed or is not determined by practice, the seller may select the point at the named place of destination that best suits its purpose.

The seller must comply with any transport-related security requirements for transport to the destination.

DPU (Delivered at Place Unloaded)

The seller must contract or arrange at its own cost for the carriage of the goods to the named place of destination or to the agreed point, if any, at the named place of destination. If a specific point is not agreed or is not determined by practice, the seller may select the point at the named place of destination that best suits its purpose.

The seller must comply with any transport-related security requirements for transport to the destination.

DDP (Delivered Duty Paid)

The seller must contract or arrange at its own cost for the carriage of the goods to the named place of destination or to the agreed point, if any, at the named place of destination. If a specific point is not agreed or is not determined by practice, the seller may select the point at the named place of destination that best suits its purpose.

The seller must comply with any transport-related security requirements for transport to the destination.

FAS (Free Alongside Ship)

The seller has no obligation to the buyer to make a contract of carriage. However, the seller must provide the buyer, at the buyer's request, risk and cost, with any information in the possession of the seller, including transport-related security requirements, that the buyer needs for arranging carriage. If agreed, the seller must contract for carriage on the usual terms at the buyer's risk and cost.

The seller must comply with any transport-related security requirements up to delivery.

FOB (Free on Board)

The seller has no obligation to the buyer to make a contract of carriage. However, the seller must provide the buyer, at the buyer's request, risk and cost, with any information in the possession of the seller, including transport-related security requirements, that the buyer needs for arranging carriage. If agreed, the seller must contract for carriage on the usual terms at the buyer's risk and cost.

The seller must comply with any transport-related security requirements up to delivery.

CFR (Cost and Freight)

The seller must contract or procure a contract for the carriage of the goods from the agreed point of delivery, if any, at the place of delivery to the named port of destination or, if agreed, any point at that port. The contract of carriage must be made on usual terms at the seller's cost and provide for carriage by the usual route in a vessel of the type normally used for the transport of the type of goods sold.

The seller must comply with any transport-related security requirements for transport to the destination.

CIF (Cost Insurance and Freight)

The seller must contract or procure a contract for the carriage of the goods from the agreed point of delivery, if any, at the place of delivery to the named port of destination or, if agreed, any point at that port. The contract of carriage must be made on usual terms at the seller's cost and provide for carriage by the usual route in a vessel of the type normally used for the transport of the type of goods sold.

The seller must comply with any transport-related security requirements for transport to the destination.

B4 CARRIAGE

EXW (Ex Works)

It is up to the buyer to contract or arrange at its own cost for the carriage of the goods from the named place of delivery.

FCA (Free Carrier)

The buyer must contract or arrange at its own cost for the carriage of the goods from the named place of delivery, except when the contract of carriage is made by the seller as provided for in A4.

CPT (Carriage Paid To)

The buyer has no obligation to the seller to make a contract of carriage.

CIP (Carriage and Insurance Paid To)

The buyer has no obligation to the seller to make a contract of carriage.

DAP (Delivered at Place)

The buyer has no obligation to the seller to make a contract of carriage.

DPU (Delivered at Place Unloaded)

The buyer has no obligation to the seller to make a contract of carriage.

DDP (Delivered Duty Paid)

The buyer has no obligation to the seller to make a contract of carriage.

FAS (Free Alongside Ship)

The buyer must contract at its own cost for the carriage of the goods from the named port of shipment, except when the contract of carriage is made by the seller as provided for in A4.

FOB (Free on Board)

The buyer must contract at its own cost for the carriage of the goods from the named port of shipment, except when the contract of carriage is made by the seller as provided for in A4.

CFR (Cost and Freight)

The buyer has no obligation to the seller to make a contract of carriage.

CIF (Cost Insurance and Freight)

The buyer has no obligation to the seller to make a contract of carriage.

A5 INSURANCE

EXW (Ex Works)

The seller has no obligation to the buyer to make a contract of insurance. However, the seller must provide the buyer, at the buyer's request, risk and cost with information in the possession of the seller that the buyer needs for obtaining insurance.

FCA (Free Carrier)

The seller has no obligation to the buyer to make a contract of insurance. However, the seller must provide the buyer, at the buyer's request, risk and cost, with information in the possession of the seller that the buyer needs for obtaining insurance.

CPT (Carriage Paid To)

The seller has no obligation to the buyer to make a contract of insurance. However, the seller must provide the buyer, at the buyer's request, risk and cost, with information in the possession of the seller that the buyer needs for obtaining insurance.

CIP (Carriage and Insurance Paid To)

Unless otherwise agreed or customary in the particular trade, the seller must obtain, at its own cost, cargo insurance complying with the cover provided by Clauses (A) of the Institute Cargo Clauses (LMA/IUA) or any similar clauses as appropriate to the means of transport used. The insurance shall be contracted with underwriters or an insurance company of good repute and entitle the buyer, or any other person having an insurable interest in the goods, to claim directly from the insurer.

When required by the buyer, the seller must, subject to the buyer providing any necessary information requested by the seller, provide at the buyer's cost any additional cover, if procurable, such as cover complying with the Institute War Clauses and/or Institute Strikes Clauses (LMA/IUA) or any similar clauses (unless such cover is already included with the cargo insurance described in the preceding paragraph).

The insurance shall cover, at a minimum, the price provided in the contract plus 10% (i.e. 110%) and shall be in the currency of the contract.

The insurance shall cover the goods from the point of delivery set out in A2 to at least the named place of destination.

The seller must provide the buyer with the insurance policy or certificate or any other evidence of insurance cover.

Moreover, the seller must provide the buyer, at the buyer's request, risk and cost, with information that the buyer needs to procure any additional insurance.

DAP (Delivered at Place)

The seller has no obligation to the buyer to make a contract of insurance.

DPU (Delivered at Place Unloaded)

The seller has no obligation to the buyer to make a contract of insurance.

DDP (Delivered Duty Paid)

The seller has no obligation to the buyer to make a contract of insurance.

FAS (Free Alongside Ship)

The seller has no obligation to the buyer to make a contract of insurance. However, the seller must provide the buyer, at the buyer's request, risk and cost, with information in possession of the seller that the buyer needs for obtaining insurance.

FOB (Free on Board)

The seller has no obligation to the buyer to make a contract of insurance. However, the seller must provide the buyer, at the buyer's request, risk and cost, with information in the possession of the seller that the buyer needs for obtaining insurance.

CFR (Cost and Freight)

The seller has no obligation to the buyer to make a contract of insurance. However, the seller must provide the buyer, at the buyer's request, risk and cost, with information in the possession of the seller that the buyer needs for obtaining insurance.

CIF (Cost Insurance and Freight)

Unless otherwise agreed or customary in the particular trade, the seller must obtain, at its own cost, cargo insurance complying with the cover provided by Clauses (C) of the Institute Cargo Clauses (LMA/IUA) or any similar clauses. The insurance shall be contracted with underwriters or an insurance company of good repute and entitle the buyer, or any other person having an insurable interest in the goods, to claim directly from the insurer.

When required by the buyer, the seller must, subject to the buyer providing any necessary information requested by the seller, provide at the buyer's cost any additional cover, if procurable, such as cover complying with the Institute War Clauses and/or Institute Strikes Clauses (LMA/IUA) or any similar clauses (unless such cover is already included with the cargo insurance described in the preceding paragraph).

The insurance shall cover, at a minimum, the price provided in the contract plus 10% (i.e. 110%) and shall be in the currency of the contract.

The insurance shall cover the goods from the point of delivery set out in A2 to at least the named port of destination.

The seller must provide the buyer with the insurance policy or certificate or any other evidence of insurance cover.

Moreover, the seller must provide the buyer, at the buyer's request, risk and cost, with information that the buyer needs to procure any additional insurance.

B5 INSURANCE

EXW (Ex Works)

The buyer has no obligation to the seller to make a contract of insurance.

FCA (Free Carrier)

The buyer has no obligation to the seller to make a contract of insurance.

CPT (Carriage Paid To)

The buyer has no obligation to the seller to make a contract of insurance.

CIP (Carriage and Insurance Paid To)

The buyer has no obligation to the seller to make a contract of insurance. However, the buyer must provide the seller, upon request, with any information necessary for the seller to procure any additional insurance requested by the buyer under A5.

DAP (Delivered at Place)

The buyer has no obligation to the seller to make a contract of insurance. However, the buyer must provide the seller, at the seller's request, risk and cost, with information that the seller needs for obtaining insurance.

DPU (Delivered at Place Unloaded)

The buyer has no obligation to the seller to make a contract of insurance. However, the buyer must provide the seller, at the seller's request, risk and cost, with information that the seller needs for obtaining insurance.

DDP (Delivered Duty Paid)

The buyer has no obligation to the seller to make a contract of insurance. However, the buyer must provide the seller, at the seller's request, risk and cost, with information that the seller needs for obtaining insurance.

FAS (Free Alongside Ship)

The buyer has no obligation to the seller to make a contract of insurance.

FOB (Free on Board)

The buyer has no obligation to the seller to make a contract of insurance.

CFR (Cost and Freight)

The buyer has no obligation to the seller to make a contract of insurance.

CIF (Cost Insurance and Freight)

The buyer has no obligation to the seller to make a contract of insurance. However, the buyer must provide the seller, upon request, with any information necessary for the seller to procure any additional insurance requested by the buyer under A5.

A6 DELIVERY/TRANSPORT DOCUMENT

EXW (Ex Works)

The seller has no obligation to the buyer.

FCA (Free Carrier)

The seller must provide the buyer at the seller's cost with the usual proof that the goods have been delivered in accordance with A2.

The seller must provide assistance to the buyer, at the buyer's request, risk and cost, in obtaining a transport document.

Where the buyer has instructed the carrier to issue to the seller a transport document under B6, the seller must provide any such document to the buyer.

CPT (Carriage Paid To)

If customary or at the buyer's request, the seller must provide the buyer, at the seller's cost, with the usual transport document[s] for the transport contracted in accordance with A4.

This transport document must cover the contract goods and be dated within the period agreed for shipment. If agreed or customary, the document must also enable the buyer to claim the goods from the carrier at the named place of destination and enable the buyer to sell the goods in transit by the transfer of the document to a subsequent buyer or by notification to the carrier.

When such a transport document is issued in negotiable form and in several originals, a full set of originals must be presented to the buyer.

CIP (Carriage and Insurance Paid To)

If customary or at the buyer's request, the seller must provide the buyer, at the seller's cost, with the usual transport document[s] for the transport contracted in accordance with A4.

This transport document must cover the contract goods and be dated within the period agreed for shipment. If agreed or customary, the document must also enable the buyer to claim the goods from the carrier at the named place of destination and enable the buyer to sell the goods in transit by the transfer of the document to a subsequent buyer or by notification to the carrier.

When such a transport document is issued in negotiable form and in several originals, a full set of originals must be presented to the buyer.

DAP (Delivered at Place)

The seller must provide the buyer, at the seller's cost, with any document required to enable the buyer to take over the goods.

DPU (Delivered at Place Unloaded)

The seller must provide the buyer, at the seller's cost, with any document required to enable the buyer to take over the goods.

DDP (Delivered Duty Paid)

The seller must provide the buyer, at the seller's cost, with any document required to enable the buyer to take over the goods.

FAS (Free Alongside Ship)

The seller must provide the buyer, at the seller's cost, with the usual proof that the goods have been delivered in accordance with A2.

Unless such proof is a transport document, the seller must provide assistance to the buyer, at the buyer's request, risk and cost, in obtaining a transport document.

FOB (Free on Board)

The seller must provide the buyer, at the seller's cost, with the usual proof that the goods have been delivered in accordance with A2.

Unless such proof is a transport document, the seller must provide assistance to the buyer, at the buyer's request, risk and cost, in obtaining a transport document.

CFR (Cost and Freight)

The seller must, at its own cost, provide the buyer with the usual transport document for the agreed port of destination.

This transport document must cover the contract goods, be dated within the period agreed for shipment, enable the buyer to claim the goods from the carrier at the port of destination and, unless otherwise agreed, enable the buyer to sell the goods in transit by the transfer of the document to a subsequent buyer or by notification to the carrier.

When such a transport document is issued in negotiable form and in several originals, a full set of originals must be presented to the buyer.

CIF (Cost Insurance and Freight)

The seller must, at its own cost, provide the buyer with the usual transport document for the agreed port of destination.

This transport document must cover the contract goods, be dated within the period agreed for shipment, enable the buyer to claim the goods from the carrier at the port of destination and, unless otherwise agreed, enable the buyer to sell the goods in transit by the transfer of the document to a subsequent buyer or by notification to the carrier.

When such a transport document is issued in negotiable form and in several originals, a full set of originals must be presented to the buyer.

B6 DELIVERY / TRANSPORT DOCUMENT

EXW (Ex Works)

The buyer must provide the seller with appropriate evidence of having taken delivery.

FCA (Free Carrier)

The buyer must accept the proof that the goods have been delivered in accordance with A2.

If the parties have so agreed, the buyer must instruct the carrier to issue to the seller, at the buyer's cost and risk, a transport document stating that the goods have been loaded (such as a bill of lading with an onboard notation).

CPT (Carriage Paid To)

The buyer must accept the transport document provided under A6 if it is in conformity with the contract.

CIP (Carriage and Insurance Paid To)

The buyer must accept the transport document provided under A6 if it is in conformity with the contract.

DAP (Delivered at Place)

The buyer must accept the document provided under A6.

DPU (Delivered at Place Unloaded)

The buyer must accept the document provided under A6.

DDP (Delivered Duty Paid)

The buyer must accept the document provided under A6.

FAS (Free Alongside Ship)

The buyer must accept the proof of delivery provided under A6.

FOB (Free on Board)

The buyer must accept the proof of delivery provided under A6.

CFR (Cost and Freight)

The buyer must accept the transport document provided under A6 if it is in conformity with the contract.

CIF (Cost Insurance and Freight)

The buyer must accept the transport document provided under A6 if it is in conformity with the contract.

A7 EXPORT/IMPORT CLEARANCE

EXW (Ex Works)

Where applicable, the seller must assist the buyer, at the buyer's request, risk and cost, in obtaining any documents and/or information related to all export/transit/import clearance formalities required by the countries of export/transit/import, such as:

- export/transit/import licence;
- security clearance for export/transit/import;
- pre-shipment inspection; and
- any other official authorisation.

FCA (Free Carrier)

a) **Export clearance**

Where applicable, the seller must carry out and pay for all export clearance formalities required by the country of export, such as:

- export licence;
- security clearance for export;
- pre-shipment inspection; and
- any other official authorisation.

b) **Assistance with import clearance**

Where applicable, the seller must assist the buyer, at the buyer's request, risk and cost, in obtaining any documents and/or information related to all transit/import clearance formalities, including security requirements and pre-shipment inspection, needed by any country of transit or the country of import.

CPT (Carriage Paid To)

a) **Export clearance**

Where applicable, the seller must carry out and pay for all export clearance formalities required by the country of export, such as:

- export licence;
- security clearance for export;
- pre-shipment inspection; and
- any other official authorisation.

b) **Assistance with import clearance**

Where applicable, the seller must assist the buyer, at the buyer's request, risk and cost, in obtaining any documents and/or information related to all transit/import clearance formalities, including security requirements and pre-shipment inspection, needed by any country of transit or the country of import.

CIP (Carriage and Insurance Paid To)

a) Export clearance

Where applicable, the seller must carry out and pay for all export clearance formalities required by the country of export, such as:

- export licence;
- security clearance for export;
- pre-shipment inspection; and
- any other official authorisation.

b) Assistance with import clearance

Where applicable, the seller must assist the buyer, at the buyer's request, risk and cost, in obtaining any documents and/or information related to all transit/import clearance formalities, including security requirements and pre-shipment inspection, needed by any country of transit or the country of import.

DAP (Delivered at Place)

a) Export and transit clearance

Where applicable, the seller must carry out and pay for all export and transit clearance formalities required by the country of export and any country of transit (other than the country of import), such as:

- export/transit licence;
- security clearance for export/transit;
- pre-shipment inspection; and
- any other official authorisation.

b) Assistance with import clearance

Where applicable, the seller must assist the buyer, at the buyer's request, risk and cost, in obtaining any documents and/or information related to all import clearance formalities, including security requirements and pre-shipment inspection, needed by the country of import.

DPU (Delivered at Place Unloaded)

a) Export and transit clearance

Where applicable, the seller must carry out and pay for all export and transit clearance formalities required by the country of export and any country of transit (other than the country of import), such as:

- export/transit licence;
- security clearance for export/transit;
- pre-shipment inspection; and
- any other official authorisation.

b) Assistance with import clearance

Where applicable, the seller must assist the buyer, at the buyer's request, risk and cost, in obtaining any documents and/or information related to all import clearance formalities, including security requirements and pre-shipment inspection, needed by the country of import.

DDP (Delivered Duty Paid)

Where applicable, the seller must carry out and pay for all export/transit/import clearance formalities required by the countries of export, transit and import, such as:

- export/transit/import licence;
- security clearance for export/transit/import;
- pre-shipment inspection; and
- any other official authorisation.

FAS (Free Alongside Ship)

a) **Export clearance**
Where applicable, the seller must carry out and pay for all export clearance formalities required by the country of export, such as:

- export licence;
- security clearance for export;
- pre-shipment inspection; and
- any other official authorisation.

b) **Assistance with import clearance**
Where applicable, the seller must assist the buyer, at the buyer's request, risk and cost, in obtaining any documents and/or information related to all transit/import clearance formalities, including security requirements and pre-shipment inspection, needed by any country of transit or the country of import.

FOB (Free on Board)

a) **Export clearance**
Where applicable, the seller must carry out and pay for all export clearance formalities required by the country of export, such as:

- export licence;
- security clearance for export;
- pre-shipment inspection; and
- any other official authorisation.

b) **Assistance with import clearance**
Where applicable, the seller must assist the buyer, at the buyer's request, risk and cost, in obtaining any documents and/or information related to all transit/import clearance formalities, including security requirements and pre-shipment inspection, needed by any country of transit or the country of import.

CFR (Cost and Freight)

a) **Export clearance**
Where applicable, the seller must carry out and pay for all export clearance formalities required by the country of export, such as:

- export licence;
- security clearance for export;
- pre-shipment inspection; and
- any other official authorisation.

b) **Assistance with import clearance**
Where applicable, the seller must assist the buyer, at the buyer's request, risk and cost, in obtaining any documents and/or information related to all transit/import clearance formalities, including security requirements and pre-shipment inspection, needed by any country of transit or the country of import.

CIF (Cost Insurance and Freight)

a) **Export clearance**
Where applicable, the seller must carry out and pay for all export clearance formalities required by the country of export, such as:

- export licence;
- security clearance for export;
- pre-shipment inspection; and
- any other official authorisation.

b) **Assistance with import clearance**
Where applicable, the seller must assist the buyer, at the buyer's request, risk and cost, in obtaining any documents and/or information related to all transit/import clearance formalities, including security requirements and pre-shipment inspection, needed by any country of transit or the country of import.

B7 EXPORT/IMPORT CLEARANCE

EXW (Ex Works)

Where applicable, it is up to the buyer to carry out and pay for all export/transit/import clearance formalities required by the countries of export/transit/import, such as:

- export/transit/import licence;
- security clearance for export/transit/import;
- pre-shipment inspection; and
- any other official authorisation.

FCA (Free Carrier)

a) **Assistance with export clearance**
Where applicable, the buyer must assist the seller at the seller's request, risk and cost in obtaining any documents and/or information related to all export clearance formalities, including security requirements and pre-shipment inspection, needed by the country of export.

b) **Import clearance**
Where applicable, the buyer must carry out and pay for all formalities required by any country of transit and the country of import, such as:

- import licence and any licence required for transit;
- security clearance for import and any transit;
- pre-shipment inspection; and
- any other official authorisation.

CPT (Carriage Paid To)

a) **Assistance with export clearance**
Where applicable, the buyer must assist the seller at the seller's request, risk and cost in obtaining any documents and/or information related to all export clearance formalities, including security requirements and pre-shipment inspection, needed by the country of export.

b) **Import clearance**
Where applicable, the buyer must carry out and pay for all formalities required by any country of transit and the country of import, such as:

- import licence and any licence required for transit;
- security clearance for import and any transit;
- pre-shipment inspection; and
- any other official authorisation.

CIP (Carriage and Insurance Paid To)

a) **Assistance with export clearance**
Where applicable, the buyer must assist the seller at the seller's request, risk and cost in obtaining any documents and/or information related to all export clearance formalities, including security requirements and pre-shipment inspection, needed by the country of export.

b) **Import clearance**
Where applicable, the buyer must carry out and pay for all formalities required by any country of transit and the country of import, such as:

- import licence and any licence required for transit;
- security clearance for import and any transit;
- pre-shipment inspection; and
- any other official authorisation.

DAP (Delivered at Place)

a) **Assistance with export and transit clearance**
Where applicable, the buyer must assist the seller at the seller's request, risk and cost in obtaining any documents and/or information related to all export/transit clearance formalities, including security requirements and pre-shipment inspection, needed by the country of export and any country of transit (other than the country of import).

b) **Import clearance**
Where applicable, the buyer must carry out and pay for all formalities required by the country of import, such as:
- import licence;
- security clearance for import;
- pre-shipment inspection; and
- any other official authorisation.

DPU (Delivered at Place Unloaded)

a) **Assistance with export and transit clearance**
Where applicable, the buyer must assist the seller at the seller's request, risk and cost in obtaining any documents and/or information related to all export/transit clearance formalities, including security requirements and pre-shipment inspection, needed by the country of export and any country of transit (other than the country of import).

b) **Import clearance**
Where applicable, the buyer must carry out and pay for all formalities required by the country of import, such as:
- import licence;
- security clearance for import;
- pre-shipment inspection; and
- any other official authorisation.

DDP (Delivered Duty Paid)

Where applicable, the buyer must assist the seller, at the seller's request, risk and cost in obtaining any documents and/or information related to all export/transit/import clearance formalities required by the countries of export/transit/import, such as:
- export/transit/import licence;
- security clearance for export, transit and import;
- pre-shipment inspection; and
- any other official authorisation.

FAS (Free Alongside Ship)

a) **Assistance with export clearance**
Where applicable, the buyer must assist the seller at the seller's request, risk and cost in obtaining any documents

and/or information related to all export clearance formalities, including security requirements and pre-shipment inspection, needed by the country of export.

b) **Import clearance**
Where applicable, the buyer must carry out and pay for all formalities required by any country of transit and the country of import, such as:

- import licence and any licence required for transit;
- security clearance for import and any transit;
- pre-shipment inspection; and
- any other official authorisation.

FOB (Free on Board)

a) **Assistance with export clearance**
Where applicable, the buyer must assist the seller at the seller's request, risk and cost in obtaining any documents and/or information related to all export clearance formalities, including security requirements and pre-shipment inspection, needed by the country of export.

b) **Import clearance**
Where applicable, the buyer must carry out and pay for all formalities required by any country of transit and the country of import, such as:

- import licence and any licence required for transit;
- security clearance for import and any transit;
- pre-shipment inspection; and
- any other official authorisation.

CFR (Cost and Freight)

a) **Assistance with export clearance**
Where applicable, the buyer must assist the seller at the seller's request, risk and cost in obtaining any documents and/or information related to all export clearance formalities, including security requirements and pre-shipment inspection, needed by the country of export.

b) **Import clearance**
Where applicable, the buyer must carry out and pay for all formalities required by any country of transit and the country of import, such as:

- import licence and any licence required for transit;
- security clearance for import and any transit;
- pre-shipment inspection; and
- any other official authorisation.

CIF (Cost Insurance and Freight)

a) **Assistance with export clearance**
Where applicable, the buyer must assist the seller at the seller's request, risk and cost in obtaining any documents and/or information related to all export clearance formalities, including security requirements and pre-shipment inspection, needed by the country of export.

b) **Import clearance**
Where applicable, the buyer must carry out and pay for all formalities required by any country of transit and the country of import, such as:

- import licence and any licence required for transit;
- security clearance for import and any transit;
- pre-shipment inspection; and
- any other official authorisation.

A8 CHECKING / PACKAGING / MARKING

EXW (Ex Works)

The seller must pay the costs of those checking operations (such as checking quality, measuring, weighing, counting) that are necessary for the purpose of delivering the goods in accordance with A2.

The seller must, at its own cost, package the goods, unless it is usual for the particular trade to transport the type of goods sold unpackaged. The seller must package and mark the goods in the manner appropriate for their transport, unless the parties have agreed on specific packaging or marking requirements.

FCA (Free Carrier)

The seller must pay the costs of those checking operations (such as checking quality, measuring, weighing, counting) that are necessary for the purpose of delivering the goods in accordance with A2.

The seller must, at its own cost, package the goods, unless it is usual for the particular trade to transport the type of goods sold unpackaged. The seller must package and mark the goods in the manner appropriate for their transport, unless the parties have agreed on specific packaging or marking requirements.

CPT (Carriage Paid To)

The seller must pay the costs of those checking operations (such as checking quality, measuring, weighing, counting) that are necessary for the purpose of delivering the goods in accordance with A2.

The seller must, at its own cost, package the goods, unless it is usual for the particular trade to transport the type of goods sold unpackaged. The seller must package and mark the goods in the manner appropriate for their transport, unless the parties have agreed on specific packaging or marking requirements.

CIP (Carriage and Insurance Paid To)

The seller must pay the costs of those checking operations (such as checking quality, measuring, weighing, counting) that are necessary for the purpose of delivering the goods in accordance with A2.

The seller must, at its own cost, package the goods, unless it is usual for the particular trade to transport the type of goods sold unpackaged. The seller must package and mark the goods in the manner appropriate for their transport, unless the parties have agreed on specific packaging or marking requirements.

DAP (Delivered at Place)

The seller must pay the costs of those checking operations (such as checking quality, measuring, weighing, counting) that are necessary for the purpose of delivering the goods in accordance with A2.

The seller must, at its own cost, package the goods, unless it is usual for the particular trade to transport the type of goods sold unpackaged. The seller must package and mark the goods in the manner appropriate for their transport, unless the parties have agreed on specific packaging or marking requirements.

DPU (Delivered at Place Unloaded)

The seller must pay the costs of those checking operations (such as checking quality, measuring, weighing, counting) that are necessary for the purpose of delivering the goods in accordance with A2.

The seller must, at its own cost, package the goods, unless it is usual for the particular trade to transport the type of goods sold unpackaged. The seller must package and mark the goods in the manner appropriate for their transport, unless the parties have agreed on specific packaging or marking requirements.

DDP (Delivered Duty Paid)

The seller must pay the costs of those checking operations (such as checking quality, measuring, weighing, counting) that are necessary for the purpose of delivering the goods in accordance with A2.

The seller must, at its own cost, package the goods, unless it is usual for the particular trade to transport the type of goods sold unpackaged. The seller must package and mark the goods in the manner appropriate for their transport, unless the parties have agreed on specific packaging or marking requirements.

FAS (Free Alongside Ship)

The seller must pay the costs of those checking operations (such as checking quality, measuring, weighing, counting) that are necessary for the purpose of delivering the goods in accordance with A2.

The seller must, at its own cost, package the goods, unless it is usual for the particular trade to transport the type of goods sold unpackaged. The seller must package and mark the goods in the manner appropriate for their transport, unless the parties have agreed on specific packaging or marking requirements.

FOB (Free on Board)

The seller must pay the costs of those checking operations (such as checking quality, measuring, weighing, counting) that are necessary for the purpose of delivering the goods in accordance with A2.

The seller must, at its own cost, package the goods, unless it is usual for the particular trade to transport the type of goods sold unpackaged. The seller must package and mark the goods in the manner appropriate for their transport, unless the parties have agreed on specific packaging or marking requirements.

CFR (Cost and Freight)

The seller must pay the costs of those checking operations (such as checking quality, measuring, weighing, counting) that are necessary for the purpose of delivering the goods in accordance with A2.

The seller must, at its own cost, package the goods, unless it is usual for the particular trade to transport the type of goods sold unpackaged. The seller must package and mark the goods in the manner appropriate for their transport, unless the parties have agreed on specific packaging or marking requirements.

CIF (Cost Insurance and Freight)

The seller must pay the costs of those checking operations (such as checking quality, measuring, weighing, counting) that are necessary for the purpose of delivering the goods in accordance with A2.

The seller must, at its own cost, package the goods, unless it is usual for the particular trade to transport the type of goods sold unpackaged. The seller must package and mark the goods in the manner appropriate for their transport, unless the parties have agreed on specific packaging or marking requirements.

B8 CHECKING / PACKAGING / MARKING

EXW (Ex Works)

The buyer has no obligation to the seller.

FCA (Free Carrier)

The buyer has no obligation to the seller.

CPT (Carriage Paid To)

The buyer has no obligation to the seller.

CIP (Carriage and Insurance Paid To)

The buyer has no obligation to the seller.

DAP (Delivered at Place)

The buyer has no obligation to the seller.

DPU (Delivered at Place Unloaded)

The buyer has no obligation to the seller.

DDP (Delivered Duty Paid)

The buyer has no obligation to the seller.

FAS (Free Alongside Ship)

The buyer has no obligation to the seller.

FOB (Free on Board)

The buyer has no obligation to the seller.

CFR (Cost and Freight)

The buyer has no obligation to the seller.

CIF (Cost Insurance and Freight)

The buyer has no obligation to the seller.

A9 ALLOCATION OF COSTS

EXW (Ex Works)

The seller must pay all costs relating to the goods until they have been delivered in accordance with A2, other than those payable by the buyer under B9.

FCA (Free Carrier)

The seller must pay:

a) all costs relating to the goods until they have been delivered in accordance with A2, other than those payable by the buyer under B9;

b) the costs of providing the usual proof to the buyer under A6 that the goods have been delivered;

c) where applicable, duties, taxes and any other costs related to export clearance under A7(a); and

d) the buyer for all costs and charges related to providing assistance in obtaining documents and information in accordance with B7(a).

CPT (Carriage Paid To)

The seller must pay:

a) all costs relating to the goods until they have been delivered in accordance with A2, other than those payable by the buyer under B9;

b) transport and all other costs resulting from A4, including the costs of loading the goods and transport-related security costs;

c) any charges for unloading at the agreed place of destination but only if those charges were for the seller's account under the contract of carriage;

d) the costs of transit that were for the seller's account under the contract of carriage;

e) the costs of providing the usual proof to the buyer under A6 that the goods have been delivered;

f) where applicable, duties, taxes and any other costs related to export clearance under A7(a); and

g) the buyer for all costs and charges related to providing assistance in obtaining documents and information in accordance with B7(a).

CIP (Carriage and Insurance Paid To)

The seller must pay:

a) all costs relating to the goods until they have been delivered in accordance with A2, other than those payable by the buyer under B9;

b) transport and all other costs resulting from A4, including the costs of loading the goods and transport-related security costs;

c) any charges for unloading at the agreed place of destination but only if those charges were for the seller's account under the contract of carriage;

d) the costs of transit that were for the seller's account under the contract of carriage;

e) the costs of providing the usual proof to the buyer under A6 that the goods have been delivered;

f) the costs of insurance resulting from A5;

g) where applicable, duties, taxes and any other costs related to export clearance under A7(a); and

h) the buyer for all costs and charges related to providing assistance in obtaining documents and information in accordance with B7(a).

DAP (Delivered at Place)

The seller must pay:

a) all costs relating to the goods and their transport until they have been delivered in accordance with A2, other than those payable by the buyer under B9;

b) any charges for unloading at the place of destination but only if those charges were for the seller's account under the contract of carriage;

c) the cost of providing the delivery/transport document under A6;

d) where applicable, duties, taxes and any other costs related to export and any transit clearance under A7(a); and

e) the buyer for all costs and charges related to providing assistance in obtaining documents and information in accordance with B5 and B7(a).

DPU (Delivered at Place Unloaded)

The seller must pay:

a) all costs relating to the goods and their transport until they have been unloaded and delivered in accordance with A2, other than those payable by the buyer under B9;

b) the cost of providing the delivery/transport document under A6;

c) where applicable, duties, taxes and any other costs related to export and any transit clearance under A7(a); and

d) the buyer for all costs and charges related to providing assistance in obtaining documents and information in accordance with B5 and B7(a).

DDP (Delivered Duty Paid)

The seller must pay:

a) all costs relating to the goods and their transport until they have been delivered in accordance with A2, other than those payable by the buyer under B9;

b) any charges for unloading at the place of destination but only if those charges were for the seller's account under the contract of carriage;

c) the cost of providing the delivery/transport document under A6;

d) where applicable, duties, taxes and any other costs related to export, transit and import clearance under A7; and

e) the buyer for all costs and charges related to providing assistance in obtaining documents and information in accordance with B5 and B7.

FAS (Free Alongside Ship)

The seller must pay:

a) all costs relating to the goods until they have been delivered in accordance with A2, other than those payable by the buyer under B9;

b) the costs of providing the usual proof to the buyer under A6 that the goods have been delivered;

c) where applicable, duties, taxes and any other costs related to export clearance under A7(a); and

d) the buyer for all costs and charges related to providing assistance in obtaining documents and information in accordance with B7(a).

FOB (Free on Board)

The seller must pay:

a) all costs relating to the goods until they have been delivered in accordance with A2, other than those payable by the buyer under B9;

b) the costs of providing the usual proof to the buyer under A6 that the goods have been delivered;

c) where applicable, duties, taxes and any other costs related to export clearance under A7(a); and

d) the buyer for all costs and charges related to providing assistance in obtaining documents and information in accordance with B7(a).

CFR (Cost and Freight)

The seller must pay:

a) all costs relating to the goods until they have been delivered in accordance with A2, other than those payable by the buyer under B9;

b) the freight and all other costs resulting from A4, including the costs of loading the goods on board and transport-related security costs;

c) any charges for unloading at the agreed port of discharge that were for the seller's account under the contract of carriage;

d) the costs of transit that were for the seller's account under the contract of carriage;

e) the costs of providing the usual proof to the buyer under A6 that the goods have been delivered;

f) where applicable, duties, taxes and any other costs related to export clearance under A7(a); and

g) the buyer for all costs and charges related to providing assistance in obtaining documents and information in accordance with B7(a).

CIF (Cost Insurance and Freight)

The seller must pay:

a) all costs relating to the goods until they have been delivered in accordance with A2, other than those payable by the buyer under B9;

b) the freight and all other costs resulting from A4, including the costs of loading the goods on board and transport-related security costs;

c) any charges for unloading at the agreed port of discharge that were for the seller's account under the contract of carriage;

d) the costs of transit that were for the seller's account under the contract of carriage;

e) the costs of providing the usual proof to the buyer under A6 that the goods have been delivered;

f) the costs of insurance resulting from A5;

g) where applicable, duties, taxes and any other costs related to export clearance under A7(a); and

h) the buyer for all costs and charges related to providing assistance in obtaining documents and information in accordance with B7(a).

B9 ALLOCATION OF COSTS

EXW (Ex Works)

The buyer must:

a) pay all costs relating to the goods from the time they have been delivered under A2;

b) reimburse all costs and charges incurred by the seller in providing assistance or information under A4, A5, or A7;

c) pay, where applicable, all duties, taxes and other charges, as well as the costs of carrying out customs formalities payable upon export; and

d) pay any additional costs incurred by failing either to take delivery of the goods when they have been placed at its disposal or to give appropriate notice in accordance with B10, provided that the goods have been clearly identified as the contract goods.

FCA (Free Carrier)

The buyer must pay:

a) all costs relating to the goods from the time they have been delivered under A2, other than those payable by the seller under A9;

b) the seller for all costs and charges related to providing assistance in obtaining documents and information in accordance with A4, A5, A6 and A7(b);

c) where applicable, duties, taxes and any other costs related to transit or import clearance under B7(b); and

d) any additional costs incurred, either because:

(i) the buyer fails to nominate a carrier or another person under B10, or

(ii) the carrier or person nominated by the buyer under B10 fails to take the goods into its charge,

provided that the goods have been clearly identified as the contract goods.

CPT (Carriage Paid To)

The buyer must pay:

a) all costs relating to the goods from the time they have been delivered under A2, other than those payable by the seller under A9;

b) the costs of transit, unless such costs were for the seller's account under the contract of carriage;

c) unloading costs, unless such costs were for the seller's account under the contract of carriage;

d) the seller for all costs and charges related to providing assistance in obtaining documents and information in accordance with A5 and A7(b);

e) where applicable, duties, taxes and any other costs related to transit or import clearance under B7(b); and

f) any additional costs incurred if it fails to give notice in accordance with B10, from the agreed date or the end of the agreed period for shipment, provided that the goods have been clearly identified as the contract goods.

CIP (Carriage and Insurance Paid To)

The buyer must pay:

a) all costs relating to the goods from the time they have been delivered under A2, other than those payable by the seller under A9;

b) the costs of transit, unless such costs were for the seller's account under the contract of carriage;

c) unloading costs, unless such costs were for the seller's account under the contract of carriage;

d) the costs of any additional insurance procured at the buyer's request under A5 and B5;

e) the seller for all costs and charges related to providing assistance in obtaining documents and information in accordance with A5 and A7(b);

f) where applicable, duties, taxes and any other costs related to transit or import clearance under B7(b); and

g) any additional costs incurred if it fails to give notice in accordance with B10, from the agreed date or the end of the agreed period for shipment, provided that the goods have been clearly identified as the contract goods.

DAP (Delivered at Place)

The buyer must pay:

a) all costs relating to the goods from the time they have been delivered under A2;

b) all costs of unloading necessary to take delivery of the goods from the arriving means of transport at the named place of destination, unless such costs were for the seller's account under the contract of carriage;

c) the seller for all costs and charges related to providing assistance in obtaining documents and information in accordance with A7(b);

d) where applicable, duties, taxes and any other costs related to import clearance under B7(b); and

e) any additional costs incurred by the seller if the buyer fails to fulfil its obligations in accordance with B7 or to give notice in accordance with B10, provided that the goods have been clearly identified as the contract goods.

DPU (Delivered at Place Unloaded)

The buyer must pay:

a) all costs relating to the goods from the time they have been delivered under A2;

b) the seller for all costs and charges related to providing assistance in obtaining documents and information in accordance with A7(b);

c) where applicable, duties, taxes and any other costs related to import clearance under B7(b); and

d) any additional costs incurred by the seller if the buyer fails to fulfil its obligations in accordance with B7 or to give notice in accordance with B10, provided that the goods have been clearly identified as the contract goods.

DDP (Delivered Duty Paid)

The buyer must pay:

a) all costs relating to the goods from the time they have been delivered under A2;

b) all costs of unloading necessary to take delivery of the goods from the arriving means of transport at the named place of destination, unless such costs were for the seller's account under the contract of carriage; and

c) any additional costs incurred by the seller if the buyer fails to fulfil its obligations in accordance with B7 or to give notice in accordance with B10, provided that the goods have been clearly identified as the contract goods.

FAS (Free Alongside Ship)

The buyer must pay:

a) all costs relating to the goods from the time they have been delivered under A2, other than those payable by the seller under A9;

b) the seller for all costs and charges related to providing assistance in obtaining documents and information in accordance with A4, A5, A6 and A7(b);

c) where applicable, duties, taxes and any other costs related to transit or import clearance under B7(b); and

d) any additional costs incurred, either because:

(i) the buyer has failed to give notice under B10, or

(ii) the vessel nominated by the buyer under B10 fails to arrive on time, fails to take the goods, or closes for cargo earlier than the time notified in accordance with B10,

provided that the goods have been clearly identified as the contract goods.

FOB (Free on Board)

The buyer must pay:

a) all costs relating to the goods from the time they have been delivered under A2, other than those payable by the seller under A9;

b) the seller for all costs and charges related to providing assistance in obtaining documents and information in accordance with A4, A5, A6 and A7(b);

c) where applicable, duties, taxes and any other costs related to transit or import clearance under B7(b); and

d) any additional costs incurred, either because:

(i) the buyer has failed to give notice under B10, or

(ii) the vessel nominated by the buyer under B10 fails to arrive on time, fails to take the goods, or closes for cargo earlier than the time notified in accordance with B10,

provided that the goods have been clearly identified as the contract goods.

CFR (Cost and Freight)

The buyer must pay:

a) all costs relating to the goods from the time they have been delivered under A2, other than those payable by the seller under A9;

b) the costs of transit, unless such costs were for the seller's account under the contract of carriage;

c) unloading costs including lighterage and wharfage charges, unless such costs and charges were for the seller's account under the contract of carriage;

d) the seller for all costs and charges related to providing assistance in obtaining documents and information in accordance with A5 and A7(b);

e) where applicable, duties, taxes and any other costs related to transit or import clearance under B7(b); and

f) any additional costs incurred if it fails to give notice in accordance with B10, from the agreed date or the end of the agreed period for shipment, provided that the goods have been clearly identified as the contract goods.

CIF (Cost Insurance and Freight)

The buyer must pay:

a) all costs relating to the goods from the time they have been delivered under A2, other than those payable by the seller under A9;

b) the costs of transit, unless such costs were for the seller's account under the contract of carriage;

c) unloading costs including lighterage and wharfage charges, unless such costs and charges were for the seller's account under the contract of carriage;

d) the costs of any additional insurance procured at the buyer's request under A5 and B5;

e) the seller for all costs and charges related to providing assistance in obtaining documents and information in accordance with A5 and A7(b);

f) where applicable, duties, taxes and any other costs related to transit or import clearance under B7(b); and

g) any additional costs incurred if it fails to give notice in accordance with B10, from the agreed date or the end of the agreed period for shipment, provided that the goods have been clearly identified as the contract goods.

A10 NOTICES

EXW (Ex Works)

The seller must give the buyer any notice needed to enable the buyer to take delivery of the goods.

FCA (Free Carrier)

The seller must give the buyer sufficient notice either that the goods have been delivered in accordance with A2 or that the carrier or another person nominated by the buyer has failed to take the goods within the time agreed.

CPT (Carriage Paid To)

The seller must notify the buyer that the goods have been delivered in accordance with A2.

The seller must give the buyer any notice required to enable the buyer to receive the goods.

CIP (Carriage and Insurance Paid To)

The seller must notify the buyer that the goods have been delivered in accordance with A2.

The seller must give the buyer any notice required to enable the buyer to receive the goods.

DAP (Delivered at Place)

The seller must give the buyer any notice required to enable the buyer to receive the goods.

DPU (Delivered at Place Unloaded)

The seller must give the buyer any notice required to enable the buyer to receive the goods.

DDP (Delivered Duty Paid)

The seller must give the buyer any notice required to enable the buyer to receive the goods.

FAS (Free Alongside Ship)

The seller must give the buyer sufficient notice either that the goods have been delivered in accordance with A2 or that the vessel has failed to take delivery of the goods within the time agreed.

FOB (Free on Board)

The seller must give the buyer sufficient notice either that the goods have been delivered in accordance with A2 or that the vessel has failed to take the goods within the time agreed.

CFR (Cost and Freight)

The seller must notify the buyer that the goods have been delivered in accordance with A2.

The seller must give the buyer any notice required to enable the buyer to receive the goods.

CIF (Cost Insurance and Freight)

The seller must notify the buyer that the goods have been delivered in accordance with A2.

The seller must give the buyer any notice required to enable the buyer to receive the goods.

B10 NOTICES

EXW (Ex Works)

The buyer must, whenever it is agreed that the buyer is entitled to determine the time within an agreed period and/or the point of taking delivery within the named place, give the seller sufficient notice.

FCA (Free Carrier)

The buyer must notify the seller of

a) the name of the carrier or another person nominated within sufficient time as to enable the seller to deliver the goods in accordance with A2;

b) the selected time, if any, within the period agreed for delivery when the carrier or person nominated will receive the goods;

c) the mode of transport to be used by the carrier or the person nominated including any transport-related security requirements; and

d) the point where the goods will be received within the named place of delivery.

CPT (Carriage Paid To)

The buyer must, whenever it is agreed that the buyer is entitled to determine the time for dispatching the goods and/or the point of receiving the goods within the named place of destination, give the seller sufficient notice.

CIP (Carriage and Insurance Paid To)

The buyer must, whenever it is agreed that the buyer is entitled to determine the time for dispatching the goods and/or the point of receiving the goods within the named place of destination, give the seller sufficient notice.

DAP (Delivered at Place)

The buyer must, whenever it is agreed that the buyer is entitled to determine the time within an agreed period and/or the point of taking delivery within the named place of destination, give the seller sufficient notice.

DPU (Delivered at Place Unloaded)

The buyer must, whenever it is agreed that the buyer is entitled to determine the time within an agreed period and/or the point of taking delivery within the named place of destination, give the seller sufficient notice.

DDP (Delivered Duty Paid)

The buyer must, whenever it is agreed that the buyer is entitled to determine the time within an agreed period and/or the point of taking delivery within the named place of destination, give the seller sufficient notice.

FAS (Free Alongside Ship)

The buyer must give the seller sufficient notice of any transport-related security requirements, the vessel name, loading point and, if any, the selected delivery date within the agreed period.

FOB (Free on Board)

The buyer must give the seller sufficient notice of any transport-related security requirements, the vessel name, loading point and, if any, the selected delivery date within the agreed period.

CFR (Cost and Freight)

The buyer must, whenever it is agreed that the buyer is entitled to determine the time for shipping the goods and/or the point of receiving the goods within the named port of destination, give the seller sufficient notice.

CIF (Cost Insurance and Freight)

The buyer must, whenever it is agreed that the buyer is entitled to determine the time for shipping the goods and/or the point of receiving the goods within the named port of destination, give the seller sufficient notice.

Incoterms® 2020 Drafting Group

The Incoterms® 2020 rules were drafted by a select group of ICC member experts, in consultation with the wider global ICC network, including ICC national committees. The broad geographical and sectoral scope of the consultation process ensures that the Incoterms® 2020 rules reflect the current realities of international trade and respond to business needs everywhere.

CO-CHAIRS AND SPECIAL ADVISOR

David Lowe (Co-Chair)

David Lowe is the global Co-Chair of the Incoterms® 2020 drafting group. He was also a member of the Incoterms® 2010 drafting group. David chairs the UK ICC Commercial Law and Practice Committee.

David leads the international commerce team at international law firm Gowling WLG. He advises exporters and importers on their international supply chain and routes to market.

Christoph Martin Radtke (Co-Chair)

Christoph Martin Radtke is an attorney-at-law, admitted at the French and the German Bar and Partner of FIDUCIAL LEGAL by LAMY, France, where he leads the international trade team. He is a certified specialist in Arbitration Law and in International Law and Law of the European Union.

Mr Radtke's activities include International Trade Law, International Sale of Goods, Agency and Distribution, EU Law, French and German Business Law, International Arbitration, International Litigation. He is an active and experienced arbitrator in numerous ICC and other international institutional arbitration proceedings. He frequently acts as counsel before arbitration tribunals and in mediation proceedings.

He is Chair of the ICC France Commercial Law and Practice commission, a member of the Arbitration Commission of ICC France and of the Arbitration centre of the Franco-German Chamber of Commerce and Industry. He is a member of the ICC Commission on International Commercial Law and Practice and of various ICC task forces.
He is co-author of several ICC Model Contracts, Handbooks and Guides. Mr Radtke acted as Co-Chair of the international ICC *Incoterms® 2010* Drafting Group.

Charles Debattista (Special Advisor)
Charles practises as Counsel and as Arbitrator from 36 Stone, a set of shipping, international trade and arbitration barristers located in Gray's Inn, London. He spends most of his working time as Counsel before the English Courts and before Arbitral Tribunals in the UK and in other countries. He also sits as arbitrator under the rules of many institutions, including ICC. His particular areas of specialism are international trade, including sales governed by the Incoterms® Rules and also letters of credit, bills of lading and charterparties. He has published many books and articles in these fields, and was, in an earlier life, a Professor of Commercial Law at the University of Southampton in the UK. He chaired the International Drafting Group responsible for Incoterms® 2000; co-Chair of the Group for *Incoterms® 2010*; and then ICC Special Advisor overseeing the drafting of *Incoterms® 2020*. For many years he was Deputy Chair of the ICC's Commission for Commercial Law and Practice.

DRAFTING GROUP MEMBERS

Ercüment Erdem
Prof. Dr. H. Ercüment Erdem is the Founder and Senior Partner of Erdem&Erdem. He has more than 30-year experience in arbitration, international commercial law, competition and antitrust law, mergers and acquisitions, privatisations and corporate finance. He serves international and national clients in a variety of industries including energy, construction, finance, retail, real estate, aerospace, healthcare and insurance.

He has acted as chairman and sole or party-appointed arbitrator in many international and national arbitrations under different rules including International Chamber of Commerce (ICC) Arbitration, Swiss Arbitration, Moscow Arbitration, United Nations Commission on International Trade Law (UNCITRAL) Arbitration, Tehran Arbitration, and *ad hoc* arbitrations and is, furthermore, distinguished in this field.

He is a commercial law professor and has lectured in leading universities such as Galatasaray University in Turkey and Fribourg University in Switzerland. He has over 30-years' experience as a scholar and his research contains arbitration, international commercial law, competition and antitrust, M&A, corporate law etc.

He has been a long-time active member of the CLP Commission, participating in many working groups over the years before taking on the role of Vice Chair in 2010 and the Co-Chair in 2016. He was leading the Working Group that prepared the first ICC model contract for services, The ICC Model Contract on International Consulting Services, published in 2017. In addition, he was also a member of the Drafting Group revising the Incoterms® 2000 rules. He regularly gives trainings and publishes articles and chapters of books on Incoterms. He translated *Incoterms® 2000* and *Incoterms® 2010* into Turkish.

Prof. Erdem is a member of International Bar Association, Istanbul Bar Association, Co-chair of ICC CLP Commission and member of ICC Arbitration Commission, ICC Court of Arbitration, ICC Institute Counsel, ICC Turkish National Committee Arbitration, Istanbul Arbitration Centre (ISTAC) and Association Suisse de l'Arbitrage (ASA).

He has been selected as one of the leading individuals in dispute resolution by Legal 500.

Jian Baozhu/Virginie Jan
International Trade Expert, China

Burghard Piltz

Prof. Dr. Burghard Piltz looks back on many years of professional experience as a lawyer. Before he joined Ahlers & Vogel as a partner in 2014 he worked in a German transregional law firm of which he was founding partner.

Burghard Piltz is specialised in international business, particularly international sales and related transactions (CISG, Incoterms, international distribution, etc.) and practices law both as a legal counsel and as an arbitrator in the field of international commercial law.

Burghard Piltz is president of the Arbitration Centre established by the German-Argentinean Chamber of Commerce, Buenos Aires, and chairman of the Executive Committee of the European-Latinamerican Arbitration Association (ELArb) in Hamburg. Furthermore, he is the International Distribution Institutes (IDI) country expert for Germany and was chairman of the Committee for European Contract Law, established by the Federal Chamber of German Lawyers (Bundesrechtsanwaltskammer). Burghard Piltz is counsellor to the president of the International Lawyers´ Association (UIA) since 2001 and teaches Private International Law and International Sales Law. In 1997 he was appointed honorary professor.

Frank Reynolds

Frank Reynolds is the president of International Projects, Inc., a US-based international trading and consulting firm. Besides representing the US for the Incoterms® 2000, 2010 and 2020 revisions, he has written or co-authored 17 books on various international trade topics. He has also written over 300 columns for such international publications as the *Journal of Commerce, the Exporter and ICC's Documentary Credit Insight*.

Frank has lectured throughout the US for over 30 years on such trade-related topics as the Incoterms® rules, documentary letters of credit, US free trade agreements, export and import procedures, and the Harmonized System. He served on the US Commerce Department's District Export Council for 22 years, and his company received the Commerce Department's *E and E-Star Awards for Excellence in Export Service*. He also holds a customs broker license from the US Department of Homeland Security, Customs Border Protection.

Bob (Robert) Ronai

Bob's background in exporting and importing stretches over more than 50 years, initially in international banking then in the world of international commerce. In 1989 he started his own business as an independent consultant and educator assisting exporters and importers in the "back office" side of their businesses. In all, he has directly controlled and co-ordinated many tens of thousands of shipments of a very wide variety of products coming and going all round the world.

Bob holds the Diploma in Export Management (1977) from the Australian Institute of Export and is a Certified Documentary Credit Specialist (CDCS) by The London Institute of Banking and Finance. He is a member of the Australian Institute of Export and International Chamber of Commerce (Australia).

He has also provided education and training in various aspects of international trade, more particularly letters of credit and the Incoterms® rules for more than two decades, with seminars, lectures and presentations throughout Australia, Singapore, Hong Kong, Yangon, Vienna and Prague, through conferences, educational organisations, government departments, industry bodies, major Australian banks, corporates and his own public seminars.

ICC SECRETARIAT

Emily O'Connor

Emily O'Connor is the Director of Multilateral Rules for Trade & Investment at ICC and oversaw the development of *Incoterms® 2020*. After graduating from Columbia Law School in New York, she served first as a legal adviser to then-US Secretary of State Madeline Albright before practising international corporate law at Debevoise & Plimpton in New York. She joined the ICC International Secretariat in Paris in 2006.

Florence Binta Diao-Gueye
Florence B. Diao-Gueye holds a Masters in International Security from Sciences Po Paris with specialisations in African Studies and Defence and Security Economics. Her focus has been on illicit trade, post-conflict reconstruction and development. She also holds an LL.M. in International Law from Descartes University Paris (2016). Ms Diao-Gueye joined the ICC Secretariat in 2016 to work on the ICC Competition Commission and the ICC Commercial Law and Practice Commission, and has spent the last three years learning more about International Commercial Law and International Public Law. In addition to assisting the Incoterms® 2020 drafting group, she also contributed to publications such as the ICC Leniency Manual and the ICC-ECCO Guide to International Offset Contracts. Recently, she has been involved in launching an ICC project on Sustainable Investment Facilitation in developing countries with a view to promoting international and intraregional trade.